第一书记驻村日志选

（修订版）

焦凤军 著

合肥工业大学出版社

图书在版编目(CIP)数据

第一书记驻村日志选/焦凤军著．—合肥：合肥工业大学出版社，2022.1

ISBN 978-7-5650-5554-6

Ⅰ.①第…　Ⅱ.①焦…　Ⅲ.①扶贫—工作概况—萧县　Ⅳ.①F127.544

中国版本图书馆CIP数据核字(2021)第227162号

第一书记驻村日志选

DIYI SHUJI ZHUCUN RIZHI XUAN

焦凤军　著　　　责任编辑　疏利民

出　版	合肥工业大学出版社	版　次	2022年1月第1版
地　址	合肥市屯溪路193号	印　次	2023年11月第2次印刷
邮　编	230009	开　本	710毫米×1010毫米　1/16
电　话	理工编辑部:0551-62903018	印　张	24
	市场营销部:0551-62903198	字　数	302千字
网　址	press.hfut.edu.cn	印　刷	安徽联众印刷有限公司
E-mail	hfutpress@163.com	发　行	全国新华书店

ISBN 978-7-5650-5554-6　　　定价：48.00元

在全国脱贫攻坚先进事迹巡回报告会上讲述“马庄故事”。

序
扶贫小队长　脱贫大文章

全国脱贫攻坚奖评选委员会副主任　赵皖平

我和焦凤军同志相识时间不长，也很偶然，但印象很深。最初知道这位扶贫战线上的凤军，是来自人民网、新华网等媒体的报道。一名50多岁的老处长，带领两名扶贫工作队队员，主动到深度贫困的皖北一个小村庄驻村扶贫，经过一番努力，取得明显成效。后来，又从一些领导、朋友和熟人的口中，时常听到凤军的名字……由于长期从事“三农”和扶贫工作，出于职业敏感，我就一直觉得在凤军同志的身上，肯定有一些不同寻常的故事。

果然，在2020年全国脱贫攻坚奖各省推荐候选人时，我又看到了凤军同志的事迹材料。让我感动的是，他的事迹材料没有一般事迹材料的“套路”，看不到让人“泪奔”的个人故事，而是字字厚重的驻村做法和工作实绩。4年多来，在他的带领下，马庄村发生了巨大变化：村两委班子实现了年轻化、高学历、高素质，还有3名大专以上学历的年轻后备干部；村里建立了联席会议、村务公开、村民公约等20多项规章制度，每月25日“党员活动日”坚持开展丰富多彩的组织生活；2014年建档立卡贫困户361户834人，贫困发生率高达15.7%，到2020年底全部脱贫，实现贫困人口“清零”，全村农户得以共同发展致富；水、电、路、网等基础设施日益完善，为民全程代理服务、义务教育、医疗卫生、文化体育等公共服务水平不断提高；成立村生态田园发展公司，大力发展产业和推进消费扶贫，每年为村里销售农产品达100多吨；村集体经济收入由驻村前2016年的2万元，增长到2020年的66万元；成立马庄村企业联合会，鼓励村民返乡创业，全村各类民营经济体发展到100多家……

之后，由于驻村实绩突出，凤军同志被推荐为全国脱贫攻坚奖贡献奖候选人。最终，在各省各单位推荐的全国7 000多候选人中，凤军同志脱颖而出，以全票成为2020年度全国脱贫攻坚奖贡献奖的25人之一，受到中央领导同志的亲切接见和大会表彰。他也成为2020年获奖的99位先进个人中，仅有的8位选派第一书记或驻村扶贫工作队队长之一。由于凤军同志的驻村故事感人，他还被选为全国脱贫攻坚先进事迹巡回报告团成员，赴部分省市作先进事迹报告，感动了无数人。他的事迹，也通过中央和地方众多媒体得以广泛传播。

我多年参与全国脱贫攻坚奖的评选工作，据我所知，在全国46万多名第一书记，225万多名驻村扶贫工作队队员中，凤军同志的工作经历也是比较丰富的一位。他在省政府四个部门工作30多年，担任处长17年，还有国务院办事机构、县区政府挂职和国外培训的经历。在年过五十之际，又以“省直机关不缺我一个处长，但贫困村很可能会缺一个像我这样的扶贫队长”的情怀，毅然决然地响应党和政府号召，主动报名申请驻村扶贫，实在难能可贵。正如他和我聊天时所言，到最基层的农村去工作，有利于了解最基本的国情。

他是这样说的，也是这样做的。驻村四年多，他坚持每天写驻村日志。他的日志，翔实地展现了一个皖北村庄，在党的脱贫攻坚政策实施下发生的深刻的、全方位的、远远超过扶贫初衷的巨大变化。因此，一些日志在被媒体选登后，产生了很好的影响。普通读者读他的日志，觉得是记录农村生活的生动故事，真实地反映了农村、农业、农民的现状和发展趋势；扶贫工作者读他的日志，感觉是反映扶贫工作的百科全书，凝聚了一名扶贫干部对扶贫工作的实践、体悟、感受、思考和总结；农村基层干部读他的日志，觉得是探索乡村振兴的参考读本，从中可以获得诸多值得借鉴的经验和做法。我看了这些从 170 多万字的驻村日志中选出的初稿，也真切地感觉到，它对于持续做好脱贫攻坚与乡村振兴的有效衔接，大有裨益。

应出版社之约，值此凤军同志的《第一书记驻村日志选》出版之际，很高兴把他的这些“主题日志”推荐给大家，尤其是正奋战在全国乡村振兴第一线的广大驻村工作队和农村基层干部。故欣然命笔，以为序言。

2022 年元旦

代自序

他们都是我的兄弟姐妹

——全国脱贫攻坚先进事迹巡回报告

焦凤军

大家好！我叫焦凤军，是安徽省司法厅法治督察处处长。我报告的题目是：《他们都是我的兄弟姐妹》。

8 年前，我在县里挂职两年，农村贫困人群的生活状态，成了我放不下的牵挂。脱贫攻坚战的号角吹响，给了一个圆我“扶贫梦”的历史机遇，4 年前，我怀着“省直机关不缺我一个处长，但贫困村很可能缺一个像我这样的扶贫队长”的朴素想法，主动报名，光荣地加入了“扶贫大军”，来到了皖北深度贫困的宿州市萧县孙圩子乡马庄村。

由于种种原因，20 世纪八九十年代，马庄村民中一些人感染艾滋病，给村民戴上了沉重的精神枷锁，也给经济和民生造成了巨大影响。

马庄的这种特殊环境，也使工作队的帮扶活动面临毫无经验可以借鉴的挑战。如果不首先融入这个特殊群体，全村的帮扶工作将难以顺利开展。于是我下定决心：再难，也要找到办法，如期实现既定目标！

入户走访开始后，发现一些人家总是“铁将军把门”。一次，我重重地敲了几下杨大姐家的门，居然第一次听到院子里有人回话……原来这是一户有艾滋病患者的人家，村民通常很忌讳来这样的人家串门。在农村，如果一户人家常年无人光顾，是很没有面子的事情。而铁门紧锁，则是想“暗示”别人，无人造访不是人家不愿意，而是自家锁着门呢！

知道了大门反锁的原委，我的心情非常沉重，同时也决心一定要帮助他们解除心理压力。为此，我开始带工作队进行密集走访。一段时间后，所有的大门都渐渐地敞开了，而且好像每天都在等着我们的到来！每次入户，除宣传政策、安排治病、力所能及地解决困难外，我们还时常与他们开开玩笑。再后来，一见面就让我们“住下”（留下来吃饭的意思）。炎热的夏天，他们常常很自然地让我们喝碗水、吃块自家小菜园摘的西瓜。可这看似平常的礼节，对我们却又是一次新的考验：吃，担心造成负面影响；不吃，他们就误以为工作队同样歧视他们。有一次，我不再推辞，干脆地带头吃了一块西瓜。可是，这个小小举动却让李大娘满眼泪水，她激动地拉着我的手，一个劲地喃喃自语：“焦书记、焦书记……”后来才听村干部说，就是他们的邻居甚至亲人，也很少能这样做。

敲开的是铁门，打开的是心扉；吃下的是西瓜，赢得的是信任。后来，只要工作队一出现，他们就会和其他村民一样聚在周围，主动地说说新发生的大事小情。他们甚至将能够陪工作队串串门子、说说笑笑当成一种“光荣”，表现出的那种自信和改变，时常让我顿生感动，真切地感受到 30 年机关生涯、15 年处长岗位，从来没有过的“存在感”。工作队与艾滋病患者打成一片，逐渐消除了村民对他们的歧视，大家不再“谈艾色变”。他们也开始主动参与社交，处理力所能及的农活，改变了多年来的“等靠要”，开启了各自的新生活。

有一天，走访的路上，遇到艾滋病贫困户刘大哥。聊天时才知道，他悄悄地编唱了一个皖北大鼓节目，名字叫《村里来了工作队》，参加送戏下乡演出才回来。发现他有这个才艺，我又鼓励他组建了农民剧团，今年又为他申报了宿州市“非遗传承人”。

丽霞（化名）妹妹曾经是个漂亮姑娘，20 多年前嫁到村里，但若干年后，一家 3 口因丈夫年轻时卖血，而全部感染艾滋病，8 岁的儿子也因此夭折。为了帮助夫妻俩重树生活信心，在加大帮扶力度的同时，还特意把她聘为村部这个重要部位的保洁员。每天清晨 6 点多，她都会把自己打扮得漂漂亮亮的，开着米黄色的电三轮车，高高兴兴地来到村部上班。从我的门前开始，认认真真地把整个村部打扫得干干净净。在院子里，我时常很自然地停下来，表扬一下她的工作，说一声“辛苦了”，拉拉家常，问问寒暖。每当此时，她那既高兴又紧张的神情，让村里人无不感到：这或许是她一天中，觉得自己最受尊重、最感自豪、最觉幸福、最为快乐的一段时光。

艾滋病是一个世界性话题，艾滋病患者如何主张权利是一个世界性难题！世界卫生组织艾滋病防治亲善大使彭丽媛指出，携手抗击艾滋病，已经成为全球共识。马庄的四年，也让我深切感受到：只有中国，在中国共产党领导下，这个群体才通过免费治疗、精准帮扶，摆脱了生活贫困的境遇，实现了平等发展的权利。马庄兄弟姐妹的脱贫之路上，他们一个也没有掉队！

脱贫有期，发展无限。小发展小困难，大发展大困难，不发展最困难。为给马庄脱贫后的巩固和发展奠定坚实的基础，工作队带领村两委克服各种困难，在安徽省司法厅党委大力支持下，公司、农场、合作社等发展到 50 多家，以工作队组织援建的农贸一条街为主要载体，全村门市摊点等发展到 100 多家。

马庄扶贫工厂从建成的那天起，我一有空就带着管理人员东奔西跑，浙江、江苏、山东、河南，在省内外宣传推广、考察学习、增加项目，推动工厂实现了从单一生产消防器材，到消防器材、电缆桥架、电气设备、生态农业等集团化发展。年产值从 60 万元增加到 1 000 多万元。

喜欢叫我焦大哥的村民小王是建档立卡贫困户，父亲在他幼小时因艾滋病去世，母亲也身患艾滋病，他十几岁就外出打工，历尽艰辛，令人心疼。2018 年回家过春节时，我鼓励他回村创业，照顾母亲。当年，在我的帮助下，一座新型建筑保温材料厂在村里建成。投产后，我又以省派扶贫队长的身份，在网上为产品代言，自己借款给他应急，带着他到工地上推销产品，办理质量检测和认证……不到半年，保温发泡板已销往全国 20 多个省区市，并实现了产品出口，在国外设立了总代理。

酸甜苦辣扶贫路，得失唯有自己知。妻子沈宏一直支持我的工作，知道我要去扶贫时，又反复说："既然去了，就好好为村里做点事！"可是，为了认真地做好每一件事，我往往两三周才能回家一趟，家里什么事也顾不上。一天深夜，她给我发微信说，已经三天两夜没吃饭、没睡着了，但奇怪的是，一点饿意和困意也没有，还非常清醒、非常精神，并且说自己好像是"已经成仙了"，然后发了一个大笑的表情。我立即点开视频，却又即刻关掉。我不知道看到她我会怎么样？我该说什么？所以，只是一遍又一遍地看她的留言，泪水不停地顺着眼角流下来，浸透了大片枕巾……我知道，她并没有适应一个人的日子。我至今保留着微信的截屏，也是保留一份永远的愧疚。后来，她做了一次手术，我要请假陪她，她却坚持让正在写毕业论文的儿子焦正上连夜从北京回到合肥，陪她住院，要求我按时回村，不要耽误村里的事。

小家的冷清，换来了马庄的热闹。驻村的 1 500 多个日子里，我与像刘大哥、小王弟弟、杨大姐、丽霞妹妹和李大娘等一样的 5 300 多位兄弟姐妹和长辈后生们，一起奋斗，与贫困决战，近 6 000 万元的到村到户扶贫项目、800多万元的自筹资金和发展项目，使马庄的水泥路更长了，项目和产业更多了，漂亮的生态园起步了，两委班子的战斗力更强了，村民的笑容更加灿烂了……每当我翻看村民用孩子的作业纸写给我的30多封表扬信、建议信、感谢信时，我也同时看到了一个充满生机与活力的新马庄！

此时此刻，再次想起驻村百日时，我写给全县“集中攻坚月”动员大会的“誓言”：

合肥马庄两地颠，
兄弟姐妹记心间。
脱贫攻坚豪情壮，
圆梦小康大收官！

谢谢大家！

2020年10月

目　录

2017 年

2018 年

2019 年

2020 年

2021 年

2017年

5月2日

感受巨大压力

按照省委、省政府统一要求的时间节点，受正在中央党校学习的安徽省人民政府法制办公室党组书记、主任徐发成同志的委托，主持工作的蒋传华副主任一行于4月28日7时出发，于中午13时把我和王刚、徐春节3名驻村扶贫工作队成员送到了宿州市萧县孙圩子乡政府报到。之后，乡里专门召开了一个简短的欢迎会，然后就把我们送到了马庄行政村村部。但是，由于接下来的3天是“五一”国际劳动节法定假日，而且村里尚不具备住宿和办公条件，下午我们只好又随蒋主任一行返回合肥。

今天上午刚到村里，就立即按照通知要求，临时准备齐所有需要熟悉的材料，下午按时到乡里向乡党委吴征岗书记和乡政府李秀荣乡长汇报有关工作安排，争取乡领导的支持。同时，参加全乡坚决打赢脱贫攻坚翻身仗动员部署会。这也是乡里对4月29日全县坚决打赢脱贫攻坚翻身仗动员部署会精神的传达和具体部署。会议非常重要，也很及时。乡党委、政府对工作队的到来高度重视，也寄予厚望。会前，吴书记和李乡长反复邀请我到主席台就座，说是要隆重向大家介绍一下。我代表工作队认真地说："我们来了就是你们的兵，各干各的事，各就各的位，不必拘礼，以后都是这样。"他们很理解，很快进入会议议程。但主持会议的李乡长还是首先介绍了我们工作队同志的基本情况。她说："焦凤军同志是省政府法制办秘书行政处（人事处）处长，现在派驻马庄村担任第一书记、扶贫工作队队长；王刚同志是行政立法处副调研员，担任工作队副队长；徐春节同志是法制研究中心正科级干部，提任工作队扶贫专干。希望全乡各方面、各机构与马庄工作队团结协作，共同打好脱贫攻坚战。"

吴书记的动员报告直截了当，就是要求必须打胜仗，没有退路。总体上看，在全县范围内孙圩子乡的工作算是做得比较扎实的。虽然此前省第三方评估组在对一个贫困村的评估中只给了个"较好"的评价，但全县没有一个"好"。所以，这既是肯定，也是鞭策。精准扶贫，精准是基础，要明确责任。乡里开展补短板、促攻坚行动，就是要督查不力、不到位之处，就是要抓重点、重点抓，8 天内完成有关信息采集工作，10 天后全部公示，30 天内光伏发电项目全部完成，争取按时验收，成功发电。

脱贫攻坚，关键在干部。因此，这场战役，不仅要统一思想高站位，而且要出了问题真问责。要真心扶贫，老百姓需要怎么帮，就怎么想办法帮。找不到人自己想办法，可以利用一早一中一晚到村民家走访。老百姓不可能待在家里等你，他们要下地干活，大好春光在家里等干部上门问情况，可能吗？

这个会，让我们感受到巨大压力的还有李乡长的讲话。这位干练的年轻女乡长说，脱贫攻坚就是背水一战，怕是不行的。就像小学生，平时一问学得怎么样？总是说"不错"。可是一到考试了，吓得乱 he sao（方言"发抖"的意思），怎么行？并强调说，马庄村今年计划脱贫出列，任务很重，搞不好，功劳没有，苦劳也没有，等着瞧吧！……

精准扶贫、精准脱贫、全面脱贫，关乎全面建成小康社会，关乎人民福祉，关乎党的执政基础，关乎国家长治久安。改革开放以来，特别是党的十八大以来，扶贫工作虽然取得了显著成效，但必须清醒地看到，贫困面仍然很大，贫困人口仍然很多，贫困程度仍然很深，致贫原因仍然复杂，脱贫成本仍在增加，脱贫难度仍在加大。到2020年实现农村人口全面摆脱贫困，时间十分紧迫，任务十分繁重，没有超常规的措施，没有过硬的办法，很难在规定的时间节点完成脱贫攻坚任务。这也是省委决定“硬选人、选硬人”，组建驻村扶贫工作队的重要原因所在。

因此，作为驻村的党总支第一书记、扶贫工作队队长，我唯一的选择是变压力为动力，不辱使命、勇于担当、只争朝夕、真抓实干，以强烈的责任感、使命感和紧迫感，立即融入马庄，在马庄村脱贫攻坚工作中建功立业。

5月3日

进驻马庄

昨天，参加完全乡坚决打赢脱贫攻坚翻身仗动员部署会后，回到马庄，算是正式进驻马庄，住进村部。

从昨晚到今晚，工作队算是走完了马庄村的“四至”，从此成为马庄村民。

马庄，一个再普通不过的中国村名。来了之后，按照有困难找警察，警察不知道就找百度的逻辑，上网一搜，查到了近3 000万个与马庄相关的结果。

不过，现在我只关心位于安徽省宿州市萧县孙圩子乡的马庄——一个因艾滋病而在历史上出了名的国家级深度贫困县的贫困村。具体来说，它位于革命老区萧县西南部的孙圩子乡。该乡辖10个行政村，耕地面积6.4万亩，农业人口4.8万人，是传统的农业乡。1992年，由原双楼乡与丁楼乡合并而成，在黄河故道的重要支流大沙河西岸，北靠连霍高速公路，南与淮北市相连，西与311国道相接，面积72平方公里。交通便利，地理区位优越。

境内物产丰富，在历史上逐步形成了四大种植基地。一是优质胡萝卜种植基地。据介绍，包括基地辐射面积近 10 万亩，主要种植地方特色品种“孙圩红”，其次为日本新黑田五寸，一度每年可出产优质胡萝卜 4 亿公斤。产品以其表面光洁、肉质细嫩、色鲜味正，深受广大消费者的喜爱，远销上海、广州、深圳、长沙等全国各大中城市。境内胡萝卜交易市场占地面积 21 000 平方米，每年胡萝卜销售季节，前来设点收购的外地客商达 120 余家，为周边地区的农民销售胡萝卜提供了方便。省内外周边地区种植的大部分胡萝卜都来这里交易。仅此一个市场年吞吐量就达 1.6 亿公斤以上，已成为胡萝卜商品的集散地。二是粮食生产基地。基地面积 1.8 万亩，年生产优质小麦 720 万公斤、玉米 520 万公斤、大豆 92 万公斤。三是优质棉生产基地。基地面积 1.4 万亩，年产优质棉 200 万公斤。四是优质无公害果蔬和香料生产基地。基地面积 2 300 亩，年产优质果蔬 920 万公斤。以黄庄为中心，主要加工花椒、茴香、桂皮等 8 大调味品。该基地生产的“新黄牌”佐料畅销徐州、蚌埠、合肥、西安等地，年销售收入 180 多万元。

同时，这里养殖业发达。在大力开发地方特色的牛羊养殖的同时，积极引导农户养鸡、养鸽、养奶牛、养兔、栽培食用菌。全乡出现了种养加工齐发展、高效农业进庭院的可喜局面。为提高产品的科技含量，积极与大专院校、科研院所攀亲联姻，先后与宿州农校、郑州果科所等单位建立了技术依托关系。

种植业极富特色。产品主要有程山胡萝卜、徐里石榴、巴斗杏、黄庄佐料等，历史悠久、风味独特。徐里种植基地三面环山，一面临河，特殊的小气候为石榴、巴斗杏的生长创造了有利条件。石榴个大、皮薄、汁多、味甘，历史上曾为贡品。巴斗杏皮黄、个大(单个重 100 克左右)、味甜，独具山野风味。由国家商标局批准注册的“孙圩红”牌胡萝卜被认定为北京农博会“优质农产品”，被农业农村部认定为“无公害农产品”。

马庄行政村是孙圩子乡下辖的10个行政村之一。行政村下辖宗柳元（当地人简称柳园）、徐店、王台、大郑庄、小郑庄、王庄、贾庄、马庄、小集子、孟庄、徐瓦房、穆李庄（当地人简称李庄）等12个自然村，耕地面积6 200多亩，目前人口5 300多人。包括马庄行政村在内的孙圩子地区社会治安秩序良好，所在地派出所曾被评为“全国百强”“全省十佳”。

我相信，包括马庄村在内的孙圩子地区肯定还有更加值得骄傲的地方，从明天开始，我们将会用3年的时间去发现、去创造、去宣传……

驻村工作队“三兄弟”（从左到右依次为焦凤军、王刚、徐春节）参加“禁烧”督查和值班工作。

5 月 4 日

在朋友圈里爆了一颗“小炸弹”

到今天为止，我主动报名参加扶贫工作队进驻马庄的时间已经一周了。除了家人和单位同事知道外，其他朋友、同学并不知道。是不是要向大家公开一下，我还是比较纠结的：对我来说，这是一次很正常的工作状态的调整，但不同的人可能会有不同的认识。想了很久，终于在昨天深夜 11 点 40 分突然决定在微信朋友圈发了一条“状态”。我觉得这个时间相对安静，大部分人应该休息了，只会有少数人看到，多数人今早打开手机时我的“状态”肯定已经被湮没了。这样处理可能会比较平静，只是自己作个“状态”的记录而已，因为此事别人知道与否并无意义。当然，也可以借此机会向朋友和同学们征集一些有益的意见和建议。

这条发在微信朋友圈的“状态”是由 9 张图片组成的“九宫格”，分别为马庄的农副产品和村部宣传栏的照片。在“这一刻的想法中”我写了几行字：“各位圈友好！我报名参加了为期 3 年的驻村扶贫工作。萧县孙圩子乡马庄村是古萧国大地上的纯朴之乡，优质的土壤盛产远近闻名的胡萝卜、软籽石榴、白山羊、紫葡萄……可是，千百年来这里的乡亲却一直没有富裕起来！盼望大家多关心这里，资金、项目、信息、人气、鼓励……都需要！谢谢啦！”

让我没有想到的是，这条“状态”刚刚发出，就像“炸弹”一样爆炸了！一时秒赞如潮！评论、鼓励、质疑……100多条评论来不及回复！到了凌晨1时多干脆关机睡觉，留待明天再一一回复。今天早晨7点起床，打开手机，又是70多条评论，满满的正能量啊！让我实实在在地又感动了一次！

总体上看，比较理性的留言表现为对扶贫工作的反思和对政府的建议。这些同学和朋友大都非常乐观地认为：根据我在多个省直部门工作的经历，完全有能力、有条件协调村里和高校、机关结“对子”，帮村里成立农业产业公司，使农产品通过公司和市场实现有机对接。只要想为农民做好事，就一定可以办好。但如何让农村良性发展，普惠众人才是根本之策。一个村的农产品再多也多不到哪里去，一个大机关的食堂就能消化了。方法有的是，问题在于能不能从根本上解决问题？借助公共资源农民可以有“一时之得”，但这反而又让农民练不出自己让产品和市场对接的本领。

也有朋友一下子就联系到了现实。现在从中央到地方通过派工作队帮扶的形式下去，确实是一件好事，但如果还能够借此机会，花些时间和功夫做一些认真的、深入的、由表及里的调查研究，找出问题的症结，反思决策的得失，那就更好了！

还有不少圈友鼓励说：“我真佩服你的选择和勇气。当了十几年的处长又去当农民，厉害了！一个能把心与土地和农村连接在一起的人是高尚的。我一定会去看你的。”“你走出了伟大的一步，也打响了你的脱贫攻坚第一枪！质朴的广告词般的留言！我想想自己能为你的这个马庄村做点什么？再与你联系。”“我没有资金，没有项目，唯有赞美和加油！希望乡亲们在焦书记的领导和帮扶下富裕起来。多么让人垂涎欲滴的农产品啊！我考虑开个微店推销吧！”“老焦，你也去了啊？真是人民的好书记！致敬！”“又发少年狂！为大姐夫点赞！努力！”“焦队长辛苦了！党和人民需要你这样的好干部！”“强烈支持！太好了，留个项目给我做！我要做软籽石榴。”“我也参加扶贫工作了，你可以把新产品做几个专题，我帮你推送，以便传播。”“你真是太伟大了，向你学习！上山下乡，向领导致敬！”“投身到扶贫事业中去了？怎么不到我们这里来啊？”满满的正能量啊！从来没有得到过如此多的鼓励！感动！

有个热心的朋友更是提出了非常具体的建议。他说：“一是要了解当地人均收入，人均土地面积和可利用的资源；二是本村是不是种植葡萄和养羊的基地？三是有没有可以出租或建厂的集体用地？四是如果我出技术和管理，能不能找到投资的人？五是销售渠道要提前研究。”我说，这些都可以研究，我先了解情况。之后，他又说：“我和一个老板说好了，可以合作。我再来核算核算，看看怎么搞？资金是问题，我没有钱，前期可以建厂，从外边进原料生产。像蕲春县有万亩艾草田，南阳、信阳、黄冈都有现成的艾草。还有桐柏这些地方进艾草是不成问题的。但是在萧县种植艾草不太现实，不是当地的特色和政府扶贫项目。要利用当地的原材料做文章，搞有特色的一村一品。以前之所以没有富起来，是因为没有形成规模。软籽石榴要和怀远的石榴比比优劣势，然后成立合作社，利用电商平台，可以销售到全国各地。”

当然也有“说事”的。我曾经挂职过常委副县长地方的一位副局长说：“领导您好！去我老家帮扶吧，那才是我们那里老百姓的福气啊！哈哈，有您这样的领导下去指挥，我们老家的发展肯定会有希望的！”接着，向我反映了发生在她老家的一些具体问题。

看来，我的这枚“小炸弹”在朋友圈爆得非常及时，也非常必要。它至少使我较早地认识到要做好这项工作没有那么简单，人们也没有那么统一的认识。当然，也没有想到会有这么多的朋友表示支持我，没有想到它给我一下子赋予了如此巨大的正能量！

5 月 5 日

走村串户

开展精准扶贫，走村串户是日常动作。我对工作队的要求是：有空就要到村里“转悠”，就要到村民中间“拉呱”。了解产业发展，宣传扶贫政策，走访家家户户。

晚上 11 点多了，我正在学习扶贫政策，工作队徐专干按要求写好今天的工作日志，并通过微信发我审阅。不看便罢，一看才发现这样一个很平常的一天却还做了不少事，确实忙得不轻！考虑到大家都辛苦了，我就让他们先休息，我先看看，明天再说吧！

看完这份所谓的“日志”，我才发现这不是“日志”，而是一份我正准备写的“流水账”，真是不谋而合，生动而形象——

可能是焦书记昨天带乡村领导去县里谈项目给村里带来了希望，村党总支郑玉超书记今天来得特别早，不停地督促村部卫生间修建的进度要再快一点。

早饭后，工作队和村党总支、村委会（以下简称“村两委”）一起召开了一个会议，主要研究清理有女五保户、低保户问题。会上，郑书记提及昨天一个村民来找工作队时说了一些过激话的事，并反复向我们解释，像个犯了什么错误的小学生。

会后，郑书记又要陪我们绕着村子转一圈，看看村容村貌。第一站是徐瓦房自然村，姓徐的特别多。过了徐瓦房向前走是小集子自然村，村委会主任秦品华就是这个自然村的人，他家就在路边。右转往北是王庄自然村，村里的光伏发电站就建在这里，狭长的15亩地，年租金每亩1 000元，正在建设中，已打了桩基，一位老汉正在地里放羊。我们觉得很可惜，这么好的地应该一地两用，上面是安装光伏发电板，下面搞养殖或者种植。但郑书记一言不发，微微叹气，似有难言之隐。知道村干部难当，上面说怎么干就得怎么干，千条线都要穿你这根针，你能有什么办法？

过了王庄自然村是大郑庄自然村，也就是郑书记家所在地。这个村比较富裕，村里到处能看到养鸡场、养鸭场、养猪场、养羊场等。我们特意进了一家规模比较大的养羊场——萧县张琛农业开发有限公司，这个公司除了自己养殖外，还从河北、内蒙古等地调养绵羊和山羊，调来后在这个基地再用本地草料养2个月，肉质得到改善后再出栏，就成了本地特色的优质“萧羊”。各地商贩都来这里买，似乎成了集散地。从经营的角度看，这个方法虽好，但拿外地的羊改造成萧县的羊，时间久了会不会把萧县羊的牌子砸了？我们提出了自己的担忧。对此，老板张长华说：“不必担心，用我的饲料在家养育2个月后，肉质完全一样。”

从养殖场往东走是王台自然村，这里以前是个行政村，后来并入马庄村，但王台小学得以保留。学校布局紧凑，整洁美观，里面还办了个附属幼儿园，就是缺少体育设施。单位领导送我们时也说到这个事，看能不能为学校争取点支持，尽快完善体育设施，让孩子们有更多更好的锻炼器材。

接下来又到了徐店、孟庄、小郑庄等3个自然村。徐店自然村可能是马庄村最小的自然村，二三十户人家。孟庄的村民很勤奋，不仅地里庄稼长势良好，而且还办了好几个家具厂，据说效益都不错，还能带动附近的村民就业。小郑庄自然村也不大，村民见到我们说得最多的就是修路，说他们村路最少，希望工作队至少把主干道修通。我们觉得这个要求合理，焦书记就答应了他们，大家很高兴。

向南又回到了马庄自然村，路边是萧县苹聚缘家庭农场。农场里栽了100多亩苹果树，但个头不高，据说今年能挂果。之后到贾庄自然村查看了2家葡萄园，有架大棚的，也有露天的，长势都不错，今年应该丰收。大棚里的葡萄果实已经很大了，据说每斤能卖六七元。露天葡萄成熟比较迟，每斤只能卖二三元，差距还是蛮大的。前天走访过的村部东边那家葡萄园远不如这个园子，那园主应该来这里好好学学，抓紧改进！

通过对几个养殖、种植基地的走访，我们发现马庄村发展产业经济还是有基础的，如果予以引导和扶持，带动农户致富还是有可能的。

一上午转眼过去。吃过午饭正准备休息，楼下突然传来一阵悠扬的笛声，大家不由得大感好奇，乡间也有这等高手？急忙下楼，发现笛声是从村务监督室里传出来的。我刚到窗前，他们就开门了，热烈欢迎我来“整”一曲。刚才的笛声是村党总支马传合副书记“整”的，他前段时间扭伤了脚踝，今天才到村部上班。见我来了，连忙把笛子让给我。屋子里还有县政务中心的孟主任，他也叫我“玩”一个。不好推脱，接过笛子，吹了一段《春江花月夜》，比较生疏，自己不甚满意。他们都叫好，说是专业的来了。马副书记说他“整”了30多年，也没我“整”得好，于是我们俩都互相说对方“会吹”，然后一屋子的人都哈哈大笑。

下午，乡党委吴书记、张副书记等一行几人来到村部。名为看望工作队，实际上是督查扶贫进展情况。因为群众的攀比心理，加上不服气别人成了贫困户和低保户等，危房改造出现了一些棘手的问题：本来适合维修的，群众偏要重建；重建的，危房又拒不拆除；

不在计划之内的，也要求重建；等等，不一而足。还有就是最近上面要求有女五保户老人退出之事也很棘手，进来容易退出难。工作队暂时对情况还不是十分熟悉，脱贫出列工作又很急，看来只能让他们接着以前的干。但是，我们隐隐觉得情况不是很乐观：精准识别是不是精准？符合贫困户条件的是不是纳进来了，不符合贫困户条件的是不是也纳进来了？剩下的这 240 户贫困户能不能真脱贫？基础资料是不是很完善？

吴书记走后，村总支郑书记开始抱怨他包的贫困户太多，以前只有十几户，后来县里包村的领导调整了，都转给他了，现在有 28 户。于是我就跟他说，下午我们和你一起去走访，向村民宣传政策，以后做些调整，帮你分担一些……郑书记听了很高兴，似是一件大事有了着落，如释重负。

下午 2 点多，郑书记又接到一个电话，需要到乡扶贫工作站核实数据。一个多小时后，郑书记回来了，我们立即前往大郑庄自然村走访贫困户。大家一口气走访了马夫来、张长军、张祖彬、张祖德、张祖臣、黄广亮、张祖道、郑中华、郑衍义等 9 户，了解生活情况，宣传扶贫政策。他们贫困的原因主要是生病，孤寡老人没有劳动能力。生病的有癌症、关节炎、脑出血、心脏病、糖尿病，甚至有卧床不起的。走访中，有一户印象尤深，名叫马桂荣，今年 49 岁，丈夫早逝，两儿一女。她家生活不太好，但她精心地照顾着两个五保户：一个是张长军，71 岁，是她丈夫的堂曾祖父，他住的房子就是她家的，并且他长期患心脏病，行动不便，严重的时候吃喝拉撒都在床上；还有一个是张祖彬，也和她住一个院子，患有胃病，自理能力尚可。

夕阳西下，杨絮依旧纷飞，加上风大，尘土飞扬。回到村部，站在二楼走廊上看外面，似乎是寒冬腊月，大雪纷飞；又像是塞外荒漠，飞沙走石。地面上积了厚厚的一层絮，嗓子里、鼻子里痒痒的，甚是难受。

晚上，听说烧饭的小杨家里有事，不能做饭，工作队 3 人和郑书记、村委会蒋副主任决定自己动手，八仙过海，各显神通。焦处长因为市里电话催要他参加座谈会的发言提纲，没有参与。我的强项是切菜，于是切了土豆丝。王副队长做了青椒炒肉丝和西红柿蛋汤。郑书记做了两个炒菜，他将炒锅一抡，火光冲天，我们都看呆了。蒋副主任做了两个凉菜。把这些菜往桌上一摆，还真是有模有样，一点不输杨厨师。

吃过晚饭，工作队“三兄弟”戴着口罩，拿着电筒，到小郑庄自然村家访。有一段路是林荫道，两边是高大的杨树，中间一条笔直的路向前延伸。在朦胧的月光下，颇有些诗意，只可惜这几天忙晕了头，一句诗也憋不出来。夜晚走访的对象是昨天来访的一位八旬老人。半路上遇到两个人，一位认识我们要找的老人，却没有给我们指准路线，另一位竟然还不知道村里有这位老人。后来走进一个农家院子，有个小姑娘，对我们很警惕，干脆就说不知道。看来做群众工作有学问，没那么容易，还要认真琢磨如何拉近与群众的关系。没见到老人，但却长了经验。那就明天再来吧！

走村串户，在村民集中点宣传习近平新时代中国特色社会主义思想，宣传党和国家的扶贫政策。

5 月 8 日

夜访 81 岁老人王于曾

前天下午，小雨过后，翻飞的杨絮似乎稍有消停。我正站在二楼走廊上观察村部西南角修建厕所的民工，担心他们在屋脊上的危险动作可能出什么意外，准备及时提醒他们。这时，一个更加危险的所在突然出现在视野里。简单陈旧的村部大门里突然晃悠悠地进来一个腰弯 90 度，却两手推着一辆破旧自行车的老人。刚进门他就朝地上一坐，一手扶着车子，气喘吁吁……我立即招呼楼下的人帮他一下并同时往楼下跑。可他似乎并不需要帮助，有能力照顾好自己。

后来才知道，老人是听说省里派来了我们三个人，是来找我们说事的。由于我正在准备市里要的材料，就委托工作队王刚副队长和徐春节专干接待老人。

当天晚上，两位队友向我介绍了接待老人情况。老人叫王于曾，是小郑庄自然村人，今年已 81 岁高龄，曾经做过近 20 年的村会计。虽然腰弯得厉害，但精神却挺好，耳聪目明。老人主要反映他家的房子问题。他说，按规定，他住的土房子是不符合贫困户脱贫标准的，需要申请重建。但有关领导说过他的房子有历史价值，是文物，可以通过维修来保留其历史价值。只是不管怎么说，到现在既没有推倒重建，也没有人前去帮他维修，心里很不踏实，想知道村里到底是怎么安排的。老人很诚实，说自己反正也活不了几年了，稍微弄弄，不漏雨就行了。

听完队友汇报，我立即打电话向村总支郑书记了解他所掌握的老人的情况。郑书记说，这个情况比较复杂。之所以没有给他重建，是因为申报时乡里领导到现场看后说这个房子有保留价值，这么好的土房子不多，说不定能成为文物呢，所以就拖了下来。但后来维修的事也没有了结果，所以老人心里没底，就找了工作队。

到底是什么情况？我决定带工作队队员一道去现场看看。

昨天的晚饭比较迟。饭后，工作队三兄弟从村部出发，边走边猜边研究这件事的多种可能性，不一会就到了小郑庄自然村。进村后，村子里漆黑一团，偶见高墙大院中映到天空中的灯光，只是不见行人。转了几个弯才看见一个人从院中出来，似乎是取柴的。我们就向他询问村里有没有一位叫王于曾的老人。可能是由于语调不通，说了很多遍他才明白。给我们指示着说："你们走过了，要向后返回，看到一个变压器后，向左转，再走进去，看到一条横着的水泥路，第一家就是……"

于是，我们按照这位村民的指点转来转去地走，但最终没有发现符合他所说的条件的道路，只好再敲路边一户村民家的门。出来的是一位约 30 岁的妇女，端着碗正在吃饭。我们与她沟通了很长时间，她最终还是不知道有这样一位老人，我们只好悻悻而去。

走在到处泥坑的胡同里，我们转了几个弯，试图再问问，可十有八九都是大门紧闭。农村人休息得可能比较早，已是夜间近十点了，也不好意思再敲村民家的门。正准备放弃时，回头看见有个院落的门是开着的。进到院里，一只大狗突然狂叫起来，我们心里很是害怕，怕它真的咬人。因狗的叫声湮没了我们的喊声，我们喊了好半天也没人应答。过了一会，屋里有人反复问："谁？谁？谁？"

只闻其声，不见其人。队友们说，算了，回去吧！我说，再坚持一会儿。终于，从门里出来一位女同志，估计 20 多岁，旁边还有一个 10 来岁的小朋友。我们自我介绍，说明原委后，她却说："我刚来，不知道……"这让我们一时也摸不着头脑，也不清楚她说的是什么意思。既然无法交流，我们也只好感谢后离开……

就这样，昨天的夜访宣告失败。走在回村部的路上，乡野的 5 月，凉风习习，小路两边高大茂密的杨树把小路遮蔽得阴森漆黑。小徐打开电筒，在强烈光束下尘土和飞絮被照得清晰可见。我突然意识到，我们的肺可能没有足够强大的吸尘吸絮功能，必须抓紧购买口罩，做些健康防护准备。

走到村部前的乡道时，村里仅有的几台太阳能路灯也不亮了，但路面却还有些不知道从哪里来的光亮，感觉像是到了"大城市"。我就在想，改革开放几十年，农村发生了翻天覆地的变化，经济发展，市场繁荣，观念更新。但好像人们也丢掉了很多东西：淳厚的民风、邻里的互动、清新的空气、原生的环境……同一个自然村，也不过几十户人家，也许只有几户之隔、几十米之远，竟然都说不清一个在这个村生活了 80 多年的老人住什么地方，其中 2 户村民竟然不知道这位老人的名字！这让我这个曾经亲身体验过农村美好童年的人，心情非常复杂！感慨良多！

不过，我下决心一定要靠工作队自己的努力找到这位老人。

今天上午，一个偶然的机会，王副队长在田间巧遇了一位正在耕作的村民，又问起了王于曾老人的事。这位村民对王于曾非常了解，并指示说，王于曾住的房子是正对着他正在耕作的这块田地的位置，沿小路一直走就到王家了，很好找。

本打算下午就按王副队长说的路线去找王老，却正赶上上级选派机构来村部看望工作队，说是关心我们的生活，看看吃住条件怎么样，乡里和村里是否按要求落实到位了？可我们的理解不是这样，并给他们开玩笑说，欢迎领导经常来“查岗”。说实话，这种关心是解决不了问题的，也很难知道我们是怎么生活的、到底缺些什么。只是我们并没有把这些问题当作困难。大家很大程度上是在通过克服困难解决驻村生活中的一些问题，通过参与脱贫攻坚来实现自我价值，获得工作的成就感，或者说是生活的乐趣。也就算重新过一遍大学生活、过一遍单身汉的日子。比如，村里的干部都在附近家里住，村里并没有像样的食堂和厕所，更没有洗澡的地方，省委要求工作队员必须住在村里，而且要 App 定位，每年不少于 227 天，村里只好临时解决这个问题。而在没解决之前的最近这半个月里，工作队的同志只能不停地从二楼下到一楼取水、烧水、洗漱，原来每天洗澡的习惯也要改了。厕所在村部最外面靠近一所小学的旁边，夜间没办法上厕所，只好用垃圾袋装着，天亮了再拎着到外面找地方丢。衣服洗了没地方晒，又不好意思把裤头袜子在村部大院到处挂，只好放在办公桌椅上晾。有村民来访或县乡干部来视察，坐到办公室里一眼就看到床上床下的不堪，也倍感尴尬。如此等等，好在大家都是一笑了之，慢慢改进，并不影响工作。倒是 3 位大男人的生活总让我想起爱人和儿子的话。报名参加工作队前，作为家长我第一次行使权力，召开了有家以来的第一次家庭会议。听说要开家庭会征求意见，他们说，你还有什么事要征求我们意见？儿子觉得很新鲜，正在睡觉的他正常情况下是不会起来的，听说开会起来了，问什么事？我说完，爱人就说：“好啊！去吧，在家不干活，看你怎么活……”儿子说：“非常好！可以去，现在有理想的就剩你这样的 60 年代的人了……”虽然是开玩笑，经过深入沟通，他们还是支持我报名的，一致认为这是一件国家大事，应当参与其中。人的一生，总要融入历史，而这就是历史。有历史感人生才能深厚，事业才会有意义。

现在再把话题拉回来，回到主题。下午没安排到时间，为了能尽快找到王于曾老人，虽然可能会影响老人休息，但我们还是抱着试试看的态度，晚饭后再次前往小郑庄自然村。根据王副队长了解的路线，出了村部大门右转再左转，却是一块油菜地。打开电筒，发现地里是有一条缝，据说这条缝可以通到王于曾老人的家。于是我们硬着头皮往前走。可是越走越觉得不对头，渐渐地连庄稼缝也没有了，3 个人深一脚浅一脚踩在松软的土地上……看来无望，只好原路返回。王副队长又说，右边有一行树，可能是小路。于是我们又叉到右边，可是走了几步就没有路眼了，而且两边野草杂树丛生。打着电筒晃来晃去的徐专干突然说："这里可能有蛇！"吓得 3 人一下子又跑回了地头，干脆另找新路。

重新回到村部，再向左转，拐入另一条渣石路，高大的杨树沙沙作响。虽然才晚上 8 点多钟，但村里却很难看到人，也没个问处。只好边走边希望着遇到村民问个究竟。走了不一会，王副队长又说左转，说上午就是在这块地干活的一位村民指示给他看的，说就在前面。我觉得这不像路，像地头。王副队长说是路。我说那我们就试试。果然，走了半天发现确实是个断头路，其实就是田间的地头。只好再返回。

继续原路前行，总算摸到了村子里。但犬牙交错的宅院、横东竖西的小道、大垛小堆的杂什、影影绰绰的灯光、关门闭户的村庄，让我们还是不得要领。唯一的办法还是敲门。由于环境不熟悉，即使开着电筒，还是误入了一片杂树丛生的林地。从林地里翻过一道干河沟，又过了一处猪圈，到了一户人家。敲开门，出来的是一位小帅哥。我们自我介绍说明来意后，小伙子说："你问的人我不知道，我带你到我哥家问吧。"边走边聊，得知这位热情的小伙子正在徐州工程学院读大一，放假在家。到了他哥家才知道他这个哥是堂哥。他哥嫂很热情，说我们要找的人就在他家隔壁，主动要带我们去。尽管我们说不用了，他还是跟着我们。到了隔壁，发现门却关着，这位堂哥却伸手就把门从里面拖开了。听到门声，正屋里走出了一位弓着腰的老人，这正是我们找了几个夜晚的王于曾！

老人见到我们很激动，似乎很内疚地反复念道："唉！您看，怎么麻烦您来看我了呢！"老人声音还算洪亮。按照老人反映的情况，我们用电筒查看着小院里老人住的房子。这是一排五间的土坯砖檐房子，说是20世纪80年代初期建的。我用手抠了一下墙面，黄土沙沙落下。老人拉着我的手，穿过已经坍塌得只剩外墙的西偏房，来到五间房的西头两间，拉开昏暗的电灯，指着西墙和屋顶说："您看，这都漏了，墙也脱了，不能住了……"屋内堆满杂物，散发着重重的霉味。出来后我们又来到东头的三间屋子里，依然是杂物家什毫无讲究地堆放着，满满当当的。只有东屋的东北角放着一张床，床上的被子揉成一团。旁边的桌子上堆着一些常用药。

在老人家院子里我们边聊边有意识地了解老人的有关情况。老人今年81岁，有3个孩子。大的是女儿，嫁到了外村，今年也60多岁了。老二是儿子，因自小得了脑膜炎，在床上躺到28岁就去世了。今天带我们来的这位就是小儿子老三。老三和媳妇很孝顺，也很勤劳，两人除了做农活，还养了20多头猪、20多只羊。两口子都是知情达理的人，日子过得很殷实。他们让父亲和他们一起住，可是每次住一两个月就不愿意住了。老人嫌不方便、不自由，坚持要自己吃住。至于这栋旧房子怎么办，是村里维修，还是村里扒掉花2万元重盖三间？这是个问题。老人还和我们说，他曾经听了乡里领导的话，认为这房子有保留价值，同意保护性维修，怎么都行，盖一间也行，反正住不了几年。老人非常开明，当过村里的会计，现在每月有180元的村干退休补助金，对党和政府的关心也表现出了由衷的感激之情。

终于看到王于曾的老房子！但这件事到底该怎么解决？对老人该怎么交代？深夜返回村部的路上，工作队三兄弟虽然心情沉重，但脚步却轻松了许多……

5 月 26 日

在妇女代表大会上讲话

上午 8 点开始，村部院子里陆续开进来许多三轮电瓶车，来了很多人，还有很多孩子。让我一时摸不着头脑的是，这么多人都是清一色不同年龄的妇女。下楼问党总支郑书记发生了什么事？郑书记一脸无奈地说："嗨，乡里也不打个招呼，突然让我们开妇代会，我们也没有准备……"他还特地说："焦书记，你得到台上给大家讲几句，乡里领导也来了……"我说："好啊！"

主持人刚宣布会议开始，这时又进来一位女同志，自己搬了把椅子直接坐在了我身边。我问郑怎么回事？他说是乡妇联的副主席，先前坐在最旁边的那位是乡纪委副书记兼妇联主席。

郑书记首先做选举动员讲话，然后是发选票、投票、计票、公布当选执委结果等，虽然有点乱，但由于村两委七八个大老爷们儿帮忙，总的来说还是完成了整个选举程序。我请乡妇联的两位主席讲话，因为她们才是真正的主人和领导，她们却坚持"没啥说的"，都要求我说几句。

我是空着手被临时拉到主席台的，连张纸也没找到，想写个提纲也没有时间，就临时想了 5 句话。我说，各位姐妹们，今天很高兴有机会参加这样一个特殊的大会。我刚才听一位同志说这个大会对她来说还是第一次，其实，对我来说更是第一次！我想说 5 句话。第一，热烈祝贺。今天，新一届村妇联成立了，这又是一个新的开端。以后的妇联工作要正常化，新的妇联要担起责任，为姐妹们做主。这里，我也是怀着激动和兴奋的心情，热烈祝贺村妇联换届成功。

第二，你们顶了整个天。大家都知道有句话叫“妇女能顶半边天”，可大家知道这句家喻户晓的话是从何而来的吗？很巧，我曾经看过一篇有趣的文章，印象很深，这里给大家介绍一下：20 世纪 50 年代的农业大生产热潮时期，贵州省贵阳市息烽县养龙司乡堡子村在 1954 年年底成立了农业生产合作社。当时的许多男社员轻视女性的旧思想还未扭转，不赞成妇女出门干活，导致全村 23 名女社员只有三四人出工。她们和男社员干同样的活，但以当时的工分制来算，男社员每天记 7 分，女社员只记 2.5 分，这就严重影响了女社员的生产积极性，村里劳动力不足导致群众吃饭困难。这时，在村农业生产合作社任妇女主任的易华仙提出：“毛主席都说男女平等了，女社员也应该出工，并且工分要和男社员一样多。”就这样，易华仙带领妇女和男社员一起下田犁土、插秧，调动了全村妇女的积极性，使农作物产量增加了三成。1955 年，贵州民主妇女联合会刊物发表了《在合作社内实行男女同酬》的文章，表彰实行男女同酬的第一村——堡子村。毛泽东看到这篇文章后亲批：“建议各乡各社普遍照办。”之后，毛泽东又提出了“妇女能顶半边天”的口号，迅速响彻大江南北。这是毛主席他老人家当时针对男女同劳动时说的，那时没有“出去打工”这一说，可现在形势不同了，家里剩的大多数是妇女了。所以我说，在我们马庄，应该说“妇女顶了整个天”。我们要有这种自豪感、责任感、使命感。既然顶了整个天，那马庄就是我们在座的各位的马庄，要有主人翁意识，要努力创造马庄新生活。

第三，要在脱贫攻坚中建功立业。大家知道，我们村现在还是全乡 10 个村中仅有的 2 个贫困村之一，预计今年出列，彻底摘掉几十年的贫困帽子。在座的各位姐妹，你们中可能会有贫困户，我们应该为今年能够出列感到高兴，也是又一次“翻身解放”。但我也在走村串户时发现，还有些家庭不愿意脱贫，究其原因，就是眼前的“好处”可能会少了。其实，政策是非常明确的，脱贫不脱政策，将来党和政府还会有更加可持续的安排。一直戴着贫困户的帽子总归不是光荣的事，孩子找对象时没有哪家要专门找个贫困户吧？我们脱了贫，过上了小康生活，这是第一步。将来，国家还会帮助大家过更高水平的小康生活。日子总要向上走，人总要向高处看，不能老守着过去无望的日子，不能以贫困为荣。所以，在这个过程中，姐妹们大有可为。希望大家在工作队和村两委带领下，在村妇联的组织下，共同努力，在脱贫攻坚伟大战役中建功立业，造福子孙。

第四，带头弘扬传统美德。既然大家现在是马庄的“整个天”，那么你们的一言一行就非常有影响力。上老下小，都看着你们，一定要做好榜样，当好示范。当前，最重要的就是要带头弘扬中华民族孝老爱亲的传统美德。

最后，希望大家努力建设新马庄，实现新发展。现在的马庄，还戴着贫困村的帽子，叫作贫困的马庄村。出列后的马庄，将是一个崭新的马庄，我们叫它新马庄。所以，我们要为新马庄的到来做好准备，更要为新马庄的发展谋好思路。新马庄的康庄大道上一定要有各位姐妹们的身影和足迹。谢谢大家！也请你们转达我对你们的家人为马庄发展所做的贡献表示衷心感谢！

我讲完后，主持人宣布会议结束。当选的执委留下来，选出了她们的主席和副主席。

午饭后，我到村部大门走走，看到村务公开栏里贴出了选举结果。不知怎的，我不禁眼含泪花，在公开栏前站了好长一段时间。不知道我是在为她们换届成功而高兴，还是在为基层妇女组织的现状而心痛……

现在想来，会上的情景还是挥之不去。当时，我一边讲一边观察，发现大部分人听得都很认真，也有个别人在照顾着孩子。其中一个孩子还站在妈妈腿上向我做手势，也许是觉得好玩，也许是什么也不明白的好奇。我印象最深的是一位 30 岁左右的妇女，在我说到她们为家庭所做的贡献时，她突然很激动地鼓掌，似乎眼中还含着泪水！周围也并没有人附和她，只有我附合她鼓了掌，示意她我懂了她的意思。我想，她很可能有自己的心事，也许为了家庭她付出了太多，只有她自己知道，而此时我一下子说中了她的“泪点”。我想，这样大批的家庭因男人出外务工，留下她们和老人与孩子，沉重的生活负担压在她们身上，她们一定会有很多委屈！这，也许正是各级妇女组织可以大有作为的地方。

5 月 27 日

签订《农业机械设备租赁协议》

到马庄村后，让我想不到的第一件事是：马庄已经没有可用的集体土地，基本没有集体经济收入！这样一个村，在当前社会背景下，如何运转？村干部没日没夜操劳的积极性从哪里来？真的不太理解。开始，我似信非信，怀疑村干部对我有保留。经过近一个月的深入了解和感受，发现这完全是实情，而且存在这种情况的还不止一个马庄村。这让我一下子觉得村干部的境界不容低估，让人有点心疼。

所以，我在队务会上不止一次和队员们说，我们这三年，一定要想点办法，壮大集体经济收入，增强村集体调动资源的能力。现在看来，虽然才一个月，已见成效，至少是实现了零的突破。光伏发电站发电后，村集体每年至少有 5 万元收入；争取到专项资金 50 万元购买 8 台农业机械，村委会将其租给村里的一家农机合作社，今天上午正式签订了《农业机械设备租赁协议》，又将有 5 万元收入。

为确保租赁效益，工作队认真起草了这份“租赁协议”。协议指出：为明确出租方与承租方的权利和义务，遵循平等、自愿、公平和诚信的原则，依据《中华人民共和国合同法》及有关法律法规，双方就收割机、拖拉机、旋耕机和粉碎还田机械租赁事宜协商一致，订立本协议。

村委会提供的设备包括：2 台久保田小麦收割机，型号为 PRO(100)；2 台沃得轮式拖拉机，型号为 WD－1100；2 台惠农旋耕机，型号为 IGKN－200；2 台华丰秸秆粉碎还田机，型号为 IJH－180。租赁期限为 5 年。租金及保证金按照竞标价格一次性支付，同时由承租方向出租方交纳人民币 3 万元保证金。租赁期间承租方不得以保证金抵作租金；租赁期满，出租方扣除应付租赁设备缺损赔偿金后，保证金余额退还承租方。

同时约定：承租方必须优先保证本行政村农民收割的需要，收割季节要服从出租方的安排；设备的租赁由承租方自行配备有资质的操作人员，并负责设备的操作和维护保养工作；承租方须为设备购买相关的保险，在租赁期间发生的任何事故由承租方负责；租赁设备的所有权属于出租方，承租方对租赁机械只享有租赁期间的使用权，没有设备的所有权；未经出租方同意，承租方不得转租，不得在设备上随意增加或减少部件，也不得以任何理由对设备进行抵押，否则由此造成的全部后果由承租方承担；设备的验收、安装、调试、使用、保养、维修管理等均由承租方自行负责；承租方承担在租赁期内发生的承租方责任；租赁机械的毁损（正常损耗不在此内）和灭失的风险，由不可抗力的原因不能履行协议或造成损失时，双方根据实际情况协商解决；在租赁机械发生毁损和灭失时，承租方应立即通知出租方，出租方有权选择下列违约责任规定，由承租方负责处理并承担其一切费用。

为防止意外，违约责任规定：未经对方书面同意，任何一方不得中途变更或解除协议，任何一方违反本协议约定，都应向对方偿付本协议每年租金20%的违约金。承租方如不按时支付承租费或违反本协议的任何条款时，出租方有权采取下列措施，一是要求承租方及时付清承租费和其他费用，并要求承租方赔偿出租方的损失；二是终止本协议，收回租赁设备，并要求承租方赔偿出租方的一切损失。如果发生争议，由双方协商解决，也可由有关部门调解；协商或调解不成的，可以依法向人民法院起诉。

上午的协议签字仪式上，大家基于双方的了解充分相信，这应该是一次成功的合作。我也希望这次集体资产租赁合作，能成为工作队进驻马庄后，亲身实践发展集体经济的一次有益尝试。

麦收时节深入田间地头督查留茬和禁烧工作。

6 月 12 日

光伏电站并网发电

前天夜里带工作队队员巡查禁烧工作时，顺便到村光伏电站值班点看望值班的村民王浩香。一见面，老王就高兴地说，整个下午施工队的人员都在安装电站的围栏。昨天下午又来到电站，见 7 个工程技术人员正在接线，安装控制器和逆变器。

今天上午，村光伏电站正式拉闸，并网发电。没有仪式，没有剪彩，见证的只有工作队和工程技术人员，留下的“证据”只有我给县供电公司总经理张勇发的一条短信：“感谢张总一个多月来的关心和关注，马庄光伏电站发电了，我代表马庄村 5 000 多位村民向你和公司表示衷心感谢！”

此时此刻，不要小看一名普通工程技术人员在并网时把闸刀轻轻一推这个动作，因为这一推意味着马庄村的 134 名贫困人口从此有了每年 3 000 多元的收入，村集体每年有了 5 万多元的收入！这就是村民期待的“光伏扶贫”！

自从工作队上月 2 日正式驻村，3 日查看事先选定的光伏发电站选址，到今天整整 40 天。从流转村民的 15 亩地到眼前一排排崭新的太阳能电池板，我们见证了它的“前世今生”。为了争取这个扶贫项目，5月4日，工作队和村总支郑书记专门前往县供电公司。到了公司大门却进不去，看门的大爷很认真，说我们没有预约不能进，张总不在公司。我说，张总不在公司找其他人，告诉他我们是驻村扶贫工作队。大爷又打了几个电话，马上又说张总在，你们去吧！看来，想见张总还真不容易。

大家上到公司五楼，张总非常客气地把我们从会客室请进会议室。我自我介绍后直奔主题，希望公司对马庄的光伏发电项目予以支持。张总非常重视，表示扶贫工作是大事，一定加快进度，请我们放心。座谈期间，他还特意把分管副总和工程部经理叫到会议室，明确要求工程部尽快施工，确保马庄光伏电站于6月初第一批并网发电。

果然，在张总的重视下，电站建设迅速推进。3天后，马庄光伏电站来了施工人员，我前往看望他们时给张总发了条手机短信表示感谢。不到一个月即完成了全部基础建设和太阳能电池板的安装等工程，并如期并网发电。村民们看着新鲜，经常会有人在周围指指点点，没想到祖祖辈辈种地的马庄人现在有了自己的发电站，还给自己带来了卖电的收益，向走出贫困又迈出了一步。

6 月 13 日

总结和谋划帮扶工作

晚上，召开工作队队务会，对驻村以来的工作进行小结，同时研究领导来村调研的准备工作。

大家认为，进驻以来，通过参加省、市、县、乡脱贫攻坚动员部署会、培训会、座谈会、征求意见会、脱贫知识测试，以及在村召开工作队和村两委联席会、专题会，与两委干部谈心等形式，熟悉了工作，摸清了情况，并紧紧围绕脱贫攻坚主题，突出开展了访村情、找项目、迎考核、提精神、抓当前、谋发展等重点工作，取得了显著成绩，得到了各方认可，为工作队下一步的工作开展奠定了很好的基础，大家要倍加珍惜。

通过讨论，我建议大家当前要重点做好以下几个方面的工作。一是要加强学习，吃透政策。从法制到三农，毕竟是一项新的工作，过去大家都不懂三农，我们要从小学生做起。古人说“人到四十不学艺”，我们几位虽然都是四五十岁的人了，但为脱贫攻坚大业，还是要学。要利用业余时间，加强对农业和农村工作的学习，吃透政策，找出妙招，造福马庄。

二是要加强党组织建设。以党建促脱贫攻坚，这是对工作队的基本定位。脱贫攻坚是天大的事，党建是这件事的核心和灵魂。在党建标准化建设完成之后，要重点做好明年党组织换届准备工作，摸清人才家底，配好班子。同时，要尝试结合换届争取村党总支升格党委，提高村党组织的决策地位。当然，这是一项艰难的工作，要百倍努力。要继续完善党总支、村委、工作队联席会议制度，切实抓好党建、“两学一做”常态化学习教育活动。

三是要突出抓好村集体经济发展。村里没钱，办事太难。过去基本上没有来源，2016 年从账面上看村集体有 2 万元收入，但那只是为了应对考核从葡萄园项目中获得的一点收益。工作队进驻后，通过一些项目的实施有了一些收入，但这只是脱贫出列考核必备的一点收入，5 万元。驻村后大家就一直想着下一步怎么办？目前有了点办法：光伏发电站收入 5 万元，农机租赁收入 5 万，自筹资金也可以收益 5 万，还有即将建设的扶贫工厂分红等。但从长远发展计，还远远不够，还要继续想办法。同时，要从思想上让大家谋发展。现在推荐大家看报告文学《塘约道路》，相信大家看了都有体会，希望大家能够从中悟出“马庄道路”。

四是要加快筹建扶贫工厂。建设扶贫工厂并出租，扩大贫困户在村就地就业。一人就业，全家脱贫。要发展特色种植业，以大户为依托，通过托管贫困户土地，扩大胡萝卜种植，争取国家扶贫产业补贴。要在发展壮大集体经济的同时，更多地惠及贫困人口。

五是要学习外地发展经验。尽快带领村两委同志到亳州考察，研究引进和发展中药材种植的可能性，从而解决长远发展问题。只靠种粮食很难有高收益，“无工不富”，就是这个道理。

六是要争取办党组对马庄村的支持。省委组织部在萧县召开座谈会时，我作了汇报，受到了督查组长的充分肯定，4 次被点名，同时还开玩笑地说：“省政府法制办的协调能力很强，各单位都是你们的资源，要向党组汇报好，努力争取。”最近，市委书记在召集大家座谈时也说，工作队是单位的工作队，不是你们3个人在战斗……所以，我们要建立信息报送制度、工作日志制度、队务会制度等，并及时向办党组报告工作，寻求支持。

大家认为：要认真研究适合村情的发展路子，成熟一件启动一件。要把热情和理想在马庄变成现实，不负使命，高质量地代表帮扶单位完成省委省政府交给的脱贫攻坚任务，并持续谋划和做好长远发展工作，使马庄村在整体脱贫出列后，沿着“小康村—富裕村—美好乡村”的道路阔步前进。

6 月 15 日

一次汇报落实一个“大项目”

下午，帮扶单位——省政府法制办党组书记、主任徐发成，党组成员、副主任张敏一行来到马庄村，慰问驻村扶贫工作队，并调研脱贫攻坚工作。徐主任一行亲切慰问了工作队和村两委全体同志后，先后查看了队员的住房、厨房、卫生间、洗澡间等生活设施，以及村部宣传栏、全程为民代理服务站、扶贫工作室、党员活动室和办公室等，同时边看边详细询问队员生活情况，并代表全办干部职工送上了米、油、牛奶等食品，以及灭蚊、杀虫等保洁用品。可见徐主任的周到和细心。

随后，徐主任在村部会议室主持召开了脱贫攻坚工作调研座谈会，由我代表工作队和村两委全面汇报工作队进驻以来的工作生活情况、马庄村脱贫攻坚工作开展情况等，乡党委、政府和村党总支主要负责人分别作补充汇报。陪同调研的市政府法制办主任黄河、萧县人民政府县长武戈、省政府法制办有关处室负责人、孙圩子乡党政主要负责人，以及驻村扶贫工作队、马庄村两委全体人员参加座谈会，并先后发言。徐主任和张敏副主任分别讲话。

徐主任首先动情地说："这次来，早有所想，可惜直至今日才成行。主要目的是看望省政府法制办帮扶点马庄村的父老乡亲，慰问驻村扶贫工作队的干部，实地调研，了解情况，研究帮扶对策。因此，我是身未到、心已到。我和机关的同志都非常关注马庄村的情况，要求工作队经常报信息，在法制办的微信群发信息。"

徐主任说："刚才，听了凤军同志的全面汇报，一个多月的时间，很快适应了环境，熟悉了情况，进入了角色，完成了从法制干部到帮扶干部、从机关干部到基层干部的角色转换。3 位同志都是全身心地投入，做了大量很具体、很实在的工作，每一项工作都凝聚着辛勤的汗水，得到了上级的肯定，赢得了乡亲们的认可，也很快打开了工作局面，取得了初步成效，实现了开门红。对于下一步工作，谋划得也是非常细致、很周到。你们的工作和成效，应当给予充分肯定。"

徐主任接着说："当前，一是要充分认识脱贫攻坚工作的重要意义。脱贫攻坚是实现两个一百年目标，全面建成小康社会的关键所在。全面建成小康社会，重在'全面'，要包括所有人，包括城市和农村，而短板在农村。到 2020 年全面脱贫，是党中央对全国人民、对全世界的庄严承诺。我们投身于这项伟大的事业，做具体的工作，尽一份责任，是我们光荣的历史使命，也是我们难得的人生阅历和人生经历，是实现人生价值的体现，一定要增强自觉性、责任感。二是要抓好当下工作，建好班子队伍，谋划长远发展。当下的工作就是完成具体的帮扶任务。到 2020 年全面脱贫，要做好任务分解，年内的工作分解到每月、每周。要脚踏实地，以务实的作风，把工作做实，一项一项去落实，全面了解全村的情况，落实具体的帮扶措施。工作队要'两手抓'，落实一心一意谋发展、聚精会神抓党建的总体要求。脱贫攻坚是一个阶段性任务，发展是永恒的课题。巩固脱贫攻坚的成果，既要抓当下，又要谋长远发展。在产业发展上，要适合本村村情，符合产业发展的条件，立足于未来发展大计。希望工作队在3年任期内，把马庄村产业发展起来，为未来发展奠定基础。”

徐主任强调：“派驻帮扶是脱贫攻坚的现实需要。每个厅局派驻3人工作队，非常必要，既是帮扶，也是锻炼、培养干部的需要。这个平台能让干部了解基层，增进对人民群众的感情，增长工作才干。相信3年之后，帮扶干部对村情、乡情、县情、省情乃至国情会有更加深刻、全面的了解，对基层、对群众的感情会更深厚。基层工作对干部个人也是非常难得的学习、接受教育、增长才干的机会，以后回到机关，能更好地工作，更好地为人民服务。同时，脱贫攻坚也是当前重要的政治任务。工作队3个人到马庄村，是代表省政府法制办在战斗。派驻工作队，做好帮扶工作是省委省政府交给法制办的一项政治任务，我们要举全办之力，全力做好后盾。以后要分期分批把办里的干部派到这里来，把马庄村作为我们的学习教育基地，作为了解民情、乡情的基地。你们在前方做工作、做贡献，我们在后方做好后勤保障工作。希望县里、乡里在生活上继续给予关心，在工作上继续给予支持，共同努力，把帮扶工作做好。在全办同志的全力支持下，在县、乡的大力支持下，相信你们一定会为马庄村脱贫攻坚、未来发展做出应有的贡献。”

由于时间关系，张敏副主任充满感情地做了简短讲话。她在充分肯定了驻村扶贫工作队的工作成绩后说：“3位同志精气神很足，进入角色很快，工作认真、严谨，底数清、分析准、措施实，取得了初步成效。下一步要继续沉下去，不能急于求成，要深入农户，紧紧依靠县、乡、村开展工作；要逐户制订计划，因户施策、因人施策，191户预脱贫户要全覆盖；要进一步研究政策，掌握政策，吃透政策，与乡、村一道，结合实际情况，研究探索产业发展道路。”

座谈会在热烈的气氛中互动进行，不知不觉间两个多小时过去了。尤其让大家感动的一幕是，在我汇报到对选派帮扶单位的建议时，武县长给了一个“给力”的表态。

当时，我在汇报时说：“前天，省委关于扶贫工作的两个征求意见稿，也把工作队的考核结果纳入了帮扶单位年度综合考核和领导班子考核的内容，这让我们感到压力更大。所以，我们也建立了信息报送制度、工作日志制度、队务会制度等，将及时向办党组报告工作，希望得到支持。目前，一个具体请求是：村部西 100 多米的马庄街，是马庄行政村唯一的农贸集市、交易中心，惠及周边四五万人。但因年久失修，一下雨就成了一条河，村民意见很大。因离村部很近，我们驻村后，村民多次反映，希望能得到改建，愿望强烈。同时，由于目前项目资金主要用于扶贫工作，无法安排街道整修，只有自己想办法。经村两委研究，拟请求办党组支持，协调有关部门，争取安排马庄街建设项目。”

说到这里时，武县长笑着插话问我：“需要多少钱?”我说：“1 400 米的街道，估计要百把万吧。”武县长马上说：“这样吧焦书记，这个就不麻烦徐主任了，县里来安排。”大家立刻给予热烈掌声……这时，武县长拿起手机走出了会议室……老百姓日思夜想几十年的“天大事”，就这样一瞬间解决了！我一时也不知如何感慨，心情极为复杂……

会议结束时已是傍晚近 7 点了。原计划看望贫困户，考察光伏发电项目、养殖大户项目，以及看望另一扶贫点的安排全部取消，徐主任一行饭也没有吃，又赶赴宿州市参加另一个活动！当大家挥手与徐主任一行告别时，郑书记的电话响了。电话是乡党委张副书记打来的，郑书记传达说：“张副书记刚才接到县交通局电话，按照武县长的电话指示，请马庄村做好准备，交通局很快要来马庄测量马庄街的有关数据……”

这真是：一次汇报解决了一个大困难，要来了一个日思夜想的“大项目”。

6 月 16 日

读《塘约道路》笔记

由著名报告文学作家王宏甲创作、人民出版社出版的报告文学《塘约道路》一书，写的是贵州省安顺市塘约村在党支部领导下，把承包地重新集中起来统一经营，走同步小康之路后产生的奇迹。塘约村，全村 3 300 多人口，劳动力 1 400 多个，外出打工多时达1 100多人，是个典型的“空壳村”。到 2014 年还是个二级贫困村。就在 2014 年，塘约村遭遇百年未见的大洪水，大水把很多农户冲得一贫如洗。村党支部和村委会把农民组织起来，由村民代表大会投票公决，成立“村社一体”的合作社。合作社将初入社的村民土地集中经营，并由此实现产业结构调整，组建了农业生产、养殖、建筑、运输、加工等专业队，妇女也组织起来。全体村民因看到好处都自愿把承包地确权流转到合作社统一经营。全村抱团发展，走同步小康的集体化道路。其结果，不仅在短短一年里一举脱贫，更在于他们踩出的路，给周边越来越多干部群众以很大的启示和鼓舞，并由于安顺市和贵州省委的重视，正在全国发挥巨大的示范作用。

日前，萧县县委选派办专门发文，向全体工作队员每人赠送了一部《塘约道路》，要求大家认真研读，并撰写“学习体会”上报。

截至今天晚上，我终于见缝插针地在激动中读完了这本书。在读的过程中陆续有一些感想，边读边记，这里以笔记的形式记录如下。

（一）沧海，昨天退去。桑田，今日丰收。

这沧海，是《塘约道路》中的沧海，是千百年来束缚人们思想的观念、体制、制度，抑或别的让人不敢逾越的东西吗？这桑田，是我眼中的新生、生机、希望，抑或激动人心的心灵秧苗吗？

都是，但都是一种感觉，与诗有关的心中痒痒的感觉，一种在不断抽穗的、拔节的感觉！

这是一种读王宏甲先生《塘约道路》的感觉。

（二）很多年没有这么认真地读过一部报告文学作品了，不是不相信作品作者的良知，而是不知道该读什么。

这是一个无比美好的机缘。4 月的最后一天，在省委的号召和省政府法制办党组的动员下，我主动报名，担起了一个国家级贫困县的贫困村——萧县孙圩子乡马庄行政村的第一书记兼驻村扶贫工作队队长的重任，5 月的第一个工作日我就住进了马庄村部二楼的一间办公室兼卧室里。第三天，我就给工作队和村两委的同志专门说了我所一知半解的关于塘约村的故事，但我却肯定地说，那里的经验我们是可以思考的。这话说过两天后，我就收到县委组织部的一条短信通知，指定要我派副队长（不知道为什么要指定派副队长）到部里取《塘约道路》一书，要求大家学习，并提醒以后要准备就本书内容进行学习测试。显然，这件事很重要。

感谢县委组织部，让我在曾经手不释卷的 *N* 年之后，又重新读到了一本好书。

（三）这本书的篇幅并不长，但我在此之前却在走村串户和开会培训之余，断断续续地整整读了一周，生怕漏掉一句话、一个字。

这不仅仅是研读，还有舍不得一口气读完的成分在其中，甚至担心自己没有那么多的热泪可以挥霍……

从头到尾一字不落地读完这本书，眼睛长时间地湿润着，有时热泪盈眶，有时失声停读……我不知道到底是什么在感动着我，是文字，还是联想？是自己的经历，还是身在扶贫第一线所感受的压力？是神圣感、崇高感，还是责任感？

一周来，我把它当作自己的食粮，唯恐一不小心把它读完了，明天再没有吃的。

是我自己要让自己每天都保持感动吗？是要让自己的眼睛尽可能长时间保持着湿湿的感觉吗？是要求自己的内心再一次因升起理想之火而热血沸腾吗？

（四）2014 年 6 月 3 日，一场百年未遇的大洪水袭击了塘约村。这样的洪水，可能每百年都有一次，但只有这一次成为“著名”。塘约村从此造就了“塘约道路”。

洪水冲走了家园、毁坏了良田、中断了道路，也击垮了塘约村民的最后生存底线。怎么办？村两委成为中坚，主动的、不依不靠的自救中，市委书记周建琨来到了村里。村党总支书记左文学说：“帮帮我们吧？”周书记问：“怎么帮？”左书记说：“先帮我们修路吧！”……多么让人感动！他们不是要钱要粮，而是要修路，说明他们有思路。有了路，村里剩下的老人和妇女就可以下地干活，就可以生产自救……

看到这里，我突然间就想到了我们马庄的一条路，村民叫它马庄街。来后的第一天晚上，我们散步走到这个不知名的街，想买个电源插板，没有找到，却遇到 3 位端着大碗正站在街边吃饭的妇女。她们问我们是来弄啥哩？我们如实说是扶贫工作队的。她们一点也不客气地说：“您扶啥贫？可能先把俺这街修修？一下雨这街就成了河！”显然她们把我们当成了省里来的大官，啥本事都有，修个路算啥，除非不想修。由于我们对村里的情况没有任何了解，只好应付说："这街是不能用了，我们努力吧……"

还真是巧了，第二天在另一条路上又遇到了 3 位妇女，看上去像她们，但不敢确认，就没打招呼。可是刚擦肩过去，就听到她们耳语：这就是刚来的那仨人……

第三天下大雨，我们从农户家走访回来路过马庄街，这里果然成了一条河。第四天、第五天，马庄街仍旧是"马庄河"！第六天水位落了，破烂的街面露了出来。傍晚我们再去看时，又碰到其中的一位妇女。这次她很客气，像是遇到熟人或亲戚了，主动问我们："您可吃饭了？到家吃饭吧！"接着还是说路。她说："您都看见了吧，下雨就成了河，帮我们修修吧……"

可见，路对于马庄街的百姓来说，多么重要！自此，这事深深地烙在了我的心里……

虽然省委交给我们的任务很明确，是来扶贫的，不是来修桥补路的。但这个事给我们的压力很大，我觉得我们有义务想点办法，做好这件事。

之后，我主持召开了队务会，又说到此事。大家决定，要努一把力，试试看能不能争取到有关部门的支持。会后，就请村干部对马庄街进行实地勘查和测量，对所需资金进行核算。

再后来，又通过朋友邀请来了一位老板，让他来看看，有什么能做的，为国家扶贫做点贡献。那天，我们 3 人带路从合肥来，他开着宝马定位到马庄。这导航设计的路线很可能是距离优先，最终把我们导进了一个个不知名的小村庄。路是短了，但速度却慢了，总是断头路，掉头都很困难。最后，导航把我们引入了一条烂路，车子几乎是半侧着从水坑里开着往前走。我们一边走一边埋怨着导航，可突然觉得这路怎么有点熟？大家几乎同时发现，并齐声惊叫道："这是马庄街！"果然，转过弯就到村部了。于是工作队的徐春节开始编故事：很久很久以前，一辆宝马从马庄街压着烂泥和污水驶过……后来，这条路就变成了宽阔的金光大道……

这件事，我与工作队同志议过多次，如果有企业或其他单位、个人捐款修这条街，我们就在街口立块碑，把他们的名字刻上去，让马庄的世代村民永远记得他们的善举。

很多事就是这样，往往会出现奇迹。在我们的努力下，经过帮扶单位和县政府主要领导的协调，现在，这条街作为一个建设项目最终落实了！马庄街的人们几乎是奔走相告！

所以，当我读到左文学找3个煤老板化缘修了一座桥，然后在桥头立了一块功德碑的时候，我的眼睛湿润了。所以，我读到左书记请求市委周书记帮他们修路时，我哭了！在省政府机关工作了27年，每天坐车或开车行驶在立交桥上、高架上，行走在宽阔的马路上，却从来没有意识到一座桥、一条路的意义，以及它会对人的内心世界产生如此大的冲击。

是马庄人民给了我再次成长的机会！

带领驻村工作队为艾滋病贫困户打扫卫生。

6 月 29 日

又读《塘约道路》笔记

晚上，又翻看《塘约道路》，随手记下一些感想。

（一）为什么我的眼里常含着泪水？因为我对这土地爱得深沉。这是诗人的情怀。

洪水过后，塘约村决定成立合作社，“七权同确”，土地是其中重要一权。联产承包责任制时，全村分出去土地只有 1 572.5 亩，而这次确权却量出 4 862 亩，多出 3 289.5 亩！塘约只是一个全息标本，想一想全国会有多大的出入。土地入股可以分红，村民自愿把责任田交合作社统一经营，收益明显高于个人经营。很快成功推行。

我们工作队进驻马庄后，也与两委同志私下议过此事。要发展集体经济，却没有集体土地。租用村民责任田搞工业建设行吗？两委同志说，肯定不行。马庄都是红线内的耕地，而且以种植经济作物为主，租金会非常高，难以支撑。

《塘约道路》中介绍到一段毛泽东同志给《书记动手，全党办社》一文加的编者按：“只要这些人掌握了自己的命运，又有一条马克思列宁主义的路线，不是回避问题，而是用积极的态度去解决问题，任何人间的困难总是可以解决的。”这其中，毛主席讲的最关键的是要“掌握自己的命运”。进入马庄后我就发现，村民发得最多的牢骚就是来自各级的瞎指挥，非常老套的问题。种什么、什么品种、用哪家公司的种子、与谁合作，等等，都是上面定了的。只要听话，亏了也没事。否则，即使赚了也有问题，也不会得好。我觉得，这个思路肯定不行，按马庄的话叫作“集体经济没法治”。

因此，各级政府要做好工作，要发展，一定要相信和依靠村里的干部，他们最了解实际，最接地气。大不了给他们一次失败的机会、一次犯错误的机会。现在不是提倡建立容错机制吗？只要是村里通过申报各种国家项目应得到的或自筹到的各类资金，就让他们自主使用，让他们说了算，说不定就会有“人间奇迹”被创造出来！

“一个政府，若无资产就无法管理社会。村是一个小社会，怎么能没有集体资产？村是中国最基层、幅员最广的地方，缺集体经济，村就涣散了，社会就会缺乏坚实的基础。”所以，《塘约道路》的作者一再自问：“塘约道路”可以复制吗？我也自问：马庄村的集体经济发展，该如何下手？

为了解决脱贫出列后的发展问题，工作队与我的家乡亳州市有关部门进行了联系，带领村两委全体人员进行了一次为期 2 天的深度考察，同时邀请乡党委和政府主要负责人参加，很好地开阔了大家思路。考察结束后，大家发展的愿意十分强烈。之后，我又在不同场合畅想过尝试建设“马庄中药材基地”“马庄大草原”“马庄田园综合体”等设想，大家群情激奋……但是，该如何下手？启动资金在哪里？各级政府会支持这种“异想天开”的“试验”吗？

（二）如何做群众工作？一是成立老年协会，利用老人们一生的信誉动员村民；二是老村干给村民写公开信，印发到每个人，劝进向善……

塘约村的经验很朴实，但都很管用。所以，我们很多传统的工作方法依然魅力无穷。

这个对我很有启发，这里我还想再加上一条，尽快制定《马庄村村民公约》，把该写的都写上，大而全，正能量。

（三）互联网如何“＋”？看到这本书前，我已经认真地想过这件事，现在我更加坚信“互联网＋马庄＋特色农产品”这条路迟早要走。

所以，在读这本书期间，我第三次联系了合肥多米农社的陶总，听他详细介绍了电商平台利用的有关条件。听后，我觉得有困难，不一定适合马庄，但如果努力，如果不怕失败，也许能够成功，也许能够适合。这是个两难的选择，毕竟工作队在马庄只有 3 年。

失败不起，是因为“不允许”我失败！

因此，物色本村人才是当务之急，希望村两委的同志能在这方面发挥作用。

（四）学习塘约道路，还在于学习带头人左文学的学习精神。他不仅学，而且更重要的是不断地运用，并且产生效果。他在学习毛主席《关于领导方法的若干问题》时发现，毛主席说：“我们共产党人无论进行何项工作，有两个方法是必须采用的，一是一般和个别相结合，二是领导和群众相结合。”他把这个方法用活了！

面对错综复杂的发展问题，如果一锤子解决，往往适得其反。左文学抓住了“个别”，这个“个别”是领导。领导带头了，群众看得见，领导的思想解决了，群众的问题迎刃而解，“一般”也得到了解决。这就是智慧。毛主席他老人家可能也不会想到，他的这个思想几十年后又在一个山沟里开了花，结了果。

马庄的工作何尝不是这样。在集体经济的发展问题上，两委同志畏难情绪很大，认为发展集体经济没路子，简直就是不可能，不用想。难道真是这样吗？驻村以来的实践证明，办法是有的。光伏电站从一片荒地开始，我们多次找县供电公司加紧施工，张总很支持，说是让我们第一个并网发电，果然，提前实现了。除了使134户贫困户每年有3 000元的收益外，每年村集体还有了5万元收入。争取财政农机项目50万元，购买了2组收割农机，通过招标租赁，每年也有了5万元的收入。还有企业捐款可以入股分红、扶贫工厂建成后的收益等。这个“零的突破”很好地证明了：只要有想法，就会有办法……关键看有没有塘约人的精神。

（五）关于养殖业的发展，塘约也遇到了普遍存在的问题。养猪环境污染极大，但面对这个千古难题，左文学并没有止步，并没有一禁了之，因为市场有需要。塘约的办法是，组建合作社，集中养猪。养猪场再建大型化粪池，通过水肥一体系统很好地解决了有机肥的问题。有了有机肥，他们又开辟了600亩的有机蔬菜基地。一举数得！

马庄存在同样的问题。大郑庄、小郑庄等自然村都是有一定传统的养殖村，不仅家家养殖，而且还有七八个养猪场、养羊场、养鹅场、养鸡场、养牛场、养鸽场等，但环境污染严重。我们经常走村串户，一进这两个村就感到臭气难忍，没有办法。禁止吗？不行。这些养殖场有的是过去批准的。发展吗？现在已禁止再行批建。因此，这几家养殖场也处在十分尴尬的境地，经常有群众反映。但又有什么办法？

“塘约道路”中有许多可学之处，但这个集中养殖学不了。因为，马庄没有了可用的集体建设用地，建厂、治污都无计可施。

7 月 5 日

召开“亳州归来话马庄”发展务虚会

上午下暴雨，难得的可以安静开会的“好天气”。按照工作队队务会研究的建议，上午由我主持召开了“亳州归来话马庄”发展务虚会。可以说这个会是“蓄谋已久”，从亳州考察归来时在中巴车上已作了部署，当时要求大家先思考，做准备，努力提高发言质量。

党总支郑书记首先发言。他说：“焦书记带领我们村两委并邀请乡党委政府主要负责人一行 17 人前往亳州市考察中药材基地建设项目，给我们启发思路，引导发展，非常感谢。亳州市、谯城区、十九里镇、十河镇和沈营村、大周村、桥口村等各级领导热情接待，周到安排，内容丰富，收获很大。首先是他们在扶贫工作中请贫困户打收入收条的办法非常好，我们已经开始学习使用。过去，我们通过各种办法使贫困户获得收益，但往往他们自己说不清，甚至不知道，帮扶干部也可能没及时记，结果是功夫白费。有了这个办法，各级来考核都一目了然。其次是大周村通过土地流转发展药材种植的做法值得借鉴。一望无际的各种药材，春天一片花海，形成一景，发展了旅游，增加了农民收入，一招即可全部脱贫。桥口村的桃树也是这样，通过桃花节、采摘节，增加收入。考察给我们的启发是：不管做什么，都要敢于和勇于接受新生事物，要敢于下决心，有开拓精神。”

副书记马传合同志说：“我想先种一点中药材试试，同时动员我周围的群众一起种，先搞个 10 多家，到时候请焦书记帮我们联系销路，我有信心。学习了就要有成果，这个会开得很好。”

村委会秦品华主任说：“推动土地流转是大事，没有土地，什么事也干不成。我们有 60 多亩河堰，能不能整理使用，发展农庄？值得考虑。工作队驻在我们村里，现在是最好的发展时机，一定要抓住。”

副主任蒋道银同志说：“种药和种葡萄一样，都要研究行情，要有技术，要有前期资金垫付，也有一定风险。但不管做什么，首先要行动，坐而论道不行。有的地方像我们看的亳州五马镇的桥口村那样种黄桃，我看也行，安全保收。开务虚会这是第一次，启发了思路，以后要多开这样的会。”

村两委其他同志说，亳州考察开阔了眼界，感谢工作队的周到安排，代表马庄人民表示敬意。亳州的很多做法我们都可以效仿，至少思路可以借鉴，发展理念可以学习。我们村也可以成立公司，企业化管理村集体经济的发展。要超前谋划，到八九月份药材种植季节再考虑就晚了。我们一定要清楚一点，土地不只是可以种庄稼，还可以种很多东西，死守着种庄稼不放，永远也富裕不起来。不争富裕户，都争贫困户，马庄村就没有希望。

最后，我也与大家交流了自己的体会。我说：“今天工作队和村两委联合召开‘亳州归来话马庄’发展务虚会，虚实结合，大家畅所欲言，非常成功。估计大家从来没有开过这样有激情的会，大家谋发展的愿望十分强烈，很好。马庄村脱贫出列只是个时间问题，全国 8 800 万贫困人口脱贫也是一样，发展却是永恒主题。我们今天是讨论，不作定论，继续思考，随时可以再研究，只是打开一扇门，推开一扇窗，让我们的内心感受一下外面的世界。至于走什么样的路子，采取什么样的模式，还要请专家来村里把脉。但是，亳州农村发展的思路是可以直接借鉴的。比如药材基地和桃园，一年每个农户可以有多次收入：花开季节，他们办芍花节、桃花节，桃子成熟季节，他们办采摘节，两次旅游收入；节后，大批果实下来、药材出产季节，还有产品收入；同时还带动了种苗培育、运输物流、加工包装等上下游产业；人多了，还带动了餐饮等服务业，一举多得。对此，我们一定要有足够的认识，与我们种庄稼、种胡萝卜的收入算比较账时，不能只算产品本身收益。”

会议结束了，雨却还在下！大家都站在会议室门口，边看雨边议论着刚才的话题……我没有说话，独自在想：这雨，是一场及时雨吗？

7月10日

“调查”村民来信

三个星期回合肥过了一个双休日，今天一大早辗转市、县、乡，刚来到村里，一位工作人员就让我签收一封信。打开一看，这封信和我从合肥到村一样不容易，肯定也是辗转了一番，因为这信是20天前写的。

写信的是一位老村民，看得出他应该是这村里的文化人。信是写在从孩子的作业本上撕下的一页方格纸上的，字体结构老道，书面整洁，无一字改动，文字基本通顺。主要内容如下：焦书记好！我叫王××，现年71岁，颈椎间盘突出、肺气肿，不能劳动。老伴69岁，脑梗死、高血压、冠心病、腰椎间盘突出、胃病，长年吃药挂水、无劳动能力。家里无其他收入，无钱去医院看病，还得照顾93岁的老母亲，她已三年不能起床。无房子住，现住孙子的屋。望各级领导费心，高看一下，给予照顾……

看完信，我就能想象到老人当时写信时所抱的希望，以及写这封信时打过几十遍草稿的情形。如果按老人信中所言，毫无疑问，这是一位我们应该照顾的对象。但是，在村里工作两个多月的经验已经告诉我，必须做深入调查。

中午吃饭时，我在食堂找有关干部就此事作了解，下午又到这位老人的家里并向他所在自然村的邻居进行了解，结果却与他信中所反映的情况大相径庭！他不但没有信中所描述的那样凄惨，而且家里条件非常好，甚至不比城市人住的差。两个儿子两个女儿在外打工，收入都很高，有大型农机摆在家里。正像有的村干部所说：“如果他是贫困户，谁家都可以是贫困户。”我真不知道为什么会这样？于是我约他到村部认真地谈了一次，他却说：“看人家都争贫困户，我也试试。”

其实，这只是众多情况反映中的一例。工作队驻村以来，在走村串户过程中，与村民结下了深厚友谊，得到了村民的信任，也“引来”了不少来访、来信和电话。双休日回到合肥，电话也天天有。下雨房子漏、路上积水、孩子和老人生病……总之，什么事都可以找第一书记。他们以为第一书记有天大的本事，是他们的保姆、救星。但随着时间的推移，我只能是原则性越来越强，更多的时候是批评。有一次，一个年轻人打电话，说他母亲住的房子下雨被水泡倒了，要我们去看看……当时我正在合肥，毫不客气地批评了他：“要你这样的儿子干什么？母亲的房子倒了你不管，还说在外地，几个儿子都不回家看看，却给我打电话，有你这样的儿子吗？将来你的孩子这样对待你，你该怎么办？”现在，我越来越体会到，教育村民具有良好的思想道德素质，将是今后的一项重要任务。

晚上，在村部食堂吃饭我说到此事时，郑书记突然说：“你们工作队的影响现在很大了，不但是我们村里群众找你们，这几天邻近的周圩子村、侯楼村、丁楼村的村民也来村部找你们了，说你们办实事。不过，我跟他们说了，焦书记他们是马庄村的工作队，不管你们的事……”大家都大笑起来。

7 月 11 日

再读《塘约道路》笔记

晚饭后，在村部和对面的老徐聊天，他激动地回忆着 20 世纪七八十年代生产队时的情景。那时他是村干部，似乎有些怀念。但说起交公粮的事，又有许多感慨。今昔对比，还是觉得今天好。这番聊天使我又想起了之前读的《塘约道路》所描述的情景。回到房间，不由得又翻看起来。边看边划，竟然又生发出许多感慨来——

（一）农村的贫困，有多种可能的原因，但懒惰可能是一个最大的原因。《塘约道路》介绍道：“春秋时的季康子曾向孔子请教如何能使民勤勉，孔子说：你推崇正直，教给他们才能，他们就勤劳了。”

然而，曾几何时，有些村民不再以勤劳致富为荣，也不再以懒惰穷困为耻。面对困难不是主动找出路，而是坐等政府补贴，久而久之便形成不思进取、坐享其成的坏习惯。自己的日子过不好，老人无法赡养，子女难以抚养。对这样的人进行帮扶，有何意义？

（二）塘约村每次党员大会，党员都要佩戴党员徽章。每次党员大会，必须集体学习两个内容：党员权利和党员义务。即使已经学过一百遍了，仍然每次集体学，就像一种庄严的仪式。

“什么是原则？什么是党性？在每个党员的心目中，要像种树一样，根要扎下去，把树种活，成为一棵大树。”看到左文学这句话时，我已是泪流满面……我想到的是我自己入党时的情景，一种神圣感油然而生，不能自已。

17 岁那年，我还在上中学，在党组织的培养下，我成为入党积极分子，然后光荣地成为一名预备党员。入党宣誓那天，我和 78 岁的丁子良老师一起站在主席台上，在校总支田书记的带领下宣誓，台下是全校教职工，700 多人，丁老师热泪盈眶，要知道，他因为弟弟随国民党军队留在台湾的原因，在此之前写过 17 次申请，都没有被批准加入中国共产党。但是，无论遇到任何挫折，他从没有动摇过信念，这一次终于实现了自己的梦想。他代表我们俩在大会上发言，20 分钟的发言，老人家自始至终泣不成声，几乎成了泪人……一个年近八旬的老人，是什么让他还能如此激动？这就是信仰！爱之愈深，情之愈切！这件事，像一个特写镜头，永远地烙印在了我的脑海里。

到了马庄村后，我就一直在了解党组织和党员队伍建设情况，以及存在的问题。最近还向乡、县和市组织部门主要负责人分别汇报了想法，想在提升村党组织决策地位上做点工作，想把总支升格为党委。但我们的条件差得还远，还有很多工作要做。最近在我们举行的升旗仪式上，全村 124 名党员中在村的 80 多人参加，大家重温了入党誓词。举行完仪式后，我为大家做了一次党课报告，宣传最新的党建成果，颁发党员户标牌和党员胸牌。在国歌、国际歌声中，老党员们再次感受到了组织的力量，全体党员精神振奋。这也许是一个良好的开端。

党组织战斗力的形成也靠综合施策。我希望有一天，马庄村两委也能像塘约村两委一样，更具号召力，更有战斗力。

（三）《塘约道路》里讲了好几个修路的故事，其中五公里的塘约村至乐平镇公路的修建最为感人。因为我们通过协调要给马庄村修建一条街，然后把这条街发展成为“马庄农贸市场”，所以这一段我反复看了好几遍。但是，我却越看越怀疑我们马庄村的村民是不是会有如此高的觉悟和境界？

“塘乐公路”是一条发展之路，非常重要，几十年想修修不起，这次是左书记找到了市长才批下来的。但是条件也很苛刻，交通部门只提供原材料，村里想办法解决用工问题。于是，左书记决定号召义务劳动，自愿参加。结果是男女老少齐上阵，几乎每天都是倾村而出，每天都干到午夜以后，而且自带干粮。家里农活急的人白天干活，夜里到筑路工地加班。一半以上是妇女，小孩子放学也跑到工地上搬石头。一共干了 28 天，天天如此。为了晚上施工方便，夜里村里的摩托车、汽车都开了出来，车灯都打亮，烧的都是自己的油。几百条光柱，把工地照得亮如白昼……

这是一种什么精神啊！85 岁的老党员杨进武也来了，他说：“我不能干，但我要看。我年轻的时候见过，现在又看到了。再不看，我就没有机会看了。”

在回忆那段日子时左书记说：“当你不讲钱的时候，奇迹出来了。”“有钱办不成的，没钱却办成了。”“那些日子，好像人是不要睡觉的。”“只要能干活的，没有人不去，都感到不去是丢人的”……

这就是塘约人之所以走出了“塘约道路”的内在动因之所在！

马庄街（农贸市场）很快也要开工建设了，下水道要求我们自己修。我们可以复制塘约经验吗？村民有这样的自觉和激情吗？

我在推荐《塘约道路》给两委同志看时，问过这个问题，没有结果。

最近，我们将安排召开马庄街（农贸市场）建设动员大会，我要亲自动员，听取意见，并提前筹组马庄街（农贸市场）事务民主管理委员会，各方代表参加，自主管理。到时，我还会再问一下马庄街上的群众，能不能为马庄街的建设做点什么？

但是，会有什么样的回答呢？

参加全国脱贫攻坚先进事迹报告团作巡回报告。

7 月 24 日

召开农贸市场项目建设动员会

上午，大家盼望已久的马庄农贸市场建设动员会终于召开。市场中心街道两边涉及的 48 户村民中的 20 个实际经营户从四面八方赶到村部参加会议。村委会秦主任主持会议，并介绍了工作队为争取这个项目所做的大量工作。村总支郑书记做动员讲话，并对违章搭建拆除安排做了具体部署。最后，主持人安排我讲话，与大家沟通思想，畅谈马庄农贸市场的发展大计。

首先，我先向大家描述了“两个变化”。大家多是居住离村部最近、途经村部最多的村民，村部的变化从外面就可以明显发现，今天又坐在这样一个不比省城单位会议室差的村级党组织标准会议室里开会，大家是否有新的感受？这些变化充分体现了工作队和村两委干事创业的精气神！再请大家看一下我们的会标，叫“马庄农贸市场”，不带“村”字，同时，是“农贸市场”，而不是“街”，这里的变化意义深远。我们一定要去除狭隘的区域概念，让马庄这个市场成为更大范围的公共交易市场，而不是马庄村的市场。要向周围更大范围辐射。也就是说，只要我们做得足够好，就会有更多的人来这个市场交易，甚至可以“吃掉”别的市场，希望大家有远大目标。

其次，我代表工作队表达“两个感谢”。做好这项工作，实现美好蓝图，离不开大家的支持，所以在这里感谢各位的支持，尤其是今天到会的各位的支持。一部分人没有来，希望大家转达我的感谢，也可以问问他们今天有什么比这个会更重要的事要做？是怕耽误 2 个小时的时间吗？问问他们这 2 个小时多赚了多少钱？几十年不开一次会，现在村里要与大家商量关系大家切身利益的大事，却不能到会，这首先是个责任心问题。我相信，就这样的责任心，他们的事业也做不了多大。同时，也借此机会，感谢工作队进驻马庄村以来大家给予的关心和支持。是你们提出了很好的意见和建议，才使我们很快有了通过干事而成长的机会。

第三，关于马庄农贸市场的建设。这个项目的争取，来之不易。当前来自各级政府的大部分资源主要用于扶贫，这个项目不是重点。但大家反映了建设马庄农贸市场的迫切性，工作队最终还是办成了。可是怎么样把好事办好？这是个大问题。研究这个项目前我已经了解到，马庄街曾经有光荣的历史，据说曾是这周围最红火的集市，但是现在却衰落了。如果继续下去，可能就彻底消失了。如何起死回生，再开新篇？这就是，要把它从一条路，变成一条街，再发展成为一个市场。一定要高起点。所以说马庄街的建设，我们已经帮大家放大了。不但要改造路面，而且要加强管理，同时要发展好，经营好，提高经济效益，发挥中心集市作用。只有这样，马庄街的发展才能进入一个崭新的历史阶段。

第四，关于马庄农贸市场的管理。建设不容易，破坏却容易。现在的街道过去也是有下水道的，结果都被人堵了起来，公共设施都不爱护。如果这样不管不问，今年修好了，明年还是这样。我相信这不是大家愿意看到的结果。怎么办？要加强管理。我们前几天开了一个工作队和两委联席会议，决定成立马庄农贸市场事务民主管理委员会，由村两委代表、非马庄自然村的村民代表、马庄街门市所有权代表、马庄农贸市场经营户代表等 4 个方面的人员组成。委员会负责市场的管理和运作，同时由村两委对这个委员会进行监督。各经营户要加强自我管理，保证自己的“门前雪”要扫好扫干净。整个市场要分区管理，划分肉类、禽类、蔬菜、鲜果等不同区域，配备标准化摊位，保持市场环境整洁。

第五，尽快做好施工前的各项准备工作。这个项目因各种原因，对我们最初的设想进行了调整，比我们的《马庄街道治理项目建议书》计划的标准有所降低，但经过各种补救措施的安排，基本不受影响。全长由 1 000 多米，调整为 780 米，余下南部路面基本完好，没有商铺，可暂不施工。路面县里安排 5 米，我们决定由各商户适当出点钱，在门前增加 1 米，两边 2 米，共 7 米，可以统一施工，也可以自己施工，但要保持统一。下水道由村里安排疏通，并补修北部路下部分。路灯覆盖整个街道，统一安装。为了做好施工准备工作，昨天村两委和工作队已经张贴了动员标语，希望大家各自尽快拆除违章自建设施，否则将予以强拆。也希望大家从现在开始，对市场的建设大力宣传，招商引资，自己不干的可以招租，以充分利用优质资源，对外承包，增加收益，促进发展。总之，希望大家少些埋怨，多些合理化建议，团结一致向前看，为发展马庄做贡献。

会后，在马庄自然村包保干部蒋主任的主持下，大家就门前增宽部分的实施方式进行了热烈讨论，收效很好。大家激动地畅想着未来，久久不愿离去。

8月10日

讨论建设“田园综合体”的可行性

下午，乡党委吴征岗书记和乡人大主席团张主席一行来我办公室，就此前我所草拟的《“马庄田园综合体”建设构想》（第一稿）交流了两个小时，反复讨论这个“设想”的可行性。总体上，他们非常看好这个想法，并表示开好头、起好步，乡里会大力支持。对这个设想，此前村两委也在一定范围内非正式地传阅了一遍，大家很兴奋，认为是个大有前途的可行性构想，并盼望能付诸实施。

提出这个“构想”的目的是：为在脱贫出列后加快马庄发展，以建设“马庄田园综合体”为平台，全力推动发展现代休闲观光农业，有效带动村民就业、致富、发展，壮大村集体经济，提高村里的经济调节能力。

关于基本条件和区位优势。马庄行政村辖12个自然村，现有耕地面积6 219.53亩，农户1 470户，5 396人。马庄村位于萧县西南部的故黄河重要支流大沙河西岸，北靠连霍高速公路，南与淮北市相连，西与311国道相接，境内物产丰富，市场潜力巨大。周围城市主要有淮北市、萧县、永城市、徐州市等。但这些地区高水平的田园综合体分布较少。

关于规划理念和总体特征。建议选择分享型经济模式，经营形态多元。大致可分为休闲农场、休闲渔业、展示中心、观光农园、农村民宿、休闲餐饮、家庭旅游等。在经营上结合作物种植、农业产销、休闲服务等三级产业，生产、生活与生态三位一体，具有经济、社会、教育、环保、游憩、增知、文明传承等多方面的功能。

关于分步分区建设基本构想。第一步：起步区。首先，治理全长 2 公里的老港河故道，收回河堰使用权。河道修复成自然状态，高低、深浅、曲直任凭自然状态，均不作人为刻意修饰。两岸修建步道（如石质、砖质、木质等），规划树阵。步道和树阵之间以及外围种植经济作物（如黄花菜、中草药等），代替绿化美化面。河内深层加覆防渗膜、灌地下水，种植莲藕，养殖鱼类。河面每 200 米或在不同区域分别架桥（如木质、石质、吊桥等）。岸畔分不同段区或内外层分别种植四季分时开花植物或观光树木、不同品种的果树，并配套建设赏花小径、水果小市、珍稀植物园等。

第二步：延伸区。全部区域种草或其他绿化的经济作物，周边建设木屋、蒙古包等，作为餐饮、住宿设施，分别建设安全的儿童活动区、成人娱乐区、草原和放牧区、骑马体验区等。

第三步：扩大区。建设仿古设施，规划若干展示中心，分别进行农业、农村、农民“三农”博物展示。如民俗农园、耕作体验园、农具博物馆等。建设农货店铺，优选马庄特色农产品，精心加工包装，推广自选销售。建设旅游商店，加工销售特色旅游食品、用品、纪念品等。建设优质农业区，争取发展成为城市、机关、企业等人群高品质生活的食材供应基地。

第四步：分享区。建设情景消费区，创造三农奇观、风景和主题体验条件。让经营者或农户与游客分享乡村生活，变“消费者为上帝”为“与客人成为志同道合的朋友”。只要让来到马庄的人都能成为马庄人民的朋友，他们就还会来。这是综合体可持续经营的重要环节。服务设施可以分期建设农场客栈、点心农场、农产品农场、骑马农场、学生体验乡村教学农场、青少年探索农场、专业安全狩猎农场、家庭暂住农场、篝火露营农场等。

第五步：跨村区。如果将来实践证明这个项目的实施是成功的，而马庄又有发展愿望和能力，那么可以继续流转周围行政村土地，统一经营管理，作为这个项目的跨村区域，整体开发。如果没有余力，就扎实经营好马庄村自己的 6 200 多亩土地。

关于实施条件和组织保障措施。(1) 县乡党委和政府大力支持，利用农业、水利、旅游项目予以强力扶持。(2) 争取省市立项支持。(3) 分项目、分区块招商引资，吸引银行和企业投资。(4) 村民以土地资源或现金入股。(5) 作为乡里的示范点，乡党委政府在组织上直接领导，村两委负责项目的具体建设。同时，注册成立“马庄田园综合体发展有限责任公司”，负责全方位经营管理。

总之，建设马庄田园综合体，一方面是为了解决周边城乡居民对农业休闲旅游的需求，另一方面是为了发展壮大马庄经济。从思路上看，这将是大势所趋。但必须有充分的思想准备，一旦启动，只能推进不能停滞。同时，一定要发展优势项目，做出特色和精品，只有这样，才会有长久的生命力，才能有可持续发展的物质基础。

8 月 11 日

制定驻村帮扶规划

近期，根据市县关于扶贫工作的要求，工作队经过认真研究，并报帮扶单位同意，制定了《安徽省人民政府法制办公室驻萧县孙圩子乡马庄村扶贫工作队扶贫工作规划（2017－2020 年）》。下午，按要求报县委选派办。

“规划”指出：为深入贯彻落实省委办公厅、省政府办公厅《关于创新机制扎实推进农村扶贫开发工作的实施意见》（皖办发〔2015〕19 号）和省扶贫开发领导小组、省委组织部《关于建立“单位包村、干部包户”定点帮扶制度的实施意见》（皖扶组〔2015〕10 号）等文件精神，工作队将紧紧依靠省政府法制办，根据市县乡党委政府的工作安排，带领马庄村实现脱贫出列，走上发展致富之路。

“规划”的指导思想是：以中国特色社会主义理论为指导，深入贯彻落实党的十八大和十八届三中、四中、五中、六中全会精神，深入贯彻落实习近平总书记关于扶贫开发工作的重要讲话精神，在市县乡党委和政府的指导、领导下，以“强民、富民、奔小康、打造生态文明乡村”为主线，深入推进马庄村脱贫攻坚、民主管理、文明建设等各项工作全面开展。

“规划”目标和内容包括：（一）实现脱贫出列。宣传党中央、国务院和省市县关于农村扶贫开发方面的重大方针政策，帮助落实好各项强农、惠农、富农政策和扶贫措施。坚决贯彻精准扶贫、精准脱贫基本方略，带领和团结村两委打赢脱贫攻坚战，按时实现整村脱贫出列，不断巩固脱贫成果。（二）建强基层组织。目前，马庄村党总支下设2个党支部，共124名党员。总体上看，留村的党员年龄偏大、流动党员偏多，党组织生活开展困难。对此，计划在每个自然村建立党组织，提升村党组织的决策能力，加强党员学习教育，筑牢基层战斗堡垒，发挥党员先锋模范作用。（三）推进村务公开。认真落实市委领导在马庄村脱贫攻坚工作调研座谈会上的讲话精神，进一步规范完善村务公开和民主管理工作。研究制定《马庄村村务公开实施细则》，规范村务公开行为。探索建立村民“点题公开”和村两委“议题公开”相结合制度，不断完善村务公开的形式和内容。（四）壮大集体经济。通过邀请有关企业来村考察、带领村两委班子成员外出学习考察等多种形式，探索适合村情的发展路子。结合工作队和村两委考察情况，不定期召开发展务虚会，梳理思路，形成共识，推动发展。推进扶贫工厂建设，在安排贫困户就业的同时，增加村集体经济收入。巩固农机租赁经营成果，发挥更大社会效益和经济效益。（五）带领村民致富。充分利用土地资源，发挥靠近淮北市的区位优势，发展特色养殖业和种植业。开展马庄籍在外工作、经商和务工人员调查，适时召开外出人员代表座谈会，共谋家乡发展大计。创造条件，鼓励村民回乡创业。（六）发展民营经济。以马庄农贸市场街重建为契机，推动发展乡村民营经济，活跃农村集贸市场。同时，着手调查驻村小微企业和个体工商户等门店摊点情况，整合资源，引导科学发展。（七）提升文明程度。全面开展环境整治，美化村组道路，倡导室内外环境整洁。探索开展“马庄好人”和“美德家庭”评比活动，弘扬尊老爱幼、睦邻互助的传统美德。研究制定《马庄村村民公约》，移风易俗，形成优良的社会风气和文明习惯。

实现“规划”的保障措施有：（一）加强组织领导。第一书记、工作队队长负总责，切实履行第一责任人的职责。副队长负责协调、联系各方，督促工作进度。扶贫专干负责具体工作组织实施。村两委负责配合工作落实。（二）强化保障措施。严格执行驻村帮扶工作制度，工作队队员坚持常年吃住在村，每月不少于22天；工作队每月进行工作小结，队员认真记录每天工作情况，上报县选派办。（三）强化工作落实。工作队及时向帮扶单位省政府法制办、选派干部主管部门市县选派办、业务主管部门市县扶贫办汇报工作，自觉接受乡党委政府的领导，积极配合各级部门的监督、检查工作。

邀请市、县、乡国土部门领导来村指导建设用地规划。

9 月 18 日

收到村民读我“笔记”的“体会”

此前，我读王宏甲先生所著报告文学《塘约道路》后，写了几篇读书笔记，合起来叫《看塘约，说马庄》。这篇笔记按要求上报县委组织部和市委组织部后，立即引起较大反响。市委领导专门在上面作出批示：“我从头到尾，一气呵成看了凤军同志的文章，写得既有思考，又有实践。我与凤军有同感，关键是要发挥群众的主体作用，让群众参与到扶贫中来，真正做到扶贫要扶志。”同时，市、县帮扶工作简报、门户网站、政务微信等分别全文转发。对此，我倒没有觉得什么，但一位村民看到这篇文章后写的一篇“体会”却让我感受不同。

下午收到的这篇“体会”的标题叫《读焦书记“塘约笔记”(1～9)》(我总计写了 12 节，不知道为什么这位村民只看到了 1～9)。这篇“体会”原文写道——

“为什么我眼里常含着泪水？因为我对这土地爱得深沉!”这是一句名诗，这也反映了焦书记的“亮点”！一个人，尤其是一个领导人，若无博大胸襟，若非虚怀若谷，何谈治家治国？

多年来，村民怨声载道，最头痛之处就是道路。所谓：要想富，先修路！领导的眼光是犀利的、思想是深远的，“塘约精神”是坚定的！

作为马庄村民，我只想说：亲爱的同村村民们，不要彷徨，不要再犹豫，政府给我们送来了最精准的“导航仪”。有了它，我们还怕什么？

他将带给我们最强烈的自我意识！相信自己，命运就掌握在我们自己手里！只要是用正确的、积极的态度去解决问题，任何困难都将会土崩瓦解！

千里之行，始于足下，这就是基础的重要性！焦书记一语中的——各级政府要做好工作，要发展，就一定要相信，并且一定要依靠村里的干部！因为，他们最了解实际，最接地气！既然政府也提倡建立容错机制，那又何妨给他们一次失败的机会？给他们一个犯错误的机会？

换言之，失败抑或成功，怎可盲目论断？焦书记睿智，就等于我们有了正确的引导，只要我们上下齐心，迎难而上，各自将决心发挥到极致，要创造奇迹，绝非不可能！

努力，就有希望！不去尝试，焉知成败？诚然，要成功，必是困难重重，诸多的实际问题，并非一人之力可以解决。当务之急，窃以为是资金！这也是前提！没有资金，目标以何而定？没有资金，说什么都是空谈，老百姓信不信你？这就要看我们是否具备塘约人的精神了！

以上就是一位不知名的村民寄来的“信”的内容。虽然其中不少语言生硬，表达欠妥，但却充满愤青的激情，应该是位血气方刚的青年，或者是一个即将毕业的大学生。这么如此隆重而庄严的语气，让我想起了自己也曾是如此的少年……感谢马庄有这样的村民！马庄注定充满希望！

9 月 25 日

与全体党员和扶贫小组长谈党性修养

今天又是党员活动日了。按照工作队与村两委商定的议程，内容非常之多。上午 8 点半开始，依次进行：升国旗仪式和重温入党誓词，党性教育十分钟活动，学习习近平总书记“7·26”重要讲话精神，传达全省抓党建促脱贫攻坚工作推进会精神，学习《萧办通报》转载文章，开展“道德讲堂”讲座、“讲政治重规矩作表率”专题民主生活会、“做表率我们怎么办”专题讨论会、预备党员转正会、扶贫小组长业务知识测试等。最后，由我对上午的活动作总结讲话。

面对如此多的主题，还真不知道从何讲起。我忽然间想到了四个字：党性修养。这不正是农村党员普遍需要加强的吗？从理论上讲，党性修养是党员的自我教育、自我改造、自我完善；是对共产党的本质属性的内化；是党员在改造客观世界中自觉运用党性原则规范自己的行为，克服和抵制各种错误思想，不断改造主观世界，不断开创实践和认识新境界的过程；是党员自强和自律的统一。党性修养包括马克思主义的理论修养、政治修养、思想道德修养、业务修养等。实践表明，共产党员的党性不可能自发地产生，只有通过刻苦学习，认真改造世界观，才能逐步树立起来。我们党是执政党，共产党员理应成为全社会的表率，这就要求共产党员加强道德修养、提高党性水平。党员加强思想道德修养，最根本的是自觉实践全心全意为人民服务的宗旨，把为人民服务内化为自己的灵魂，作为自己一切行动的出发点和归宿。

这正是我们今天会议要达到的目的。但是，党性修养这么艰深的话题如何讲？大家能听下去吗？于是，我就今天很有感触的几处节点与大家分享了我的感受或想法，也是我作为第一书记关于党性修养如何体现在工作和生活中，对大家提的几点要求。

我说：第一，今天会议开始时，蒋主任带领大家重温了入党誓词。这是活动日的规定动作，来自《中国共产党章程》第一章第六条的规定。大家刚宣誓过，我问大家：第一句是什么？对！“我志愿加入中国共产党”；最后一句是什么？对！“随时准备为党和人民牺牲一切，永不叛党。”我想问：大家做到了吗？这里有不是志愿加入的吗？有自己不愿意而别人强行要你加入的吗？举手！好的，没有。我还想问：最后一句做得怎么样？有过牺牲自己利益吗？我不再追问，留作大家思考的作业。重温入党誓词，我有过多次，对我来讲，常温常新！但是，只有大家做到了这两句话，你的内心才能真正释然。马庄将来还会有很多大事要干，靠谁？就靠在座的各位！马庄的先进分子都在这里了，能干成什么样子？就看这两句话能落实到哪一步了。每次到这个时候，我都有很多想要讲的话，但时间不允许，今天这个话题就说这几句。

第二，党员大会为什么要点名？今天本来没有这个程序，是我坚持让马书记点的名。不知道大家听了有什么感想？希望大家回去以后代我向没有来的党员问好，有什么困难可以向我反映，没有什么特殊情况希望下一次按通知要求来开会。当然，三种情况可以例外：一是年龄大行动不便的，二是生病不能行走的，三是在外地工作的流动党员。没有特殊情况，希望下一次我能看到他们。党员不了解党的工作和党的最新方针政策，怎么发挥作用？这次点名没有记录，就是让大家听听，感觉一下我们这支队伍的觉悟。下次不但要点名，而且要记录，作为考核、评优评先的重要依据。你说你觉悟高，连会议都很少参加，怎么解释？

第三，关于各自然村扶贫小组长的配备工作。为进一步强力推进脱贫攻坚工作，根据市县要求，在各自然村配备专职的扶贫小组长，一般自然村配备1名，超过1 000人的自然村配备2名，工作报酬由县财政统一供给。这是一件大事，工作队和村两委高度重视。首先是党总支进行了充分酝酿，提出候选人，然后到群众中征求意见并发动群众推荐，最后由村两委和工作队集体研究，报请乡党委审查，县委组织部审批。我们村最终产生了14位扶贫小组长。今天请大家来参加或列席党员大会，一方面介绍给大家认识，另一方面感受一下村里的工作，同时会后还要结合参加全县统一培训的情况，对大家进行一次扶贫知识测试。大家从今天起正式就任扶贫小组长，这是群众和组织的信任，是工作队在深入走访、多次调研、反复征求意见的基础上确定的，希望大家要珍惜这份荣誉，也是责任。要努力工作，为群众服务好，同时要继续接受群众和组织的考验。村两委将建立考核评价机制，干得好与不好是不一样的，有想法和困难可以提，但不干工作、不能胜任工作就要换人。如何当好小组长，大家慢慢探索，但有一条很重要，就是要充分发挥自己的主观能动性，在做好扶贫工作的同时，协助村党总支和各党支部做好党建工作。是不是主动工作，主动想办法提高工作质量，是能够看得出来的。希望大家发挥自己的聪明才智，创造性开展工作，为马庄发展做出积极贡献。

最后，几位党员的自由发言使我很受鼓舞。今天这个发言是临时提议的，大家自由发言，我问了秦主任，事先没有安排准备。有的表示，现在党不断地在为群众办好事，带领群众致富，很感动。我们一定要跟党走，听党的安排……有的说，要听党的话，就像打牌，只有互相配合，才能赢……有的说，党领导我们走进了新的生活，领导我们村搞发展，多少年没等到这么好的事……有的说，支部要把党员组织起来，把力量发动起来，但打铁还得自身硬，自己的家搞不好，还能带领一个村吗？要加强自身业务学习，学好服务本领。要有感恩之心，上级派工作队来后，村里和村部发生了很大变化，都看得到，日新月异……有的说，村里路越来越多了，只要大家努力，一定能做好工作。要做到自己问心无愧，不能乱做，我们都是党的先进分子，代表党的光辉形象，要与四邻八家搞好团结，时刻问问自己做好了没有？……纯朴的发言，让我非常感动，也非常意外！这就是马庄的希望。作为两委干部要认真反思，这些发言中其实还有深意，还有希望，说明我们做得还不够……

大雨中的马庄，一个上午的党员生活时光，丰富而激情。在全体党员热烈的掌声中，我结束了简短的讲话。雨停了，看着一个个早已满头白发的老党员并不方便地坐上三轮车，高兴地开出村部大门，我的双眼湿润了。这湿润和滑落的泪，是秋天透明的露，还是心中信念的雨？

10 月 13 日

反思不足提要求

晚上，正准备吃饭的时候，党总支郑书记从乡里开现场会回到村里。一进村部大门就问秦主任：“焦书记在哪儿?”然后建议紧急召开工作队和村两委联席会议，传达乡里的会议精神，布置明天的紧急任务。听到他找我，我就从食堂走出来说：“可以，先开会吧！开完会再吃饭。”

会议首先请郑书记传达了乡里在丁楼村召开的现场会精神。一上来，他就很激动地说：“同志们，今天乡里在丁楼开了一个关于党建和扶贫的现场会。一开始，我还不服气，觉得自己做得不错，为什么在丁楼开现场会而不在马庄开现场会？开完，看现场后我才大吃一惊！我们与人家差距太大了！这差距，既有硬件也有软件。这是人家从白土镇回来以后学的，才月把时间！乡村大舞台、标准化公示牌、开放式村部，所有办公室安排紧凑、干净整洁。党建资料齐全，规定动作全部有，一个不缺，非常细致，可看、实用、可学……”

郑书记越说越激动：“扶贫资料也是一样，和人家比，我们就是白干了，等于零，没法比。人家丁楼的村档户档，目录清楚，内容丰富，一一对应，排列有序，整齐美观。人家的经验很简单，就两委的干部亲自干，不依靠小组长，不像我们甩大手。大排查工作，村里分成了8个组，互相查，查后及时反馈问题，不讲情面，实事求是。而我们村做得怎么样？自9月25日动员会以来，组织了培训，进行了分工，但事情做得怎么样？没有成效！看看人家对工作的态度和精神，没法比。问题太多，意识到了吗？马上市里又要暗访，指定到孙圩子乡，查5个村，我们肯定跑不掉。要行动起来，不能依赖小组长，包片干部各干各的，谁的谁想办法，出了问题各自承担责任……”

传达过会议精神，郑书记还传达了县里关于大排查工作的文件。他说：“文件要求一定要细之又细，不能有任何问题。同时明确责任，第三方评估结束后，凡是被评估发现的问题，都要倒查责任，决不姑息。明天要对入户排查表进行培训，帮扶责任人、包保干部都要签字，希望大家认真对待。”

郑书记说完，村委会秦主任对近几天他在排查中发现的共性问题进行了提示，尤其是一些老问题，再次强调，希望大家一定要认真对待。

最后，我讲了三条意见。第一，关于纪律要求。扶贫工作目前是天下第一难事，也是天下第一大事。形势大家看得非常清楚，一定要认真对待，绝不可掉以轻心。第三访评估后，对发现的问题肯定会倒查责任，谁的孩子谁抱回去。如果你准备受处分，你就听之任之，如果不想受处分，从现在起紧张起来，把工作做扎实了。

第二，关于工作要求。我们都是土生土长的马庄人，村民信任大家，选大家进两委班子，一定要对乡亲们负责。得过且过地度日，对不起村民的信任。我相信，只要大家把马庄当成自己的家，把马庄的工作当成自己家里的事，就没有干不好的道理。

第三，关于制度建设。工作队驻村近半年了，我们也发现了一些问题，但觉得这是长期形成的，没有给大家提出太多的要求，总想着脱贫出列后抓发展时再整顿纪律，现在看来不行了，制度建设要提前。以后，凡经工作队和两委联席会议形成的决定，一律以两委文件的形式，白纸黑字地印出来，也是考核的最基本依据。年终考核评比就靠这个硬指标说话。

总之，无论是纪律方面，还是工作和制度的遵守方面，都希望大家好自为之。今天我和郑书记说的都不好听，供大家参考，也希望大家认真反思。

10 月 25 日

通过广播直播“党员活动日”

上午 8 点半，每月一次的“党员活动日”各项活动正式开始。与往次不同的是，今天的活动通过村广播向全村全程直播，让广大村民也一起过一个“党员活动日”。说实话，这是我第一次感受到的“不一样”！

“村里大喇叭又响起来了”，说这句话的老党员还说，“这句话已经盼了 20 多年。”直播的效果非常好。活动期间，我特意在村部的安静处听了一下，感慨良多。这是工作队驻村不久就决定要做的一件事，上周五终于实现了，并已试播了一周。

直播的第一板块是升国旗仪式和重温入党誓词。随着年轻的村干部把国旗慢慢升起，全体党员肃立在村部广场的中央，望着国旗，在国歌声中思绪万千。接着举行重温入党誓词，大家面对党旗，举起右手，村总支郑书记带领大家重温那熟悉的誓词，庄严而神圣。

第二板块是学习党的十九大精神。室外升旗和重温誓词活动结束后，全体党员进入会议室，开展“党性教育十分钟”活动。郑书记带领大家学习党的十九大报告中关于农村发展和脱贫攻坚的重要论述。然后，邀请乡党委副书记、乡长李秀荣同志为全体党员上党课，解读十九大精神，并结合马庄村工作实际，向全体党员提出具体要求。

第三板块是党建和脱贫攻坚工作。首先由我传达全市抓党建促脱贫攻坚暨基层党组织标准化建设工作推进会精神，并结合马庄村工作实际进行分析，既看到成绩，也在比较中找出差距，知道不足，提醒并鼓励大家努力工作，向先进看齐，奋起直追，以只争朝夕的精神在完成村出列后实施发展大计。接着，郑书记宣读了县委关于开展“对标准、找差距、补短板、促创争”专项行动的通知，传达了有关会议精神。

第四板块是民主议事。一是通过征集各有关方面意见，在全村推荐了若干文明户，请全体党员评议，并最终产生了10户“文明户”上报县审批。二是向全体党员通报“10·17”扶贫日捐款情况。驻村工作队、村两委和村工作人员、部分在村党员、扶贫小组长和驻村企业负责人等56人共捐款5 370元。三是通报村广播站建设情况。要求大家爱护广播、利用广播、宣传广播，并通过广播在群众中弘扬正能量。

直播过程和活动日安排一样顺利，效果很好。其间，乡党委吴书记来村找我商量工作，我从会议室一出来，他就高兴地说：“很远我就听到你们的直播了，非常好。马上让其他村都要把大喇叭装起来，向马庄学习……”不一会，李乡长的党课报告结束了，得知吴书记到村，她就到我办公室给吴书记打招呼。一见面吴书记就说：“好啊！在路上就听到你的报告了。现场直播，美女在村里上直播还是第一次吧?”说得大家哈哈大笑……

驻村后即建立起村广播室，利用村广播宣传党和国家大政方针和扶贫政策。

11 月 27 日

走访“不知道工作队”的贫困户

上午 8：20 到 12：15，又用了差 5 分钟不到 4 个小时的时间，工作队才最终完成了走访马庄自然村 4 户贫困户的“任务”。

为什么要作为工作队的一项“任务”专门走访这 4 户呢？此前，县里曾组织过一次暗访，通报反馈的结果是，马庄被抽到的贫困户中有 4 户不知道有驻村工作队，结果在全乡大会上被点名。我当时就觉得不可能，因为我们驻村后把所有的贫困户都对着名单走了两遍，有的还不止两遍，非贫困户也走了 180 多家。我分析，出现这种情况有两种可能：一是贫困户有意见，对我们的工作不满意，不配合；二是有其他不知道的原因。于是工作队决定对这 4 户逐一走访，彻底查明原因。

第一户，马立山。到了马立山家，敲了半天门，老两口才听到，都是近 80 岁的人。他们是 2016 年脱贫户，条件确实一般。老太太见到我就拉着我的手说：“焦书记，你看我这啥都没有了，咋办啊？”我就说：“老人家，你还知道我是焦书记啊？”她说：“那咋不知道啊，总么来！”（方言：“总是经常这么来”的意思）我笑着问她：

"那前几天上级来到你家问你时你咋说不知道工作队啊?"可能是在这之前村干部到她家批评过她，老人家一下子就哭了，很委屈地说："知道啊，那上级问我时没听清，说什么工作队的事，我不懂，上级要是问我焦书记我就知道了……"我和工作队的同志都大笑起来，安慰她说："没事，就是来看看你，上级那些人说话你听不懂，不怪你，以后他们再来和他们慢慢说，不要急……"临走时，我总觉得她的房子还是有点问题，即使脱贫了，这样的房子不整修，也可能会按返贫处理。回到村部，我立即与总支郑书记商量，郑书记也不放心，又开车带我们一道来到马立山家里，并电话与包保干部联系，了解去年脱贫时的情况，最终，决定想办法解决住房问题，一定要保证两位老人居住安全。

第二户，张广英。张广英老人70多岁了，家住马庄自然村的最西头。我们首先来到她家里，没有人，我们就走了。可是却在返回村部的途中巧遇老人，她正在路边和另一位老人聊天。还没等我们开口，她就先开口说："您来啦?可喝水?"我笑着说："这在路边到哪儿喝水啊?我们就是来看看您老人家的，还认识我们啊?"她笑着说："咋不认识?总么来!"这时，我一下子发现了问题所在，就问她："上次有人到家问您知道不知道工作队时，您也是这么说的吗?"她很自豪地说："是啊!我就说你们工作队和医院的李医生总么来……"我们先是笑，然后我说："老人家啊，您这'总么来'把我们害苦了，领导批评我们了。"她说："为啥?"我说："您说'总么来'，他们听成了'真没来'……下次不能这么说了，说我们来过就行了……"老人苦笑着说："唉，这咋能呢?你们这么好的人，还批评，不能批评，看您干了多少好事啦，还批评，不能……"与老人挥手告别，我们也只能苦笑地说："要让检查的人先来扶贫，没有扶贫经历的人是没有资格检查扶贫干部的……"

第三户，马心民。在马庄找马心民是一件很"痛苦"的事。几天前，工作队第一次找他时，没有请任何人带路，自以为一边问一边找还能找不到一个大活人？果然，很快就找了马心民，60 多岁，他有点儿聋。聊了半天，试着问他知道工作队吗？他说：“知道啊，你们在大队住，办了不少事，看俺这路修得多好，原来都是泥，没法走。”于是我问他：“既然知道工作队，上级来找你时你咋说不知道呢?”于是，他一脸懵懂地说：“没有啊，没人来问过我啥事啊!”我感觉不对头，以为他听错了我们要找的人的名字，猜测他不叫马心民。我就又问他：“你叫马心民吗?”他说：“是啊！不过村西头还有个马心民……”我们一下子蒙了，还有这么回事，他肯定不是我们要找的马心民了。离开他去找第二个马心民，路上问村民他住哪里？结果这位村民说：“问哪一个啊，俺村有 3 个马心民……”常识再次被击破！第二个还没找到，结果已经冒出了 3 个。最终的结果是，3 个马心民中还有 1 个有 2 处住地，谁也不确定他住哪儿，而且他一般下午 5 点多就睡觉了，耳聋，敲门也听不到。那天用了一个下午，工作队无功而返。回到村部说起此事，两委同志边开玩笑边安慰。

今天，终于找到了我们要找的马心民的家，但家里却没有人。正好路过他家的他的侄媳妇对我们说：“他到乡里去卖破烂去了……”这是一个非常勤奋的老头，闲不住，但智商不高，说话困难，时清醒时糊涂，老伴还是个智力障碍者。我就问：“既然在村里到处跑，怎么会不知道工作队呢？我们和他天天见面。”侄媳妇说：“他只知道干活，但脑子不好用，问啥都是说不知道，没有办法……”原来如此！正在说着，他老伴回来了，对着我们一直笑，啥也不说。

第四户，马立前。马立前是个单身汉，70 多岁，到处跑，不在家，想找他不容易。于是我们先找到了正在把玩鹌鹑的老队长，请他带我们找马立前。说来也巧了，真正是“踏破铁鞋无觅处，得来全不费工夫”。我们在去马立前家的路上正巧遇到了马立前。一见面他就给我们打招呼，问："喝水不？"我开玩笑地说："不喝水了，挨批评不想喝水了啊！"接着，老队长批评他说："你老马咋地了，人家焦书记给咱们做这么多好事，你看你这家门口的路修得多好，这么多年可修过这么多路？还建了一条街，又在给咱们建厕所，上次徐专干还给咱们一起拍电影（手机录像），你咋能给检查的人说不知道工作队呢？让工作队挨批评……"马立前红着脸着说："大队批评我了，我知道了。那天，听说有人来检查，我不在家，是旁边的'四儿'那小子说的，他从外面打工刚回来，不知道工作队，他替我说的不知道，不是我说的……"又一个"真相大白"了！

说实话，在繁杂的迎检之余专门安排时间找到这 4 户贫困户确实不容易，跑了好几趟。之所以坚持要做这件事，其实也不想说明什么，就是想看看问题出在哪儿？目的是更好地做好下一步的工作。所以，虽然一上午跑得很累，在 1 000 多口人的大自然村东西南北地跑，但是当我们看到这些老人都挺好，他们见了工作队一个个乐呵呵的样子，像是好久没有见过的亲人一样时，我们心理确实很是慰藉，也是满满的幸福感。

中午，同审查基础信息的各自然村扶贫小组长们一起吃大馒头加大锅菜，觉得特别好吃。

12 月 4 日

在帮扶人大会上做“战前动员”

上午 9 时，召开马庄村全体帮扶人大会。驻村工作队和村两委、扶贫小组长、来自县乡各有关单位的全体帮扶人等 100 多人参加会议。郑书记主持并传达乡迎接省第三方评估工作安排后，要我作“战前动员”讲话。估计这当兵出身的郑书记喜欢打仗，所以一看这场面就像要打仗的阵势，只是这场战役叫“脱贫攻坚战”。

在此最关键的时刻，我只能毫不犹豫地“提枪上阵”。结合马庄村脱贫攻坚工作实际，临时提了 5 条要求。

第一，大战在即，请大家做好充分的战前准备。我先给大家做个分析。对马庄来说，我们已经进入了总决战时期。这场决战有“四场战役”要打：省第三方监测评估、市际互查、国家验收评估、省际互查。今天开始进入第一场战役。我打个不恰当的比喻，参加第一场战役的“敌军”已在路上，猎猎战车正从合肥开来，大部队 2 017人，分战区萧县 800 多人，孙圩子战场 21 人。从兵力上看，我们占绝对优势，80 多名包保干部、20 多位村两委和小组长，应该没有问题。但是从打法看，这是一场“不公平”的战役，我们只有招架之式，没有还手之力。对方直指我们的任何要害部位，而我们却连说话的权利都没有。怎么打？所以这是一场对比复杂的战役。要赢得胜利，只有使我们的阵地坚如磐石、坚不可摧，使我们的队伍炼成铜墙铁壁、钢铁长城。这就要求各战区有过硬的准备。

第二，问题及时上报，留出处理问题的时间。会议结束后，各自抵达自己的指定位置，全面排查，不留死角，能解决的问题及时解决。面对复杂的问题要创新解决问题的思路。遇有突发事件或自己不能解决的问题，要立即上报。凡是发现问题不上报者，自己承担责任。小的问题也要及时解决，卫生、食宿环境的整理、小家具的配备等，都可以做。我们为贫困户打扫卫生很正常，这是一种荣誉，是工作，不丢人，反而会提升自己的形象。我经常带工作队为贫困户打扫卫生，很受欢迎，他们很感动，我们自己也被感动着，这也是一个共同成长的过程，希望大家把握住这样一种为村民服务的机会。

第三，帮扶人员自身做好被调查的准备工作。要熟悉帮扶贫困户的基本信息和帮扶措施与成效，监测评估人员电话访问时要做到一口清。为了熟记，建议大家每人写个小卡片，把所联系的贫困户的基本情况写在上面，有空就拿出来看一下，加强记忆。要换位思考，如果你是评估或调查人员，你会向帮扶人员了解什么情况？你会采取什么方式调查？这就是你现在所要准备的，也是所要充分做出安排的事情。

第四，要强化大局观念。全村统一评估，涉及方方面面，人力统一调配，大家一定要有大局观念，不能斤斤计较。如果大家都把村里的事当作自己家里的事，就一定能做好。要有主人翁意识，为全村的整个荣誉而战。这场仗能不能打好，就看各位了。封建社会说大家是老百姓的父母官，我们现在叫服务员，不管这话有没有问题，只要大家都能做到，就很好。如果说自己是父母，百姓是孩子，那么，照顾好孩子是你应尽的义务，也必然会为孩子无私付出；如果说百姓是父母，我们是为父母服务的孩子，那我们就更应该干好，孩子孝敬父母天经地义。所以说，不管怎么说，我们都应该义无反顾地做好工作。

第五，感谢大家对马庄脱贫攻坚工作的支持和付出。战斗已经打响，凭我们的准备应该是胜利在望，让我们再努一把力。我曾建议村两委在条件成熟时编写《马庄村志》，马庄的历史会永远记住大家的贡献。“四大战役”结束后，我为大家庆功！谢谢大家！

12 月 18 日

与村民签订《土地流转合同》

截至今天下午 4 时，村委会与 56 户村民的《土地流转合同》全部签订完毕。通过签订合同，村委会第一批共流转土地近 70 亩。这标志着马庄田园综合体构想的基础工作初步完成。这个构想得到了部分村民的支持和配合，也寄托了他们的希望。

合同的甲方为土地承包户，乙方为村民委员会。合同规定：根据《中华人民共和国合同法》《中华人民共和国农村土地承包法》《中华人民共和国农村土地承包经营权流转管理办法》及其他有关法律法规的规定，经双方充分协商，甲方同意将享有承包经营权、使用权的土地在有效期限内流转给乙方，本着公正、平等、自愿、互利、有偿的原则，订立本合同。

流转标的约定，甲方同意将其承包经营的位于马庄行政村老港河河岸上的土地的承包经营权流转给乙方从事生产经营。

流转土地方式、用途约定，甲方采用出租的方式将其承包经营的土地流转给乙方经营。乙方不得改变流转土地用途，用于非农生产。

期限和起止日期约定，土地承包经营权流转期限为 15 年，从 2017 年 10 月 18 日起，至 2032 年 10 月 18 日止。

流转价款、支付时间约定，乙方同意每年按 600 元/亩流转给村委会使用，流转价款于每年 6 月底支付给甲方。

甲方的权利和义务包括：

（一）按照合同规定收取土地流转费用，按照合同约定的期限交付、收回流转的土地。

（二）协助和督促乙方按合同行使土地经营权，不得干预乙方正常的生产经营活动。

乙方的权利和义务规定：

（一）按合同约定流转的土地，具有在国家法律、法规和政策允许范围内的自主生产经营权、经营决策权，产品收益和处置权。

（二）按时足额交纳土地流转费用，不得擅自改变流转土地用途，不得使其荒芜，不得对土地、水源进行毁灭性、破坏性、伤害性的操作和生产。履约期间不能依法保护、造成损失的，乙方自行承担责任。

合同的变更和解除规定：

（一）经当事人双方协商一致，又不损害国家、集体和个人利益的；

（二）订立合同所依据的国家政策发生重大调整和变化的；

（三）一方违约，使合同无法履行的；

（四）乙方丧失经营能力使合同不能履行的；

（五）因不可抗力使合同无法履行的。

违约责任规定：

（一）甲方不按合同规定时间向乙方交付流转土地，或不完全交付流转土地，应向乙方支付违约金一万元。

（二）甲方违约干预乙方生产经营，擅自变更或解除合同，给乙方造成损失的，由甲方承担赔偿责任，应支付乙方赔偿金一万元。

（三）乙方违背合同规定，给甲方造成损失的，由乙方承担赔偿责任，向甲方偿付赔偿金一万元。

（四）乙方有下列情况之一者，甲方有权收回土地经营权：（1）不按合同规定用途使用土地的；（2）对土地、水源进行毁灭性、破坏性、伤害性的操作和生产的，荒芜土地的，破坏地上附着物的；（3）不按时交纳土地流转费的。

同时规定，在履行本合同过程中发生的争议，由双方协商解决；协商或调解不成的，依法向人民法院起诉。合同未尽事宜，由双方共同协商，达成一致意见，形成书面补充协议。补充协议与本合同具有同等法律效力。

此时此刻，当我即将写完今天的日志时我在想：今天签订完合同本来是件值得高兴的事，但我却怎么也高兴不起来，突然间感觉到一种莫名的阻力。原计划准备流转河岸东西共约140户村民的180亩土地，但签订合同和流转面积只是刚过三分之一。据说，户数减少的原因非常复杂，有人为的，也有观念的，还有干部积极性不高所导致的……如果村干部和村民是这个状态，“田园综合体”的构想很可能会“流产”，即使强行推进，也会阻力重重……我真的很担心！

每月举办“党员活动日”，举行升国旗、唱国歌、重温入党誓词、上党课，以及“面对面说扶贫”等系列活动。

12 月 19 日

发布《马庄村村民公约》

由我起草的《马庄村村民公约》（中华新韵体）自 6 月 24 日完成初稿以来，先后依次征求了村两委、驻村工作队，以及乡、县、市各有关领导意见，并于 11 月 14 日召开各自然村扶贫小组长会议专题研究，会后由各扶贫小组长分别在本自然村召开村民代表会议征求意见，全部赞成通过。日前，以马村〔2017〕1 号文件正式发布。

下午，委托小郑印制的“公约”宣传彩页 2 000 份运送到村部。即安排各自然村小组长按户领取，并分发到户，同时在村民经常聚集处广为张贴，做好宣传，倡导遵行。

《马庄村村民公约》以社会主义核心价值观为基本架构，共分为序言、正文和结语三个部分。以七言格律诗的形式予以约定，朗朗上口，尽量便于村民记忆和传诵。

具体内容为：

（序言）萧县孙圩我马庄，六千百姓爱家乡。
朴实坚毅勤耕作，致富振兴奔小康。

（富强）种养加工兴企业，招商建厂众人昌。

多学技术开心窍，户裕村强面子光。

（民主）民主集中诸事管，监督两委定良方。

原则理论联实际，决策执行有目纲。

（文明）礼貌文明风尚美，清洁巷道亮厅堂。

红白喜庆勿迷信，防止疾疫保健康。

（和谐）邻里和谐天地阔，婆媳亲睦贵协商。

言传身教儿孙记，赡养老人抚病伤。

（自由）思想自由生智慧，精神高尚路宽长。

参加宗教须积善，信仰修身济世良。

（平等）全体干群同奋斗，女男平等共农桑。

读书识字营天下，劳动积财也盛邦。

（公正）刚正不阿威望重，无偏远近理伸张。

但凡要务皆公示，大事小情贴上墙。

（法治）遵法守规莫违纪，公私明辨拒贪赃。

挑唆上访得惩处，乱建私搭扰四坊。

（爱国）谨记爱国天大事，不嫌母丑扮新妆。

山河锦绣切惜护，有你寸尺需珍藏。

（敬业）敬业奋发跟党走，打工不忘爹和娘。

综合发展从长计，集体经济做大强。

（诚信）规范行为合道义，诚实信用把头昂。

不欺老幼和鳏寡，一诺千金责任扛。

（友善）利己损人遭鄙弃，争强好胜莫旁伤。

八方来客周详待，相互关心共衬帮。

（结语）殷饶宝地七千亩，四季丰收尽满仓。

大美马庄齐创造，村民公约记心房。

12 月 22 日

发布《马庄村村务公开实施细则》

《马庄村村务公开实施细则》自 8 月初完成初稿以来，先后征求了村两委、驻村工作队，以及乡、县、市各有关领导意见，并于 11 月 14 日召开各自然村扶贫小组长会议专题研究，会后由各扶贫小组长分别在本自然村召开村民代表会议征求意见，全部赞成通过。日前，以马村〔2017〕2 号文件正式发布。

上午，正式文件分发各自然村小组长，要求大家以多种形式进行宣传，广为张贴，争取做到家喻户晓。

《马庄村村务公开实施细则》全文共 17 条。内容如下：

第一条　为规范马庄村村务公开、加强民主管理，推进村民自治制度有效实施，根据《中华人民共和国村民委员会组织法》《安徽省村务公开条例》和《宿州市关于进一步加强规范村务公开民主管理工作的实施意见》等规定，结合实际，制定本实施细则。

第二条　村务公开是指村民委员会对涉及村民利益的政务、财务、事务事项，依照规定的程序、时间和形式如实公布，并接受村民监督的民主管理制度。

第三条　村务公开坚持依法、全面、真实、及时、规范的原则，实行事前、事中、事后全过程公开，保障村民的知情权、决策权、参与权和监督权。

第四条　村民委员会主任是实施村务公开的主要责任人。

第五条　政务公开事项：

（一）村民自治章程、议事规则、村民公约；

（二）村民委员会年度工作报告、本村经济社会发展规划的审议和执行情况，村庄规划及其实施计划的实施情况；

（三）计划生育政策和新型农村合作医疗情况；

（四）救灾救济、社会捐赠款物、农村最低生活保障、政府高龄津贴、五保供养、残疾人保障、孤儿保障、优待抚恤等专项经费的数额以及分配、使用情况；

（五）农业补贴、扶贫开发、危房改造等强农惠农富农补贴及扶持资金补贴情况；

（六）种植养殖补贴和购置农机具补助情况；

（七）国家其他补贴农民、资助村集体的政策落实情况。

第六条　财务公开事项：

（一）本村集体所有土地、集体建设用地使用权流转（出让、出租、转让、转租、抵押）以及土地收益情况；

（二）本村集体资产、资金、资源处置及其经营管理情况；

（三）本村集体经济项目的立项、招投标、合同订立、履行和变更情况，以及村集体经济所得收益的使用情况；

（四）村民委员会成员待遇补贴，本村其他村务管理人员的聘用、辞退和补贴发放情况；

（五）扶贫资金、专项资金使用情况；

（六）村集体所有的收割机、拖拉机、旋耕机和粉碎还田机租赁收益情况；

（七）村集体企业、光伏发电站、中药材种植收益情况；

（八）合作建设扶贫工厂、特色产业带动村集体收益情况；

（九）本村兴办公益事业和一事一议筹资筹劳方案、建设承包方案、项目资金使用和工程建设情况；

（十）政府拨付和接受社会捐赠的救灾救助、补贴补助等资金、物资及其管理使用，以及本村的公共服务情况。

第七条　事务公开事项：

（一）村民委员会成员、村务监督委员会成员、村民代表任期和离任经济责任审计、民主评议情况；

（二）村民委员会任期规划、任期目标和年度工作计划；

（三）农业水利、道路、机井、光伏电站、扶贫工厂建设情况；

（四）村民代表会议决定或者决议的其他事项；

（五）村干部及村民参加社会保险情况；

（六）村民有关情况；

（七）涉及本村村民利益、村民普遍关心的其他事项。

第八条　建立点题公开制度。村民点题的范围主要为村民委员会重大决策、工作任务以及群众关注的热点、难点问题等。村民提出的疑问和要求，村民委员会应在五个工作日内给予解释和答复。

为确保收集到的群众“点题”全面真实，村民委员会通过设置点题意见箱、专人负责收取、发放《点题公开征求意见表》等形式收集点题公开内容。同时，采用电子显示屏、微信公众平台等方式将收集到的点题内容进行公开。

第九条　村务公开应当按照下列程序进行：

（一）村民委员会依照法规和政策提出公开的具体方案；

（二）村务监督委员会对方案进行审查、补充、完善；

（三）提交驻村工作队和村两委联席会议讨论确定；

（四）村民委员会通过村务公开栏、张贴宣传单、微信平台等形式公布。

第十条　按照本细则规定应当公开的事项，涉及工作目标执行情况的，应当每年公布一次；涉及财务、集体经济、政府专项资金情况事项应当每月公开；涉及村民利益的重大事项、重大决策和村民普遍关心的事项，应当及时公开。法律法规另有规定的除外。

定期公开的村务，应当在每季度首月十五日予以公开。遇到特殊情况无法按时公布的，应当及时作出说明。

第十一条　村民委员会在村部设置村务公开栏、电子显示平台，有条件自然村增设村务公开栏或者电子显示平台。

村民委员会根据需要，通过会议、宣传单、广播、明白卡、入户告知、网络、手机等多种方式同步公开村务。

第十二条　村务公开栏的内容保留不少于十日，涉及本细则第六条的事项保留六个月以上。通过网络公开的村务内容保留期不少于一年。

第十三条　村民委员会建立村务公开档案并统一妥善保管，便于查阅。公开的内容拍照存档。建立独立的村务公开台账，实行专柜存档，专人保管。村民查阅村务公开档案，村委会不得拒绝。

第十四条　成立村理财小组和村务监督委员会，及时向村民公布村务开支和办理情况。

第十五条　村务监督委员会监督村民委员会实施村务公开，并向村民委员会反映涉及村务公开工作的意见和建议，督促村民委员会及时答复并予以改进。

村民对村务公开的内容、时间等有异议的，可以口头或者书面形式向村务监督委员会反映，村务监督委员会应当及时交由村民委员会在十日内答复；村务监督委员会发现内容有遗漏或者公开的内容不真实的，要了解情况，并对有关资料进行查阅审核，以书面形式督促村民委员会改正。

村民委员会自收到村务监督委员会书面意见之日起十日内给予书面答复，确有问题的，予以纠正并重新公布。村务监督委员会或者村民对村民委员会的答复和纠正结果不满意的，可以书面形式向乡人民政府申请调查处理。

第十六条　村民小组组务、村集体经济组织的资产与财务的公开，参照本实施细则规定执行。

第十七条　本实施细则自发布之日起施行。

12 月 26 日

与回村创业村民签订土地租赁协议

工作队驻村后，高度重视发现人才的工作，经常通过各种渠道了解村民在外打工和创业的情况，渐渐地就掌握了一些小有成就的年轻人的情况。一位叫徐矿的年轻人就是其中的一位。

徐矿是马庄自然村人，早年在淮北矿上当工人，后来辞职创业。现在在南方一家旅游公司工作，见多识广。一个偶然的机会，他回村时听父亲说村里来了工作队，帮大家做了不少事，想帮助马庄搞发展，自家的地也被村里流转了，准备搞田园综合体建设。徐矿听了很感兴趣，一天上午，他到我办公室找我，谈想法，想为村里做点事，参与家乡建设。我就向他介绍了建设田园综合体的想法，他是搞旅游的，对这个最熟悉，自己也有这方面的资源，当即表示参与建设。

说办就办。那天我当即就陪他到村里流转的河岸去看现场，他看中了一块 10 亩的地块，准备引进火龙果种植，并设想在逐步扩大规模后回村发展乡村旅游业……

今天下午，正是在此前与徐矿反复洽谈以及驻村工作队和村两委联席会议研究的基础上，村委会（甲方）与徐矿（乙方）终于正式签订了《马庄田园综合体土地租赁协议》。这也标志着马庄田园综合体建设又迈出了重要的一步。

《协议》约定：根据国家有关规定，甲、乙双方在自愿、平等、互利的基础上，就甲方将其马庄田园综合体土地租赁给乙方使用的有关事宜，达成协议……

值得一提的是，我在这份协议中专门增加了“扶持条件”一条。“条件”明确：为鼓励投资马庄田园综合体建设，甲方对先行进入的项目予以扶持。扶持条件为甲方每年向乙方补助发展资金每亩150元。扶持资金乙方可以从租金中直接扣除。这对先期进入综合体的企业是一个比较大的支持，也是一份信任和激励，受到各方面的一致好评，更希望这一条能够开更多的“花”，结更大的“果”。

马庄村工作队被授予“安徽省脱贫攻坚先进集体”奖牌和证书

2018 年

1 月 10 日

新年第一次联席会议研究重点工作

下午，主持召开新年第一次驻村工作队和两委联席会议，研究当前 9 项重点工作安排，可谓内容丰富。根据联席会议制度规定，对每一个议题，大家都畅所欲言、充分研商、民主决策，既研究思路，也确定责任人，有时间要求，也有工作原则。新一年的开始，开这样一个会议很必要，也很重要，是一个很好的新开端，为新年开好局奠定了很好的思想基础。

第一，关于村田园综合体建设。田园综合体土地流转后及时与村民签订了流转合同，并利用废闲地整理项目进行了整理。今天上午，市国土局专家组已经进行了实地验收，顺利通过验收。如何实施有关项目，是研究的重点，通过大家提议，基本形成一致意见。除目前已有 11 亩出租种植火龙果外，其他土地由村集体实施高品质种植业，分别种植黑土豆、红土豆、中药材等，河中种植莲藕，并养殖鱼类。但这一切需要请省农科院专家来村论证后实施。同时，对黑土豆、红土豆的种植也要先到外地学习经验，请技术人员指导，确定专人负责管理。

第二，关于村民活动中心建设。大家一致同意利用马庄街头原兽医站和河岸流转地块，建设村民活动中心，同时兼挂马庄公民学校、农家书屋、乡村大舞台、健身广场的牌子，一举多得，解决一些群众期盼的事。当务之急是，与原乡兽医站负责人沟通，搞清兽医站四至和权属关系。条件成熟后，立即对中心进行规划和设计，联系施工等。此事交由原马庄三队队长、现村总支副书记马传合同志负责落实。

第三，关于空心村改造项目的实施。马庄村过去曾实施过空心村改造项目，由于实施顺利，深得村民拥护，得到上级肯定，今天上午又得到来村验收的市国土局专家的表扬。这次乡里又给了 30 亩的改造项目，希望马庄实施好。这个项目县财政有奖补，改造得好，不但村民受益，而且村里也有收入，因此一定要干好。经过大家充分研究，觉得徐瓦房和小郑庄两个自然村有条件。根据要求，决定明天与有关农户进行沟通，征求意见，春节前请土地部门前来“套图”，与农户签订拆迁协议，争取 5 月份进度过半，8 月份全部完成任务。对农户新宅的建设，我还建议一定要高标准，可以请专业团队，试建徽派风格民居，为打造美好乡村做好示范。

第四，关于星级党组织和党员评定工作。争创五星级党组织和做好星级党员评定工作是一件大事，直接关系到村里的荣誉和两委同志的待遇，差一个等级就差不少奖励，一定要高度重视，认真对待。大家认为，虽然全乡只有一个名额，但一定要做好准备工作，“保四星争五星”，把这件既有“里子”又有“面子”的事办好。

第五，关于落实值班制度问题。村两委值班制度印发以来，得到较好执行。但由于扶贫工作事多，在一定程度上没有得到严格执行。现在省第三方评估已经通过，我们有条件回归正常值班状态，希望大家严格执行。同时，建立值班首问负责制、登记转办制，第一时间能解决的问题，第一时间由值班人员负责解决，解决不了的问题，集中在每周例会专题研究解决，绝不能把所有的事情都推给村主要负责同志解决。

第六，关于2018年重点工作安排。在对2017年工作认真总结的基础上，大家对2018年重点工作达成了共识。要把2018年作为马庄的发展年，在继续抓好扶贫、党建工作的同时，重点做好两委换届、综合体建设、空心村改造、活动中心建设、农村环境卫生“三大革命”、计生民生和妇女儿童、社会治安和综合治理、征兵、禁烧、信访维稳、基础设施建设和基本公共服务、农田水利建设、马庄街亮化工程、拆违控违、环保和安全生产等工作。

第七，关于救助金发放问题。进入冬季以来，雨雪天气给村民生活造成了一定困难，中央下达的救助专项资金分配我村2万元。会上，根据乡会议和有关文件提出的救助条件，由各包组干部分别提出拟救助人员名单50人，待进一步核实后公示，由乡统一打卡发放，希望大家做好其他村民的思想工作，不要攀比。

第八，关于月度工作情况通报。工作队、党总支、村委会分别通报了本月工作情况和下月工作安排。

第九，关于帮扶单位捐赠情况。工作队简要通报了帮扶单位省政府法制办党组听取工作队汇报的有关情况。根据帮扶单位实际，决定从预算经费中挤出5万元捐助马庄村，用于公共设施建设。下一步将加强与水利等有关部门的联系，争取有关项目，不断加大对马庄村的扶持力度。

今天的联席会议从下午2点半开到6点，开得很紧凑，效率很高，效果很好。这是马庄村联席会议制度建立以来非常平常的一次联席会议，可见联席会议制度在马庄重大决策中的重要作用和重大意义。

1 月 12 日

收到村民关于创办武术辅导站的建议

中午，正在休息，有人敲我的房门。开门后，进来一位村民。请他坐下后，问他何事？他话不多，给我送上了用两页小学生作业纸写成的“一封信”。全文如下：

焦书记：本人，共产党员。受省委委员、省政府法制办党组书记、主任徐发成来村给全体党员解读十九大报告启发，把想法向村党总支汇报一下。

习近平总书记在党的十九大报告中讲到，要“广泛开展全民健身活动，加快推进体育强国建设”“青年兴则国家兴，青年强则国家强”等。我打算响应习近平总书记号召，创办“马庄村农民武术辅导站”。因为武术是中国的非物质文化遗产，是中国特有的体育运动，特别是太极拳、八卦掌、形意拳，已被列为世界非物质文化遗产，它涵盖了中国古文化《易经》哲理和古代辩证唯物主义的思想，是中国的文化和文明对全人类的贡献之一。我办这一件事情不是让人们争强斗狠，而是为了健身，是一种乐趣，一种享受。我不是武术家，更不是武术高手。但是我有一颗听党的话、为人民服务的心。青年强，首先要体魄强。身体强的最佳途径是运动，而武术恰恰是运动的最佳途径，是文化自信的一种体现。中华武术既传承了中华文明，又锻炼了身体。我想让农民像城里人一样打打太极拳，转转八卦掌，以体现农民的文明和农民新的生活方式，为建设美好乡村做出贡献。我期盼马庄村党总支协助支持我完成这一心愿。

信末的落款是："2017 年 11 月 25 日，普通共产党员张全报拜呈。"可见，这封信已经写了很长时间了。他说一直拿不定主意，不好意思送，所以直到现在才鼓足勇气送来。

看了他的这封信，我对他说，这个建议很好，我们正在考虑建设村民活动中心，到时把你的想法统一考虑进去。如果村民活动中心能如愿建成，我一定帮你把这个心愿实现了，实现你的"梦想"。他非常高兴，走时还不停地回头看我……

由于这封信中提到了帮扶单位主要领导徐发成同志，也是受他启发才有的这封信，所以，晚上我就把这封信拍成图片发给了徐主任，请他分享一下马庄村民的精神风貌。徐主任很快回复说："这表明，十九大精神真正深入人心，已经化为人民群众的具体行动。这也反映了村党组织、驻村扶贫工作队的工作有力有效！"

的确，我也渐渐地感觉到，村民追求进步的内生动力真的被我们发动起来了，想干事，想过好日子，而且有信心，信任省里派来的工作队！

随后，我又与工作队的同志分享了这封信，大家都很感慨地表示：我们一定要努力！

1 月 17 日

赴鲁考察黑土豆和红土豆种植业

为落实今年重点工作之一马庄田园综合体建设，昨天下午一上班郑书记就找我，与我商量此前多次议论过的尝试种植土豆事宜，研究前往滕州考察的时间安排。排来排去，春节前基本没有大块时间出差了，稍一松懈可能就拖到了春节后。于是我当即建议“下午就走”，天大的事回来再说。他赞成，并立即通知村两委到村集合。真是说走就走，从说此事到离开马庄，半个小时。工作队和村两委一行 9 人，经过两个多小时的车程，晚上 6 点半就进入山东省滕州市市区。

今天早晨大雾。9 点多出发，考察组一行直奔一家事先联系好的农业合作社。该合作社在山东省滕州市姜屯镇辖区内。姜屯镇地处滕州市西郊，东邻市区，总面积 85 平方公里，9 万人，下辖 83 个自然村，被誉为“马铃薯之乡”。常年马铃薯种植面积 4 万多亩。同时，马铃薯也是滕州的名产。据介绍，马铃薯在滕州都叫“土豆”，民国初期引入种植，以外形美观、皮薄光滑、黄皮黄肉、质优味美、营养丰富、适宜食用等特点闻名，深受国内外客商和消费者青睐。

2009年以来，滕州市先后成功举办四届中国（滕州）马铃薯节，每年有近100万吨马铃薯销往上海、深圳、西安等30多个大中城市，并远销日本及东南亚等国家。不过，黑土豆和红土豆的种植却是近两年的事，是由一些能人大户从内蒙古引进来的。这与滕州人种植土豆的历史和对土豆的感情有密切关系。

这家合作社位于姜屯镇仇官庄村，老板叫仇高峰。我们刚进村，就看到远处有人招手，直观判断他就是仇总。一下车，刚和仇总握了手，他就不好意思地说：“别叫我仇总，不是啥总，怪不好意思的。”浓重的山东话，憨厚的笑容，中等偏上的个子，一看就让人十分信任。他先是热情地介绍了黑土豆的营养价值和种植技术，然后又带我们到他家里看他的各种农机器具等，一看就是村里的种植能手。看完合作社和家里后，又带我们来到了他们村的恒温仓库，给我们带了两箱红土豆、黑土豆样品，然后到田间现场讲解土豆的种植技术，介绍全国各地的市场行情等，头头是道。

中午吃饭时，大家围着饭桌开了一个“联席会”，工作队、村两委和专家都在，大家边问边说边表态。郑书记还特意说，如果大家都同意，我们就这样定了，在综合体试种一年。大家都表示同意，并当即与仇总商定：春节后，根据时令派人前往马庄送种子并进行技术指导，种植黑土豆和红土豆各20亩。

大事定妥，大家边吃饭边开始聊点轻松的话题。我特别留意到仇总在说到他们村的变化时所表现出的自豪感和孔孟之乡特有的文化因子。他说：“特色农业发达后，村里人都有事干了，大家都不闲着，随便到谁家大棚干一天，都能挣百把块钱，也没有人打麻将了。连自己90多岁的父母也不闲着，身体好，不要孩子养，坚持要几亩田种着，既是锻炼身体，也是充实。”仇总还以本人为例说：“他办合作社每年至少挣100多万元，几亩土地也不指望了。但他还是坚持种好这几亩地，不打牌，也不闲着，目的是干给孩子看。孩子还在上学，要让他们受教育，让他们知道，再有钱也要干活，父母不能给孩子做坏榜样……”听得大家都很感动！我说：“值得我们学习，有机会我要在我们马庄村各种场合宣传这种来自孔孟之乡的理念，这才是当农民的‘真经’……”

傍晚，离开滕州时，大雾依旧，高速依旧关闭，只好选择普通公路返程。和昨天来时一样，大街两边不时地能看到“鲁班故里”的字样。是的，滕州的古城风貌犹存。滕州市现在是山东省枣庄市代管的一个县级市，面积1 500多平方公里。古为“三国五邑之地、文化昌明之邦”。据介绍，这里有距今7 300多年的“北辛文化”遗址，是中华民族文明发源地之一。滕州是“科圣”墨子、“工匠祖师”鲁班、造车鼻祖奚仲、孟尝君、毛遂的故里。此外，贞观年间，唐太宗李世民之弟李元婴曾被封为滕州滕王，并在此筑“滕王阁”。后来，李元婴调任江南洪州（今江西南昌），因思念故地滕州，又在南昌修筑了“滕王阁”，经历代复修，保留至今。

2 月 8 日

召开党内外人士迎新春座谈会

上午 9 时，村部一下子热闹起来，电瓶三轮车停满了小院，会议室里有说有笑，一片喜气。

根据工作队和村两委的安排，值此农历新春佳节即将到来之际，上午在村部召开村党内外人士迎新春座谈会。座谈会邀请了马庄籍退休老干部、退伍军人、企业家、养殖户、种植能手、大学生等党内外人士 21 人参加座谈。

座谈会准时开始，工作队和村两委主要负责同志首先通报马庄村 2017 年工作情况。之后，大家围绕马庄村的发展积极建言献策。

马庄自然村小组长徐敬业说："工作队推动流转河岸搞发展，是好事，但有些村民觉悟不高。不过，也是少数人，大概 10%。这些人想多要钱，不配合村里的工作。现在还有 7 户不愿流转，不签合同，还想要拿钱，我不但不能答应他们，还批评了他们，现在也正在做思想工作，相信大多数人最终会支持村里的工作，完成预定目标。"

退休干部、原丁楼乡乡长刘步远说："工作队驻村后，焦书记在会上和走访时多次提出要带领群众致富，非常务实。但是怎么致富？首先是要解决群众的观念问题，要勤劳，不能好高骛远。很多事可以做，就看大家做不做。比如养殖，一家养 10 只鸡，一年至少有 1 000多只鸡蛋，可以卖 1 000 多元。还可以养羊，每只也可卖 1 000 多元，很简单。电视上经常介绍致富经，种果树、紫山药都很有市场。不过，养殖种植都要解决技术和防疫问题，村里可以搞好服务。传说，几百年前有皇帝从马庄经过，我们都没看到。但几十年来有省里领导来过吗？反正我是没有见过。现在，省里派来的工作队就住在我们村，我们一定要抓住这个机遇好好干，加快发展，错过机会就不再会有。有这么好的条件为何不积极去干？领导的决心也很大，东边的河岸平整得也很好，种土豆最好的能卖 7 块多，紫山药 8 块多。电视上介绍，采取睡倒横着长的技术，一根山药七八斤重。河岸养鸡，1 000 只应该也没问题。关键是要有决心，要钻研，掌握技术。盼望这些事都能干起来。”

马庄自然村党员代表马立宗说：“村里建起了广播站，是件大事，几十年听不到的广播又回来了，要通过广播加强对村民的宣传和教育，宣传十九大精神和土地法。群众把土地当宝贝，但又不会充分利用，不能发挥最大效益。党和国家把土地承包给村民，不要钱还补助钱，流转了还给钱，有树和青苗的还给补偿，工作队还准备建村民文化中心……为什么？就是想让农民吃好穿好玩好，过上好日子。大家应该知道感恩，不能斤斤计较，没事找事。另外，村中还有一些废弃河道，可以改造，种果树，收益高，也能有效改造和提升人居环境。建议结合河道改造兴建文化广场和敬老院，让村民过上幸福生活，老有所养，老有所乐。”

小集子自然村村民张全报说：“工作队驻村以来，走村串户，非常辛苦，为群众办了大量实事好事，万分感谢！马庄村今年脱贫出列了，我们很高兴，戴个贫困村的帽子总不是好事。现在好了，我们可以搞发展了。我赞成建设文化中心，搞乡村大舞台。我还建议文化中心和体育广场二合一，我有这个爱好，愿意无偿带领村民锻炼身体，教习武术，健康村民体魄。”口头发言后，他还从口袋里掏出两页纸，激情满满地宣读了自己的书面建议，内容非常丰富……

党外人士代表、贾庄自然村的在内蒙古农业大学读书的大学生陈宇说：“每次从外面回来，都明显感觉到村子里的车子越来越多，安全问题越来越突出，尤其是在夜间，一旦发生交通事故就很难取证。建议在村里的主要路口、人口密集和容易聚集的地方安装监控设备，同时对社会治安防控也有好处。另外，昨天看到村里建的光伏电站，觉得很好，是很有前途的一个项目。这种发电站在内蒙古等西部地区也很多，不同的是那里有很多家庭在自己的房顶上也安装了光伏板，我觉得我们马庄村也可以借鉴，不但解决村民家自己用电的问题，而且用不完的电通过并网还可以卖钱，一举两得。”

徐瓦房自然村的企业老板徐伟说：“这些年我跑了很多地方，尤其是江浙和山东一些地方，人家的理念超过我们几十年啊！他们无论到任何地方办企业，都是几家一道抱团发展，产业有分工有合作，形成产业链，不像我们一个人做好了，大家都跟着一哄而上地做同样的东西，最后都做不下去。这就是理念和经验问题。就我们马庄来说，建议大力宣传全民创业，每个自然村有几家像样的企业，每个企业带十来个人就业，很快就会活起来，年轻人也不用到外打工了，留守儿童、留守老人的问题也就解决了，社会也会安定祥和许多。”

还有一位退伍的村民说：“就当前情况看，发展养殖种植是个方向，要示范引导。王庄有几家干得很好，但总的规模还不够，人家来了，一车都装不满，所以还要自己去卖。要动员大家大规模发展，要有长远眼光，不能急于求成。两三年打基础，可能不赚钱，要花点成本。但几年一过，就会有大的发展。我本人现在就动员孩子发展大棚。希望工作队能找有关专家给我们村的土地土壤情况进行化验，看看缺什么元素，不能无目的地乱施肥。否则，时间长了土地就会出问题……”

各方面代表的发言，引起了大家的热烈讨论，大家对未来充满信心。村两委同志也先后发言或表态，回应大家的关切和建议。

最后，郑书记让我做个总结。我结合大家的发言，即兴讲了几点想法。

一是，感谢大家对工作队和村两委工作的支持，对全村发展的关心。刚才，大家都对去年的工作予以充分肯定，看到了变化，希望在新的一年里继续一如既往地关注全村经济和社会事业发展。

二是，结合 2018 年重点工作安排，扎实落实乡村振兴战略。2017 年在大家共同努力下，我们顺利实现了绝大多数贫困户脱贫、贫困村出列，今年的主要任务是发展。中央一号文件已经发布，就是乡村振兴，同时提出 2020 年前要取得重要进展，我们完全可以相信，将会有重大机遇“光临”马庄。

三是，要带头去激发群众发展的内生动力。在座的其实就是马庄的“人大代表”“政协委员”，请来的各位都是两委认真研究确定的，是马庄的“精英分子”。希望大家影响好周围的群众，一心一意谋发展，弘扬正气，对不良现象敢于说不，形成强大的正能量。

四是，对大家提出的意见和建议，我们将认真梳理，逐一落实。春节后，工作队将作出安排，就大家关心的种植缺水、养殖缺技术等问题，分别前往省水利部门、省农业科研机构汇报，争取支持。

总之，希望大家在新的一年里统一思想、凝聚共识，为马庄村加快发展、实施乡村振兴战略做出积极贡献。值此春节即将到来之际，我代表工作队和村两委向大家，并通过各位向全体村民致以新春的问候！祝大家春节快乐！身体健康！阖家幸福！

在安徽省司法行政系统“初心、使命——镌刻在党旗上的忠诚”先进事迹讲述会上讲述驻村故事。

2 月 13 日

争取农田水利设施建设项目

上午，帮扶单位省政府法制办党组成员、副主任胡孔胜率马庄村扶贫工作队队员前往省水利厅，协调马庄村农田水利建设项目。省水利厅党组成员、副厅长王广满主持召开座谈会，厅各有关处室负责人一道听取了我关于马庄村情况的汇报。王副厅长表示，全力支持法制办帮扶贫困村工作，并要求相关处室就马庄村水利项目尽快与市县水利部门对接，了解情况，作出安排。

座谈会上，我首先呈上了此前工作队前往县水利局汇报后，县水利局出具的关于《马庄村农田水利设施建设项目》的报告，并简要介绍了《马庄村农田水利设施建设项目书》（以下简称《项目书》）的基本内容。包括：总论、项目建设的必要性和可行性、场址选择与建设条件、建筑方案选择、节能节水措施、环境影响评价、劳动安全卫生消防、组织机构与人力资源配置、项目实施进度、投资估算与资金筹措、社会评价、风险分析、工程招标、社会稳定风险评估、结论与建议等 15 个方面。对马庄村长期以来由于地表水严重缺乏，种植业受到严重影响，农民对缺水问题反映强烈的情况进行介绍。《项目书》建议：为缓解缺水问题，增加农民收入，请省水利厅结合乡村振兴战略的实施，在全村耕地中打井100眼，同时配合休闲农业的发展，对老港河进行整治。

我作简要汇报后，水利厅农水处、土地规划处、政法处负责人分别发言。

省政府法制办胡副主任说："办党组高度重视，这是个刚出列的贫困村，没有资源，发展是个大问题，希望省水利厅予以支持。标准不一定太高，但要发挥作用。要充分发掘自身力量，节约资金资源，把水利厅的支持发挥最大效益。"

省水利厅王副厅长最后表示："脱贫攻坚工作很重要，厅有关处室与马庄扶贫工作队要保持沟通，到凤军书记所驻的马庄村去调研一下，一定要想办法，支持好这个项目，共同为全省脱贫大计做出贡献。"

2 月 14 日

岁除收到一份特殊的春节“大礼”

今天是旧历年的“岁除”，即最后一天。一大早，收到一封村民来信，虽然写得不一定准确和流畅，但确是心灵之声。这封信是通过手机发来的彩信，是一张信的照片。下载、打开，密密麻麻。内容如下：

焦书记：

新年好！

你自 2017 年 4 月份任马庄村党总支第一书记以来，带领马庄村两委运筹帷幄，使马庄村很多贫困户脱了贫，贫困村出了列，群众过上了好日子。对老港河进行改造利用，推动农村“三大革命”，使整个马庄村的村容村貌焕然一新。工作队还改造扩建了马庄村党群服务中心，党的组织生活会每月按时举行。你们坚持以人民为中心的理念，充分发扬民主，让全体党员献计献策，共谋马庄发展大计，使马庄村党总支有了发展的凝聚力和向心力。

特别是党的十九大召开以后，你在第一时间特别邀请省政府法制办主任徐发成解读十九大报告，使马庄村全体党员对十九大精神有了更深入的理解，使全体党员的思想真正集中到了习近平新时代中国特色社会主义思想上来，群策群力谋发展。

你还身体力行践行新时代新思想，规划马庄村2018年发展蓝图：马庄各自然村全部修水泥路、农业种植产业结构转型、农民土地流转等。还响应习近平总书记全民健身运动和增强文化自信的号召，以及省委关于打造安徽文化体育强省的精神和决策部署，毅然决定在马庄村发展具有中国特色的、具有五千年历史的民族体育武术，这是弘扬中国五千年的灿烂文化，也是提倡最高级的体育运动，并为此准备建设马庄村文化体育广场，成立武术培训班，这是造福马庄、健康马庄的百年大计。

还有，工作队改造马庄老街，并打算建成马庄商贸一条街；马庄12个自然村通了广播，这是村民政治生活中的一件大事；以社会主义核心价值观为理念，制定了《马庄村村民公约》，马庄村民有了行为准则。

你的足迹踏遍马庄村的12个自然村，几次走遍了马庄村所有的贫困户，以及所有的党员户。你为了马庄村的发展和复兴离开合肥，夫妻不能在一起生活，不能和孩子享受天伦之乐，你是合格的马庄村第一书记，是最优秀的共产党员，是马庄村5 300多位村民的主心骨和父母官！请相信，我这话，也是马庄村全体党员群众的心声。

在新春佳节即将到来之际，祝你和你的家人新年好！全家快乐！在新的一年里万事如意、事业有成、大展宏图！

落款是：马庄村普通党员，代表马庄村5 300多位村民给你的感谢信……

看完，我不禁双眼湿润了。这是新年到来之际我收到一份珍贵的“大礼”。近一年的付出因此而值得！但又觉得受之有愧，多有过奖之辞。

几乎与此同时，还收到一通电话，再次邀请我参加县委县政府举办的春节团拜会。可是此前我已请假，利用最后一天拜年的机会，安排到省水利厅、省农业经济学会和省农科院汇报几个项目，所以不能返回县里参加。心意领了，请县扶贫局领导代向县委、县政府领导祝贺新春，工作队给各位领导拜年！

3 月 1 日

报送元宵节联欢会节目《驻村日记》

春节前接到帮扶单位通知，原准备在节前举办的联欢会因省里有重要会议而延迟到节后的正月十五元宵节举办，要求工作队出一个节目。

晚上，经工作队反复研究，决定请工作队专干徐春节同志整理工作队日志，编写一个反映驻村帮扶工作的小节目，以故事叙述和演唱录音播放的方式呈现，节目名字就叫《驻村日记》。

节目开始，首先请徐专干朗读几则《驻村日记》。第一则：(6 月 12 日）下午，焦书记带我们到徐作东家开展了一次帮扶活动。徐某某老两口都已经 80 多岁了，早年大儿子在淮北打工从工地脚手架上摔下，瘫痪 2 年后死亡。2 年后，儿媳又死于艾滋病，留下了 1 个孙女和 2 个孙子，孙女已经出嫁到河南。小儿子虽然孝顺，但条件也不好。老两口住在两间破屋里，门口有几棵桃树和石榴树。我们去的时候，老太太正在佝偻着 90 度的身体种菜，老爷爷耳朵全聋，正在栽烟苗，见到我们很高兴。周围的邻居都来了，纷纷述说着他们家的不幸。焦书记心里很不是滋味，就悄悄地掏出了几百元钱塞给老人。然后，我们一齐动手帮他们把家门前的卫生搞好了。我们还一起帮他家算了给他们安排的扶贫项目的收入：光伏电站年收入3 000元，养老金两个人一年2 160元，高龄津贴400元，老爷爷的低保金1 000多元，产业带动1 200元，还有3亩地能收入2 000多元，年收入能达1万多元，生活应该不成问题。现在需要的是尽快实施危房改造。王刚副队长用相机给老人拍了照片，还特地给他们拍了合影，老两口乐得合不拢嘴。老爷爷听力不好，比画了半天他才明白是给他照吸旱烟的照片。后来，王副队长一举相机，他就作吸旱烟状，把大家都逗乐了。

第二则：(6月27日）走过一段路，有一户人家半掩着门，我们前去敲门，一个老太太出来看到我们，神色很慌张，还没等我们自我介绍就说："我什么都不知道。"然后就把门关上了。我们都觉得很蹊跷，不知哪地方出了问题。走到下一家，深宅大院，大门紧闭，我们前去敲门，一位30多岁的妇女开了门，见到我们神色更为慌张。我连忙介绍：我们是省驻村工作队的，拿着自制的工作队"名片"给她看，没想到她的警惕性更高了。我灵机一动，把我手里的工作手册的封面给她看，王副队长报出了村总支郑书记的名号，她才半信半疑地把我们迎进屋子。后来才知道，她们最近听说周围发生的一些事情：有4个人冒充扶贫工作队，专门拐骗小孩。我们3个加上县里派来的小时，刚好4个人，开口就是工作队，"剧本"是惊人的相似，难怪她们见到我们神色慌张了。得知我们是真的扶贫工作队，她非常热情，看我们大汗淋漓，连忙切西瓜给我们吃。我们一再推辞，但她非常坚持，不吃不给面子，也好，我们也确实又热又渴，就吃了……这西瓜真是我们吃瓜的历史上最好吃的西瓜了。

第三则：(1月5日）刘德永正在家烤火，见到我们非常客气，拿凳子邀请我们一起烤火。我们很想看看他家的大棚萝卜，他很高兴，带我们去看。他家的大棚有4个，里面都种满了萝卜。他拔出一个萝卜，好大！有四五斤。他说，这萝卜最大的可以长到 10 斤，在市场上可以卖一块多钱一斤，比胡萝卜卖得还贵。这几个大棚是今年才搞的，具体收益还不知道，但收益肯定不错。他现在的苦恼是，曾经在邮储银行借过贷款，因为还款迟了背上了不良信用，现在贷不了款。我们叫他去银行查一下，是什么原因，然后再帮他想办法。他千恩万谢。我们感慨，他虽然罹患大病，但对生活充满希望，勤奋劳作，应该树为主动脱贫的榜样。

第四则：（11 月 9 日）柳园自然村的刘发权来了。他最近变化很大，非常热心村里的工作，不仅每次“列席”党员活动，还积极为工作队提建议。这次来，一是为了编一个戏剧，反映马庄村村民脱贫致富的故事；二是想在柳园自然村建一个村民活动场所，包括村民广场、议事中心、公共厕所等。对这些，焦书记都比较赞成。我对第二点建议比较赞成，我曾经在三人“散步会”上提过，每个自然村都建一个集体活动场所，集体民主议事、红白喜事、演出等都可以使用。苦于没有集体建设用地和资金，暂时属于“天方夜谭”。刘发权看我们支持他的想法，非常高兴，竟然提出把他家的脚屋拆掉无偿地做村民活动场所，还愿意去协调其他村民让出土地做广场。要知道，几个月前，他两口子还在要求村里将他家脚屋纳入危房改造呢！在工作队的感化下，这位过去带头闹事的“带头大哥”能发生如此大的变化真是没有想到……

最后，播放村农民剧团团长刘发权演唱的大鼓书视频。2018 年 1 月 18 日，贫困户刘发权不在家，在外打工，但他专门委托妻子转交给我们由他自编自演的大鼓书视频《村里来了工作队》。唱得非常好，请大家欣赏（现场播放）。说唱词内容如下：

百花吐艳好风光，五星红旗随风扬。

改革开放政策好，真人真事要宣扬。

萧县有个孙圩乡，有个村委会在马庄。
省里来了工作队，他们呕心沥血忠于党。
他的名字焦凤军，徐春节来和王刚。
舍家驻村当干部，废寝忘食工作忙。
全心全意为人民，引导农民奔小康。
来到我村半年里，为民解困排忧伤。
从柳元到徐店，从王台来到郑庄。
小集子来徐瓦房，孟庄王庄小郑庄。
穆李庄来到贾庄，水泥路条条连马庄。
六七月里特炎热，冒着高温来家访。
又问长来又问短，家庭困难问端详。
贫困户来他关照，群众看到齐赞扬。
又办厂来又挖河，养鱼栽藕鲜花放。
十九大精神宣传好，美丽乡村不忘党。
不忘初心记使命，查找差距来商量。
连续奋斗再三年，群众生活奔小康。
我们干群齐奋斗，百姓生活日日昌。
全心全意跟党走，我们的梦想在前方！

3 月 16 日

邀请省农科院领导和专家来村“把脉”

应工作队邀请，昨晚已风尘仆仆赶到淮北市住下的省农科院副院长刘万程，率我省知名水产养殖和农业种植专家一行 4 人，今天一大早就来到了马庄，就马庄农业产业发展进行调研和指导。

在工作队和村两委主要负责人的陪同下，刘院长一行先后实地察看了老港河河道、流转土地、塘面和村民所种池藕生长情况。随后，在村部召开了座谈会。

座谈会上，我和村两委同志先后介绍了马庄村基本情况和产业发展的初步考虑。随后刘院长一行根据调研情况，就下一步发展提出了意见和建议。

水产专家侯教授认为，马庄缺水严重，水的问题不解决，搞养殖难度较大，依靠打井养鱼很困难，投资成本高，收益少，得不偿失。无论搞什么，两委只能做服务。要由点到面，不能规模太大。我们看的两面塘不错，可以先搞一面，藕的品种要选择好，收入与回报要算好账。养藕可以分段交由村民承包，村集体不宜直接经营。

种植专家胡教授认为，发展任何产业都要因地制宜，不能强行推进，要通过成熟的“技术＋模式”的路径来规划，其中模式比技术更重要。要通过专业户先进行示范种植，起到引领作用。河岸的规划要中长期结合，品种要多样。种蔬菜也要种果树，有当年收的也有多年收的。同时要解决销售问题，没有效益不行，不可持续。我们看了一家种火龙果的，估计会失败，温度控制是个大问题，我们这边的气候不适应。

刘万程副院长在总结时说：“看了一上午，我觉得村两委的设想是可以的，种藕、彩色土豆、养鱼都有一定基础，关键是要操作好。根据我们观察的土壤情况，我觉得种植经果林，如葡萄等也是很好的选择。大葱、蔬菜、小麦、胡萝卜等都很好，我回去再安排这方面的专家专门来看看，还要对土壤进行监测，有针对性地施肥，提高农作物的产量和品质。村里的扶贫资金，也可以通过入股分红的形式，请大户、专业户进行种植，村委会不一定要直接参与种植。村集体想从一产中获得好的收益非常困难，就是要把资金变股金，这是一个方向……”

中午，刘院长一行还在孙圩子乡会见了乡党委吴书记和李乡长，向他们对工作队的关心表示感谢。吴书记和李乡长向刘院长一行简要介绍了全乡农业发展情况，以及特色种植业的发展前景，同时感谢刘院长一行对马庄和孙圩子乡的关心和支持。与乡领导告别前，刘院长还特地给省农科院的土豆产业专家廖华俊博士打电话，请他尽快赶往马庄村，就土豆种植给予指导。

下午，省农科院土豆产业专家廖华俊博士就来到了马庄，并约请萧县土豆种植专业户刘总赶来，一起察看土地，研究种植方案和发展思路。廖博士认为，马庄土壤非常适合土豆种植，并当即通过与甘肃、山东、合肥等产业大户沟通，很快形成实施方案。鉴于土豆种植季节在即，工作队即与村两委决定，向山东滕州订购 40 亩的红、黑、黄三种土豆种，明天送货到村，并请刘总安排机械和肥料、药物等，后天来村播种。廖博士表示，最近将安排时机，请村里派员参加他主办的有关培训和市场推介活动，衔接产品销售渠道……

紧张而兴奋的一天。工作队和两委同志对省农科院领导和专家务实、朴实、接地气的工作作风非常感动，真没想到他们这份对农村和农民的热情如此热烈。他们的到来，让我们的发展更有了底气，有了技术依靠，有了市场信息，也有了决心和动力……

马庄又迎来一个丰收年。

4 月 10 日

帮扶单位向村捐赠款物

下午，帮扶单位省政府法制办党组书记、主任徐发成和副主任张敏等来到马庄村慰问工作队、考察项目建设、开展脱贫攻坚调研，并捐赠款物。

在村部，我代表工作队通过党建和脱贫攻坚展板向徐主任一行介绍工作队驻村以来全面开展党建和脱贫攻坚工作的基本情况。当介绍到 2017 年底通过省第三方评估马庄村顺利实现贫困村出列时，徐主任对工作队的付出予以高度评价。

之后，徐主任一行考察了村田园综合体起步区建设情况、老港河水利项目桥梁选址安排、中药材种植基地、马庄街改造工程、葡萄园等。每到一处，徐主任在听取我的介绍后都非常感慨地说：“你们用心用情工作，精神值得称道，这样扎实地工作怎么能做不好事情?！你们为单位争了光，有你们这样的工作队，我放心马庄的帮扶工作。”

考察结束后，徐主任在村部广场向村两委同志作了简短的讲话，鼓励大家努力工作，不断提高党建和脱贫攻坚工作水平，为全面实施乡村振兴战略做出积极贡献。同时，勉励驻村工作队要在县委县政府及乡党委政府的领导下，积极创新，认真谋划，抓强项、补短板，扎实有序推进各项工作，确保完成党建和脱贫攻坚各项任务。

最后，在我主持下，举行了简短的捐款捐物仪式。在徐主任和村两委的见证下，张主任向村党总支郑书记递交了捐赠牌：省政府法制办第二次向马庄村捐款 5 万元，捐赠桌椅等 29 件（套）。

4月16日

对村干部提要求

下午，主持召开工作队和村两委联席会议，村各功能性机构负责人和扶贫小组长列席。会上，郑书记、秦主任和蒋副主任分别传达了县有关文件和乡有关会议精神。最后，就村务工作和作风建设问题，我提出四条要求。

第一，关于扶贫小组长的调整。几个月来，各位小组长做了大量卓有成效的工作，为马庄贫困村出列做出了重要贡献。但是，经过观察，有些同志还是不能很好地胜任这份工作，因此必须进行调整，有关人选正在酝酿中。也希望大家对自己的工作加以检视，反躬自问，自己到底做了哪些工作。从现在开始，我们将建立工作情况记分制度，在你的工作过程中，哪些工作做对了，有成绩，得正分；哪些工作没有做好，造成了恶劣影响，记负分。一年下来，正负合并，就是你的成绩，白纸黑字，就是考核的成绩。希望大家高度重视，为自己书写光鲜的历史。

第二，关于为群众办实事。会上部署了很多任务，村庄环境的整治“三清四拆”、危房的拆除及补偿办法、贫困户互助岗位的设立、示范产业的申报、低保的申报等，都是为群众做好事。这些早晚要干，晚干不如早干。这是给大家一个做事的机会，为群众争取利益的机会。我们也将按照上级要求，尽快成立督查组，对各项工作进行跟踪督查和考核。

第三，关于“三资清理”和集体产权登记工作。这次县里连发四个文件，根据国家和省市要求，对全村资产、资金、资源及权属关系等进行登记调查。这是一件大事，我觉得这是中央全面实施乡村振兴战略的一个基础性工作，是即将全面展开的前奏。但这项工作同时也是专业性很强的工作，我们首先要吃透政策，争取在试点中走在前列。为做好这项工作，请工作队副队长王刚同志认真研究相关文件，然后安排专门时间对村两委和小组长进行培训，防止走弯路、走错路，争取成为全县开展这项工作的示范村。

4 月 25 日

在“党员活动日”大会上谈发展

上午，开展本月“党员活动日”系列活动。其间，先后举行了升国旗、唱国歌，重温入党誓词仪式，郑书记主持学习了《孙圩子乡 2018 年组织工作要点》。在党员议事会环节，工作队扶贫专干徐春节同志通报了驻村工作队一季度工作小结和马庄村环境整治工作情况，王刚副队长征求了工作队起草的《马庄村集体劳务用工管理规定（征求意见稿）》意见。随后，由我主持开展了马庄村党总支书记“面对面说扶贫”活动，对村党总支书记进行综合评议。

最后，由我作总结讲话，我号召全体党员为巩固脱贫成果、推进环境整治工作发挥中坚作用，在马庄发展中做出自己的贡献。一是希望全体党员进一步加强对工作队工作的监督。通报工作队工作情况，以后将形成惯例，目的就是自觉接受全体党员和村民的监督。做了些什么？做得怎么样？还有哪些工作要做？大家都有发言权。我们最近到一些自然村，大家热情地说“最近没见了”，这是问候，也是意见。确实，贫困村出列后，我们更多地关注了发展，发展的事务不断增加。但是脱贫的成果要巩固，还是要加大走村串户的频次，最近我们作出安排，再走一遍贫困户。

二是在环境整治中发挥先锋模范作用。大家看到了，全村正在紧锣密鼓地整治环境，丁祖路两边的美化工作已经开始，现在正在绘制文化墙。很多人觉得眼前一亮，变化明显。昨天晚上工作队到小集子自然村查看工程进展，红墙灰瓦，绿树红花，干净整洁，孩子们在水泥路上嬉戏，如果有水，与江南小村有何区别？大家一定要看到变化，在变化中树立信心。同时，要充分发挥先锋模范和带头作用，把党员大会的精神传递出去，鼓舞民心，鼓舞斗志。

三是要全面规范村集体劳务用工。会上就工作队起草的用工规定进行了解读，也是征求意见。出台这个“规定”是有原因的，前期村集体在用工上出了一些问题，造成了一些矛盾。因此，为了规范、公平、公正、公开地用工，一定要出台这个“规定”。以后用工要公开征招，品行不好的一律不用，建立黑名单制度，好的留用，不好的永不再用。

四是要树立发展的强大信心。我多次说过，脱贫有期，发展无限。现在我们的主要任务是发展，两委干部和全体党员要认清形势，关注发展，不畏困难。小发展小困难，大发展大困难，不发展最困难。大家要主动监督两委，提高干事创业的积极性，为马庄快速发展做出自己的贡献。

现在，马庄正在引起各有关方面的注意和重视，县委主要领导亲自批示宣传马庄，县内外、市内外的同志都来马庄参观，我也经常在不同场合宣传马庄，争取支持。目标只有一个，就是让马庄尽快发展起来，真正强大起来。我们的口号是：拥抱新时代，发展新马庄！发展的马庄欢迎您！

5 月 7 日

被手机铃声惊醒之后

凌晨 4 点多，天还未亮，突然响起的手机铃声把我惊醒。如果是在合肥，可能这个并不熟悉的电话我会直接挂掉。但驻村后，24 小时开机，而且从来没有拒接过电话，因为村民们的作息并无规律，同时，因很多村民在外地务工，手机的注册地也并非都是本地。由于各种事都会找到我，因此不敢有任何闪失。

从枕头边摸到手机，直接接听。电话是一位老人打来的。她很礼貌地说："焦书记，打扰你了，你们还在合肥吧?"我说："在村，双休日村里有事没有回家，有事你就说吧!"然后，她很激动地说："这几天下大雨，我们家门口的路成了一个大泥沟，大人没法出门办事，小孩子没法上学，昨天小孙女上学摔在泥坑里，回家换完衣服校车已经开走了，结果没去上学，孩子在家哭……能不能赶紧把我们王庄西组的路修一下?"我说："别急啊，你那里我去看过，报到县里了，要等县里审批，估计很快就要修了，但是要一条一条地修……"老人有点哽咽地说："焦书记，你真好，难怪大家都夸你，都像你这样给老百姓说话，我们心里也暖乎乎的!"我说："应该的，是我们工作没做好，使你们的生活不够方便。”她说：“我还要反映个情况，昨天这个事我们村七八个人委托我给村干部××也说了，但他的回答让一个老人气得现在还在床上，也没吃饭。”我问她怎么回事？她说：“××说，你那修不修路不关我的事，几十年你们不是都过来了吗？……”说完，老人家有点难过，我安慰了她一会儿，答应她我上午再去看看情况，她才挂了电话……

上午8点半，召开工作队和村两委、小组长会议。会上我结合这件事提了两条工作要求：一是态度，二是方法。关于态度，希望大家认真抓好各项工作的落实。现在事情是非常之多，千头万绪，越是在这种情况下，越要稳住阵脚，排好兵、布好阵。只有这样，才能把事情一件一件地落到实处。关于方法，希望大家真正亲民爱村，为群众做好事情，而且不能讲任何条件，否则你是干不好工作的。在座的都是马庄村的精英，给你这个平台一定要做点事，在群众中留下一个好口碑。我敢保证，马庄村还有能力更强的人，但他们没有这个平台，你有平台却不干好事，对得起父老乡亲吗？干与不干，一年365天都要过去，干好了年终还有不少值得回味的成绩！我刚才说的王庄这位老人反映修路的事情，就是个例子。还有乡里一直催办的低保扩面问题，应保尽保，可保可不保的就要保，而不是选择不保。我经常问一些干部某个村民的诉求为什么不能解决，可回答的都是他家有几个儿子，有车有房有钱。我现在问大家一句，马庄村现在的低保或贫困户中是不是都没有儿子，是不是都没车没房没钱？谁来回答我这个问题？说完，我向会场扫了一眼，很多人都低着头……

我宣布散会后刚出门，一个老人径直来到我面前。他说：“焦书记，我叫刘××，向你反映点情况……”他说的正是一大早给我打电话的那位老人说的王庄修路的事。另外还反映早晨那位老人提到的那位××与他通话时说的话。老人说，路上都是烂泥，孙子上学受到影响，××却回他说：“你孙子上学与我啥关系?”……我说：“我知道了，我马上了解情况，看怎么办。”但老人还是不放心，要求我跟他一起到王庄看看现场，证明自己没有说瞎话……

为了弄清情况，也是安慰老人，我立即带工作队跟随老人一起来到了王庄自然村。的确，这条路成了一条泥水河，无法行人行车。路边是老人办的豆腐加工厂，产品主要销往淮北。看完后，我鼓励他干好发展好，路的问题我们来想办法，催县里抓紧修。他一再感谢，表示理解。他还说，他只是反映问题，村干部可以解释，但说话不能那么“碜”!

正准备回村部，又围上来不少村民。大家都反映自己家门前的路不能走，希望尽快给他们修。同时，一位村民诘问也是告状地说：“看看我们这个马庄最大的自然村才有几条路？为什么××所在的×××自然村修了那么多路，都修到家门口；×主任所在×××自然村修得一点也不剩了，全部通了水泥路；×书记所在的×××自然村已经是无路可修了……我们没有人管，焦书记你就是‘焦裕禄’，好多人都说你好，看马庄村现在变化多大！你到俺这里来看了，俺也就放心了……”

回村部的路上，我心里很不是滋味。我能帮上他们吗？修路由县里指定施工队，不允许村里施工，全县那么多路，要修到什么时候？什么时候能排到王庄？可王庄百姓的生活和出行时时刻刻都在继续着!

回到村部，我立即召集村主要负责人、分管王庄的两委干部和王庄自然村的扶贫小组长，了解情况，研究办法。他们表示，一旦施工队来马庄村施工，首先安排他们到王庄自然村。

帮助村民防汛救灾。

5月14日

为贫困户板材厂筹资出谋划策

上个月的今日，收到一封信封上写有“焦凤军书记亲启”的信。晚上拆阅，全文如下——

尊敬的焦凤军书记：您好！

我是本村贫困户徐德玲。目前经营一家占地8亩的板材加工厂。可是由于资金短缺，至今还没有正常运转。

因为我是个残疾人（下肢残疾），由于扩建厂房，加上又娶了一房儿媳，目前已无资金把厂子经营下去，虽然前面已经经营了10年。如正常运转，现急需启动资金10万元，周转金30万元。正常运转后，每年可实现纯利润15万到20万元。

我请求您能来我厂查看一下实情。我厂有12位工人，4台运转的带锯机，由我和儿子经营。主要经营杨树板材加工，主要销售到江苏省淮安、河北省邯郸、山东省临沂等地，兼营寿材。

“老吾老以及人之老，幼吾幼以及人之幼。”我恳求您把我厂的现状向上级领导作个汇报，祈求给予资金上的支持。如因我能力有限，可委派一人帮我经营这个厂。

为官一任，造福一方。尊敬的焦书记，但愿您能以产业扶贫为己任，把我厂从困境中拯救出来。

山重水复疑无路，通过您的援手就能柳暗花明又一村。

谢谢！手机号码：×××；电话号码：×××；祈求人：徐德玲 2018 年 4 月 14 日。

收到这封信的当天我就到了老徐的厂，并约他来我办公室进行了一次长谈。随后我又找两委主要负责人了解情况，听他们对老徐的看法。从大家的反映看，对老徐的信誉上有点不认可，外面借贷、欠款太多，公私都有，现在村民都不愿意借给他，也不想帮他……因此，想通过村集体或强行找人为他注资的方式解决目前资金短缺的问题，完全没有可能。但客观上他这个企业还是有一定前途的，所以我决定帮他做点事。

今天晚上，我又约老徐来办公室，和工作队的同志一道帮他想办法。一是，通过员工集资入股的方式解决目前的困境，年终根据入股多少进行分红，可提高员工的积极性。二是，通过贫困户户贷企用的办法解决周转资金问题。村委向他提供贫困户信息，通过与贫困户协商，在自愿的基础上，利用贫困户的信誉到银行贷款，然后以联合经营或分红的方式投入企业，使企业渡过难关。三是向村民集资，以参股形式参与企业生产经营活动，根据双方协议获取一定收益。我想，这些措施一定能够对企业的复苏产生很好的推动作用。

老徐听了我的建议非常振奋，一下子觉得有了很多办法。他表示，明天就抓紧按照我们提供的名单与村民沟通，尽快使企业走出困境。同时，他还向我提个要求，希望在他找到合作伙伴后，我能出面给大家开个会，鼓鼓劲，给大家吃个定心丸……我说，没问题，一定服务好。

老徐高兴地走了。看着他一走一拐的背影，我心里一方面感到很不是滋味，另一方面也为他今天回去可能会睡个好觉而感到高兴。

5 月 16 日

召开联席会议研究九项重点工作

下午，暴雨。利用不能室外工作之机，临时决定召开驻村工作队、村两委联席会议，研究当前重点工作。会议由我主持，郑玉超、秦品华、王刚、徐春节、马传合、蒋道银、刘法印等参加。共安排了九个议题。

一是关于清产核资等会议精神落实工作。传达了县农村集体资产清产核资工作会议、县残联工作会议、乡党建工作例会等会议精神，并要求按两委分工各自抓好抓实。

二是关于扶贫小组长调整和考核工作。经研究，鉴于马庄自然村小组长徐敬涛提出辞职，决定由徐翠丽担任马庄自然村小组长。决定启动扶贫小组长考核工作，于 5 月 25 日前结束，考核结果报乡党委。

三是关于村两委换届选举新进人员后备人选安排。决定按照上级要求“35 周岁以下、高中以上学历；45 周岁以下、高中以上学历”，研究确定丁权为 45 周岁以下推荐人选，徐明丽为 35 周岁以下推荐人选。

四是关于大郑庄北塘和南塘承包经营事宜。决定分别由郑孝言和梁得喜承包，经营范围为水产种养为主，承包费分别为每年 1 万元，一次上缴 3 年承包费。为鼓励承包经营，村委会根据经营情况每年分别奖励承包方 5 000 元。

五是关于村办公司事宜。决定申请注册，成立马庄村生态田园发展有限公司，由马传合同志负责。

六是关于冷库建设和管理事宜。确定冷库产权为村集体所有，租用郑玉超建设用地，按每年 2 000 元付给租金。待冷库建成后，移交给马庄村生态田园发展有限公司负责经营管理。

七是关于村办服装厂事宜。决定村委会提供厂房和购置设备，公开招聘 2 名技术人员、1 名管理人员和若干名缝纫工。

八是关于村集体土豆的田间管理事宜。决定聘请徐钦峰、徐敬业负责田间作业和日常看管。

九是关于环境整治工作。决定按照分片分工的原则各自抓好落实，责任到人。

会议开了 3 个多小时，大家畅所欲言，发展的劲头和情绪空前高涨。这也让工作队看到了希望，看到了在工作队带领下，点点滴滴的变化正在发生中。值得欣慰！

5月22日

召开扶贫小组长述职评优大会

上午，主持召开马庄村扶贫小组长述职评优大会。秦主任传达乡有关会议要求和县考核文件精神，郑书记提出有关考核的纪律要求。这次述职大会，也是马庄历史上第一次如此规模、如此规范的述职大会。14位小组长分别就任职以来的工作开展情况、取得的成绩，以及体会、思考和下一步工作打算，向工作队、村两委和全体扶贫小组长作了汇报。

各位小组长的述职报告各有特点和精彩之处。

14位小组长述职环节完成后，我讲了三点感受：一是表扬。今天的述职大家做了充分的准备，形成了书面材料，有的同志还文采飞扬，诗意盎然。真正是有准备、有思考、有诗意。说明大家在用心工作，向大家取得的成绩表示祝贺，也对大家给予工作队和两委工作的支持表示感谢！

二是要求。大家一定要明确自己的职责。具体职责县里文件表达很清楚，“自然村扶贫小组长在村两委、驻村扶贫工作队的领导下开展工作，主要负责任职自然村脱贫攻坚具体任务落实。”主要有6

条：（1）全面了解掌握本自然村内农户家庭基本状况和信息，做好脱贫攻坚各项工作任务落实；（2）熟知并积极宣传各项扶贫政策，提高群众对扶贫政策的知晓率，坚持扶贫与扶志、扶智相结合，引导群众树立正确的价值导向；（3）配合帮扶责任人入户帮扶，帮助落实各项帮扶措施，协助做好扶贫手册的填写、基础资料的完善更新、贫困户动态调整信息采集等工作；（4）督促、帮助贫困户整治家庭环境，做到“五净一规范”，协助村两委开展农村环境“三大革命”“双基”建设等相关工作；（5）及时掌握群众思想动态，化解矛盾纠纷，带头维护稳定，做好涉贫信访工作；（6）配合村两委和驻村扶贫工作队做好上级部门交办的扶贫工作。

三是建议。通过述职，我也发现，有的同志干了不少工作，但没有总结好，很可惜。建议大家要注意积累材料，多记录多思考，随时形成总结材料，以应所需。酒香也要会吆喝。要会干，也要会说，培养自己的口头和文字表达能力。

会议结束前，以无记名投票的形式，请 14 位小组长分别进行了自评和互评，5 位得票较高的小组长成为提名人选。最后，经工作队和村两委联席会议进行综合研究，确定了 5 名优秀小组长建议名单报乡党委审批，同时在村务公开栏予以公示。

6 月 1 日

为民办幼儿园捐款采购教玩具

今天是“六一”国际儿童节。上午，马庄村幼儿园刘苏园长一行突然来到村部要见工作队。见到我们后刘园长打开手中的包裹，原来是送给工作队的一面锦旗。只见锦旗的抬头写道：赠驻马庄村扶贫工作队焦凤军、王刚、徐春节。正中写道：情系乡村建设送温暖，关爱幼儿教育献爱心。落款是：马庄村马庄幼儿园，二〇一八年五月。

这是怎么回事呢？我还得从头写起。马庄幼儿园是一所民办幼儿教育机构，经过十多年的发展，已经初具规模，有效地解决了马庄村及周边村庄幼儿入园问题，目前全园有 200 多名幼儿。

省政府法制办扶贫工作队进驻马庄村后，在走访中得知了马庄幼儿园的创办情况，并为马庄村回乡创业青年马战斗、刘苏小夫妻俩倾尽积蓄献身家乡幼儿教育事业的精神所感动。为帮助幼儿园改善办学条件，更好地发展幼教事业，工作队多次前往马庄幼儿园走访、调研，协调有关部门帮助解决实际困难。

在得知马庄幼儿园因经费紧张，教玩具比较短缺，老师和孩子们用的都是自己用废旧纸箱、废弃塑料材料制作的教玩具时，驻村工作队三位同志既感动又心酸，一直念念不忘。

5 月 28 日，“六一”国际儿童节前夕，我收到了刘园长一条动画视频，并附微信留言道：“真诚地邀请焦书记和工作队领导参加马庄幼儿园六一文艺汇演！”我立即回复：“收到，没有特别情况我们一定参加。”

第二天我就带工作队前往幼儿园调研，一是表示祝贺，二是了解幼儿园缺少什么东西，如果需要，提个方案，工作队予以支持。当天晚上，刘园长就给我发来一个产品介绍，并附微信留言道：“谢谢焦书记！我们国家现在越来越注重体能教育了，现在我们幼儿园就缺这方面的教育器材，平时我们都是自己制作，费时间，而且不耐用，这个运动包比较好，就是价格有点高，是品牌的，之前去看过，5 000元左右。另外，还有一套攀爬玩具，也是练体能做游戏的，2 800元。支持哪一套都行。”我与工作队的同志商量后立即回复道：“买好一点的吧！5 000 多元可以。”小刘显然很感动，立即回复道：“焦书记：您帮我们马庄村搞扶贫，搞建设，我们已经感恩不尽了，我们不敢麻烦您，怕给您工作带来困难，您在百忙之中还牵挂着幼儿园孩子的教育，我先替孩子们感谢您！您有这个心意就行了！千万别让您陷入困境！我都是有计划的投入，计划三年配齐设备！现在您的捐赠可能要让我的计划提前完成了！您也知道，我一直是在根据自己的实际情况滚‘雪球’，这个‘雪球’早晚会滚大的，你们在不为难的情况下捐赠就好！再次感谢您！我们能有您这位好书记，真是福气……”我说：“先买一套组合玩具包可以，以后每年都给你们买点。”

5 月 31 日上午 9 时，幼儿园的庆祝活动如期举行，幼儿及其家长、教职工等近 200 人以小树林为会场，水泥路为舞台，别开生面。但我却因上午参加全市驻村帮扶干部座谈会未能前往祝贺，工作队的王刚和春节同志前往参加庆祝活动。活动现场，举行了一个简朴的捐赠仪式，副队长王刚代表驻村工作队“三兄弟”将5 000元额度捐款的牌子赠交马庄幼儿园园长刘苏，并嘱将这5 000元用于购置最新款教玩具。马庄幼儿园的老师、家长和小朋友们非常高兴，从此告别了自制的简陋教玩具，可以用上既漂亮又卫生的最新品种教玩具了！

晚上，在刘园长的微信朋友圈里看到一段文字：“自从省法制办驻马庄村扶贫工作队焦书记一行来到我们村，不但环境村貌大改变，而且给马庄幼儿园的孩子带来了福音。捐赠给马庄幼儿园5 000元教玩具，孩子们有了新玩具玩得不亦乐乎，再次替马庄幼儿园的孩子谢谢法制办的几位同志！谢谢你们的大爱无疆！你们的教育情怀！你们造福了马庄村一方幼儿，马庄幼儿园的全体教职工一定不辜负你们的希望，也将继续造福更多的幼儿。近两年我园不但对建档立卡贫困户幼儿进行政策减免保育费，同时对家庭经济困难幼儿也有减免保育费，不管家庭多困难一定让马庄村的孩子有学可上！再穷不能穷教育，再苦不能苦孩子！经济贫困是暂时的，头脑和思想贫困将会终生贫困！只有教育才能改变思想，只有知识才能改变命运！能有这么一位有教育情怀的第一书记指引着我们马庄幼儿园的发展，我相信我们一定会越办越好！”

6 月 12 日

为热情的农技员提供宣传阵地

下午，为迎接市县专项检查带领工作队到各自然村查看 10 户“脱贫攻坚示范户”情况。路过马庄农贸市场时，从商店出来一位 60 多岁的店主，他看我们满身是汗，很远就喊道：“焦书记，你来喝点水啊！”我说：“不用了，还有事，你有事吗?”他一边走向我，一边递给我一个自制的信封，这信封是用一张纸折叠后四周用订书机订成的一个小袋子，封皮上工整地写着“焦书记亲启”几个繁体字，看得出有一定文化。他还特别交代说：“焦书记你忙，晚上没事时再慢慢看吧！”我说：“好啊！”于是我收下装进包里，我们继续到示范户家检查。

到了一家示范户门口，家里没有人。邻居看我们来了，主动到田里去喊主人回来。在这个空闲时间，我打开了这封似乎很神秘的信件。只见这封信写道——

尊敬的焦书记和省工作队同志：

你们好！

我是马庄村一位农民技术员。1998 年在县农技推广中心学习后，回到乡政府进行统一考试，经县政府审批，获得农民技术员证书。此后，本人一直经营农药、种子和肥料。儿子也到县农技推广中心学习过，并一直搞农药推广，现在仍在县城经营农药批发业务。

工作队驻村后，建了化粪池，清除了村里的垃圾，各方面搞得井井有条。村庄道路畅通，外墙干净，文化墙内容丰富，有尊老爱幼、科学种田、村民公约、山水人文等，让人心情舒畅。我看得出来，这只是个开头，好日子、好盼头还在后头呢！

我作为一个搞了几十年农技推广的技术员，我认为要搞好农业就必须使用好的肥料、好的种子，并以最好的农业技术种出无公害、无污染的绿色作物，使广大群众吃上无公害的绿色食品。只有这样，人民才会有好的身体。这是我的心愿，我决心把晚年的有限之力献给党和广大人民群众。

但是，我有个心愿想向你表达，就是建议在村部门前搞一个宣传栏，专门用于宣传农业技术、农药使用、农作物病虫防治知识，推广先进技术和优良种子，以及品质过硬的肥料，为以后群众相信科学、种好庄稼打下良好的基础，而且每半个月要更换一次新的内容。这就是我的最大心愿！请你给予支持。让我们在习主席的好政策指引下，在你们的支持和带动下，我们手携手、肩并肩，齐心协力，把马庄村建设成为村民的美好乐园！

落款是：马庄村民，马立田，5 月 28 日。显然，这封信是半个月前写的了，他是一直在等着我到这里来“自投罗网”的。

说实话，看了这封信，工作队的同志都非常感动。至少说明村民的心智和参加村务活动的积极性被调动了起来，对工作队的热爱和情谊也让我们感到一些安慰，说明我们的工作没有白做。

于是，我们当即决定，回去找这位村民，现在就可以给他回复。

回到马庄农贸市场，找到马立田，他很激动，没想到这么快就给他回复了。与他聊天才知道，他是老三届的初中毕业生，当时家里穷，没有参加恢复高考后的考试，错过了人生的重要机遇……临走时我对他说："感谢你对村民科学种田的关心，我们决定从村务公开栏中拿出一个公开栏来，从明天开始，交给你专门做农业科技宣传，也希望你能按时更新内容，认认真真地做好这件事。"老马激动地说："我一定会做好……"

参加安徽政法英模先进事迹报告活动。

6月21日

在县市环境整治评比中名列前茅

下午得到消息，在上周进行的全县环境整治检查评比中，马庄村小集子示范点取得第二名的好成绩。同时，在全市环境整治互查中取得了第五名的好成绩。

真是一分耕耘一分收获。近日来，为切实抓好环境整治和迎接全市综合互查工作，全村上下、干部群众在工作队和村两委的带领下，开展全民整治环境大行动。可谓齐心协力、争分夺秒。乡党委政府也是高度重视，紧抓不放，在人力财力上予以大力支持。每次乡和村联席会议都是晚上召开，李乡长亲自主持，对小集子示范村建设提出具体要求。

小集子自然村位于马庄村西部，西靠港河，南有平洪运河，内有道路直通202国道，交通方便。现有村民89户326人，9名党员，340亩耕地。目前已培养出研究生、本科生、专科生16人，可谓人才辈出，人杰地灵。据了解，该村在新中国成立前叫“通京店”，意思是直通京都（开封），是商贾文人经常路过的驿站。该村以秦、张两姓为主，年轻人务工、经商、创业、谋发展，部分村民已在城市购房居住，在村村民以经营种养业、苗木花卉、水果蔬菜等为主。近年来，该村经济快速发展，村民生活富裕、村风文明、村容整洁，被乡政府命名为“环境整治示范村”。

在示范村创建过程中，马庄村仅小集子一个自然村就投入挖掘机 4 台、人力 800 多人次。截至目前，已清除粪便垃圾 230 多吨、秸秆柴草 110 多吨、杂树 800 多株、圈舍违建 90 多平方米，拆除破旧房屋 720 多平方米、旱厕 15 个，清理沟塘 2 200 多平方米，建造活动广场 1 500 多平方米、公共厕所 50 平方米、凉亭 1 个、文化长廊 16 米、围墙 400 多米，美化墙体 3.6 万平方米，绘制《马庄村村民公约》、新老二十四孝、祖国山水人文等系列文化墙 1 000 多平方米，道路绿化美化 2.5 公里。

7 月 18 日

主动调解村民矛盾和纠纷

近日，根据市县关于打造脱贫攻坚示范户的要求，经工作队和村两委联席会议研究决定，在全村选取 10 户贫困户作为脱贫攻坚示范户，并按照 7 条标准和要求做了大量工作。

孟庄自然村贫困户孟庆华家是其中的一户。经研究，为他改造的主要方面是围墙和地平。这项工作指定由一位包片村委委员刘某负责，但在执行过程中却由于孟本人自作主张篡改方案出现了偏差。围墙超过了自己的宅基地，建到了不在此处居住的邻居孟庆贺的地上。

一天早上，我正在吃饭，孟庆贺直接跑到了食堂找我，火冒三丈地指责村里为什么让别人的墙盖在自己的宅基地上……这时我才知道真相。原来，当他发现孟庆华占了自己的地找孟庆华说理时，孟庆华却说是村里同意的……

我一边吃饭一边听他介绍两家三代人关于这片宅基地纠纷的原委。孟庆华和孟庆贺两人本是同一爷奶的堂兄弟，但却因这片地打闹了几十年，主要是因为双方老人去世后没有了证人，同村年纪长的人虽然知道，但因为是他们自己家的事谁也不愿意作证，所以一直拖着。这下，村里搞示范户建设，又引燃了导火索。

开始，村里书记和主任都接手了这件事，但经过四五个回合，双方都来村里吵闹，最终没有结果，都不愿意再管此事。孟庆华认为他占的是祖宗的地，不是孟庆贺的地；孟庆贺认为地是分给他的，必须把墙扒了。孟庆华觉得扒墙没面子，愿意拿其他地与孟庆贺调换，但孟庆贺不愿意调换，就是对孟庆华由村里给他建院垒墙不服气，就是要扒墙毁孟庆华的面子……

对此，我觉得村干部这样拖着不管不是个办法，如果不及时处理，影响村里的和谐不说，时间越长，几代人的矛盾就越大，甚至会闹出人命。因为处理期间，孟庆华的老伴就以死来威胁。所以，工作队必须有所作为，否则就是不负责任，就是不关心群众生活，就是一种失职行为。

之后，我找郑书记谈心，要求主动接手这件事，带领工作队亲自处理，得到了郑书记的支持。他说，你们处理也许可以，他们没有偏见，我们处理怎么搞他们都不相信……于是，我带领工作队深入孟庄自然村，开始做各方面的工作。通过找老人了解情况，绘制“历史地图”，反复调解，最终达成共识，并在工作队和两委的证明下双方签订了“协议书”。同时，在地界处亲自为他们埋上“界石”，和他们一起在界石照了一张合影照，皆大欢喜。

这份《关于孟庆华、孟庆贺宅基地纠纷调解的协议书》明确指出：孟庆华、孟庆贺两家因宅基地发生纠纷，经村委会和省政府法制办驻村工作队调解，双方达成以下协议：（1）孟庆华西墙以外归孟庆贺所有，北面和西面以定界为准，南到水泥村道全部归孟庆贺所有。（2）原孟庆贺属地上的杂物限三天内清除干净。以上两条双方同意，以后不得因此事再发生纠纷。当事人签字：孟庆贺、孟庆华；证明人签字：焦凤军、徐春节、秦品华、马传合、孟庆义。

在工作队坚持不懈地调解下，孟庆华和孟庆贺两家几十年来延续的宅基地纠纷最终得以解决，调解取得圆满成功，跨越三代人的矛盾得到化解。

今天下午，我突然觉得这事不能就这样结束了。于是，我又带工作队同志到孟庄自然村分别找两家的几代人谈心，说清道理，引导他们互相宽容谅解，做了一系列思想感化工作。既让他们意识到亲情，也让他们认识到各自的错误，以图长久和睦。

驻村以来，为解决这类年经日久的矛盾和纠纷，工作队坚持在接到村民诉求后第一时间深入村民中进行广泛调查、梳理历史，然后研究方案，约当事人分别听取意见，并在实地勘察后与包片干部进行现场处理，促使双方达成一致意见，最后在工作队和村两委负责同志见证下签订有关协议，有效消除后代可能进一步产生争议的隐患。

截至目前，在我主持下，工作队和村两委已成功调解较为复杂的各类民事纠纷 20 多起，有效维护了马庄的和谐，赢得了村民的高度信任和赞誉，甚至在村民中形成了“焦书记不到场不算数”的“规矩”。

8 月 21 日

为“农家书屋”组织捐赠

下午，接到快递公司电话通知，说是有一批包裹要到乡里取。派人取回，打开一看，正是省政府妇女儿童工作委员会办公室寄的 6 包图书。这批为马庄村捐赠的图书约 300 多册，是由全国“儿童友好家园”建设项目组织捐赠的，图书配发单位为浙江省新华书店集团馆藏图书有限公司。

工作队驻村以来，在做好扶贫工作的同时，还十分关注马庄社会事业发展，先后多次组织社会力量捐款捐物。其中，仅组织图书捐赠的价值已达五六万元。除这批图书外，此前还申请到安徽教育出版社的图书捐赠 600 多册，总码洋达三四万元。

尤其值得一提的是，去年以来，省政府法制办原主任张武扬已先后两次向马庄村“农家书屋”进行捐赠，其中包括图书 900 多册、光碟磁带等音像制品和文体用品等 300 多件套。

张武扬同志是省政府法制办第一任主任，离任后也一直关心关注我省法制事业和法制工作的开展。对于捐赠，张武扬认为，农村文化扶贫是扶贫工作的重要组成部分，是影响扶贫长效机制和效果的关键，要继续巩固并扩大扶贫攻坚的胜利成果，形成可持续的扶贫工作机制，还需全面加强农村文化扶贫的工作力度。他还通过微信和我聊天时说道：省政府法制办驻马庄扶贫工作队一年多来，扎实工作，为打赢脱贫攻坚战，建设产业兴旺、生态宜居、乡风文明、治理有效、生活富裕的新马庄村做出了贡献。作为一名老法制人，为马庄的“农家书屋”、为农村文化扶贫尽一份绵薄之力，感到非常开心和荣幸！

马庄村工作队真诚感谢来自各方面的捐赠和支持，在马庄发展的历史上，他们的贡献我们将永远铭记！

8 月 23 日

核查扶贫工厂水灾损失并申请救助

上午，根据县民政局通知精神，带领工作队和村两委同志对马庄村扶贫工厂进行灾情核查，并形成《马庄村扶贫工厂“8·18”特大暴雨受灾情况报告》，通过乡政府报县扶贫局最终核查和确认。

报告称：本月 18 日至 19 日，马庄村遭遇罕见特大暴雨，导致村扶贫工厂库存原材料、机器设备、成品消火栓箱及其门框等受损严重。灾情发生后，乡、村各级干部协同扶贫工厂员工立即开展灾后自救，力求将损失降到最小。

通过核实，损失主要包括四个方面。一是厂房。原用作仓库的 10 平方米房屋，因地势较低大量进水，已浸泡成危房，厂房围墙垮塌 20 余米。直接经济损失合计约 38 000 元。

二是机器设备。气泵 1 台，价值 4 500 元；1.5 匹电机 2 台，价值 760 元；风机 1 台，价值 1 350 元。此项直接损失 6 610 元。

三是成品件。消火栓箱门框成品因水浸泡造成铝合金氧化、变黑，已无法销售。其中，规格 1 800mm×700mm 的 500 只，单价 85 元，共 42 500 元；规格 1 600mm×700mm 的 350 只，单价 70 元，共 24 500 元；规格 1 000mm×700mm 的 150 只，单价 45 元，共 6 750元。此项直接损失合计 73 750 元。另有，消火栓箱成品因水浸泡造成生锈，需要翻工处理（工料），30 台共需要翻工费用 7 500 元。

四是原材料。其中包括：粉末涂料 0.5 吨，价值 9 250 元；铝合金型材约 1 吨，价值 22 000 元。此项直接损失合计 31 250 元。

以上合计，此次暴雨导致马庄村扶贫工厂直接经济损失为 157 110元。目前，已经严重影响扶贫工厂正常的生产运转，请求县民政局给予救助，帮助扶贫工厂尽早恢复生产经营，以便在脱贫攻坚工作中更好地发挥作用。

8 月 27 日

召开新两委第一次联席会议

上周六，在工作队的强力推进下，村委会换届顺利完成。新一届村两委实行总支书记和村委会主任“一肩挑”，另设副书记 2 名，总支委员和村委委员交叉任职 1 名，总支委员 2 名，村委委员 2 名。新进总支委员 1 名，新进村委副主任 1 名，皆为 20 世纪 80 年代生人。最终实现了 60、70、80 年代老中青结合的目标，原村委会主任正式退休，顺利完成新老交替，实现了预定目标。党总支选举结果已获乡党委批准，村委会选举结果即将批复。

今天上午，由我主持召开新一届两委成立后的第一次工作队和村两委联席会议，研究当前工作安排和有关人员聘用工作。会上，全体人员分别发言，就有关工作提出意见和建议。

最后，就换届和有关工作我从四个方面与大家进行了交流。第一，问题。选举工作已经结束，大家都是亲历者，整个过程暴露的问题大家看得非常清楚，我不一一点名了。但是我提醒大家，任何工作都要有大局观念，一己私利不利于全局发展。两委事前多次研究，根据乡党委要求和马庄发展需要，上报了摸底人选。这个人选也在一定范围内进行了沟通和征求意见。

第二，感想。选举工作是马庄政治生活中的一件大事，通过选举我们感受到了一大批同志想进入两委为马庄村民服务的意愿，但毕竟班子人数有限，一些有能力的新人没能进入。那么我们在座的各位进入班子后，一定要好好工作，好自为之，严格要求自己，不要以为自己反正已经进了班子，干与不干也不能把你怎么样！大家要好好想一想，在选举中，为了能得到一票，你当时是一种什么样的心情？更要想一想，村民把他的一票投给你而没有投给别人时，又是寄予了何等的希望？

第三，要求。俗话说，新官上任“三把火”（其实是“诸葛亮上任三把火”）。我不提过高要求，希望大家首先把你的“三把火”给烧好了。要对得起村民的信任，要对得起每一张神圣的选票。信任是通过你扎扎实实的工作取得的，不是吃吃喝喝能得到的。当前中心工作繁重，待时间稍微宽松的时候，工作队将组织两委同志到外地考察，开阔眼界，启发思路，然后再召开“马庄发展务虚会”。大家可以先做一些准备，谋划一下各自的工作。

第四，行动。新班子成立了，不管你是新人还是旧人，都意味着过去的一切从现在起开始“归零”。刚才郑书记说了，周围村的新班子也各有打算，都铆足了劲要大干一场！怎么办？不进则退。希望大家尽快行动起来，不务虚名，不图私利，谋新策，促发展。对群众意见和反映的问题，要认真扎实、实事求是地做好说服和解释工作，不要造成新的误会。如果有时间，我和工作队的其他同志将一道约请大家进行深入交流，也希望大家能提出一些好的想法和建设性意见，共同谋划马庄发展。

建立马庄村工作队和村两委联席会议制度，党务、村务集体研究，共同决策。

10 月 12 日

完成徐瓦房“空心村”改造工程

下午，郑书记来村部上班，见我的第一句话是：“唉！徐瓦房空心村改造的那块地终于分好了！”只有我知道，这话中有多少酸甜苦辣……

所谓“空心村”，说的是一个农村村庄，住的农民很少，占用的土地很多，许多土地是浪费和空置状态。

为抓好空心村的整理和改造，我们多次与乡政府负责同志沟通，表示有意愿通过争取上级项目实施空心改造工程。

在乡党委政府支持下，去年顺利完成了王台空心村改造工程。今年春节后，又争取了徐瓦房自然村空心村改造项目，目前已全面完成并通过验收。为推进徐瓦房空心村改造工作，工作队、村两委联席会议多次研究，完善方案，并成立专门工作组，全面开展工作，各阶段任务有序推进。整个整理和改造工程共拆除 29 户村民房屋，总面积 2 000 多平方米。同时，对拆除农户进行了集中安置，共涉及安置户 14 户。通过整理改造，一次性新增耕地 30 多亩。预计可获得近 300 万的整理改造费用。这些费用除用于农户补偿和安置外，村集体还可节余部分资金用于发展集体经济，真正实现了一举多得。

为如期完成整理改造工程，工作队和村两委同志都付出了巨大努力，克服了众多困难，尤其与村民间的沟通和宅基地纠纷的调解，难度之大事前不可想象。

我曾经常性在改造现场指挥或就村民反映的问题前往处理，感受很深。这些宅基地往往经过了几代人的居住，边界已无法查清，不同的人有不同的记忆，加之村里并无相应的档案资料，调解起来非常复杂，只能是多方面做工作，动员大家从大局出发，尽可能找到一个各方面都能接受的方案。整理的目的是尽可能多地增加耕地面积，没有房子的不能进行安置。因此，产生了很多矛盾，我们也遇到了很多困难。

工作虽然苦，但我们觉得有价值。每当工作队的同志路过徐瓦房，看到一大片新整理出来的耕地时，真是有说不出的高兴，觉得所付出的一切都是那么值得！

10 月 17 日

开展“全国扶贫日”募捐活动

今天，是第 5 个全国扶贫日。上午，萧县举行扶贫日募捐仪式。县委主要领导出席活动并致辞，县四套班子负责同志出席活动。此次活动，全县各单位和社会各界爱心人士踊跃奉献爱心，捐款约 1 249万元。马庄村同时开展了捐款活动。

一份捐赠，一份爱心。县领导在致辞中首先代表县委、县人大、县政府、县政协向受到表彰的先进单位、爱心企业和爱心人士表示热烈的祝贺，向一直以来关心支持萧县扶贫事业的社会各界表示崇高的敬意和衷心的感谢。他说，扶贫是历史使命，更是文明体现。近年来，萧县大力推进精准扶贫，各行各业和社会各界积极参与，帮扶济困已然蔚然成风，脱贫攻坚成效显著。他要求，全县上下在积极落实脱贫攻坚政治责任的同时，也要积极践行“老吾老以及人之老”的孝道理念，善待每一位老人，帮扶每一位弱者，以扶贫济困的文明风尚、乐善好施的文明自觉、关爱他人的文明习惯，绵绵不断地向外界诠释萧县的道德厚度、精神广度和文明高度。

活动中，县领导分别为获得社会扶贫先进组织的单位和获得萧县扶贫济困爱心的企业颁奖；县四套班子负责同志、县直机关代表、各乡镇、爱心企业等进行了现场捐款；企业代表发言；与会人员共同观看了脱贫攻坚专题片。各乡镇党委或政府主要负责同志，相关企业负责同志参加活动。

扶贫济困，崇德向善。在此次募捐活动前，马庄村也举行了募捐仪式。帮扶单位省政府法制办及驻村工作队队员和村党员干部共捐款近万元。钱虽然不多，但充分体现了各有关方面关心关注脱贫攻坚行动的情怀和自觉。

10 月 30 日

“试水”扶贫小组长“海选”

上午，柳园自然村的一个十字路口，人声鼎沸，热闹非凡。90多岁的老党员王心兰坐着轮椅由老伴推来了，生病的杨大爷拄着拐杖颤颤巍巍地走来了，大爷、大妈们，小伙子、大姑娘、小媳妇们都放下手中的活走来了，就连几个月的孩童也由母亲抱着来凑凑热闹。与往日不同，这里既不是唱戏，也不是吃大席，而是开村民大会选举扶贫小组长。“有几十年了，没有开过这样的社员大会了！选举小组长更是头一遭！”一位年纪大的老党员感慨道。

柳园自然村地处马庄村东北角，是离村部最远的一个自然村，约 5 公里。这个村长期以来干群关系、家族关系、邻里关系错综复杂，曾是管理的难点村、上访最多的村。工作队驻村后，主动提出包保柳园自然村，并通过走访、开座谈会，听取群众意见，帮助群众解决生产生活中的实际困难。还发现并提名年轻的致富能人丁权担任小组长，帮助贫困户脱贫致富，带领村民整治环境，发展生产，群众觉悟得到了提高，村庄环境得到了很大的改观。今年，村两委换届选举时，丁权同志高票当选为村委会副主任，按规定不能再兼任小组长，需要重新推选一名扶贫小组长。

“这个村的小组长不好定。”开了几次工作队和村两委联席会议，大家说得最多的就是这句话，很难确定合适人选。即使是初步提名，被村民知道后，很快就会“闹”到我的办公室和村书记的家里，提出各种意见……“不如在柳园自然村搞一次小组长海选，如果成功了，在全村推广实施。”工作队与村两委主要负责人商议，决定做一次大胆的尝试。鉴于此前联席会议研究此事走漏消息而引发的拉票、闹事等现象，村书记向我建议，这次尝试决定事先保密，事后再适时向联席会议成员通报。我表示同意，并支持这次“试水”。

第一轮“海选”。海选前，我和村党总支书记郑玉超分别讲话，向村民强调选举的意义、要求和纪律。村民拿到选票后，分别填写候选人姓名。经过现场唱票、统计，按得票多少推选出 4 名候选人。

第二轮选举，临时“征用”村民的住房作为秘密写票处，村民轮流进入，单独填写、投票。经过第二轮投票，村民刘法争当选小组长。“选他我服气！前段时间带我们搞环境整治可用功了！他自己早上四五点就起来干了。”许多村民纷纷表示。同时，村民们自豪地看着工作队的同志说：“这下好了，俺们有了自己选的小组长了！”大家还一起鼓掌，要求刘法争一定要上台“亮个相，讲两句”。听到大家的鼓励，刘法争当仁不让地走到选举横幅前，有模有样地大声说：“各位乡亲！谢谢大家选我当小组长！既然大家选我，我就好好带大家干。干不好，大家可以让我下台！”新任小组长刘法争朴实的“施政演说”赢得了阵阵掌声。

小组长是离群众距离最近的干部。大事小情、家长里短都需要小组长去处理。选好小组长，是村两委的一项重要工作。马庄村尝试小组长“海选”，对于激发村民当家作主的民主意识、实践和巩固村民自治制度的根基，都具有非同寻常的意义。

11 月 9 日

为小伙子圆了“养鱼梦”

不久前的一天，我带领工作队到柳园自然村巡查。当我们来到一处村塘边时，看到一个小伙子正在对着塘面发呆，于是我们就走上前去与他聊天。经交谈，才知道小伙子姓刘，虽然才 20 岁，但胸有大志，看到工作队驻村后村里一天天的变化，真心想回村里干一番事业，并不留恋在外打工的日子。于是我们鼓励他回来，想干什么我们支持他，一起想办法。他马上就指着我们面前的一处村塘说：“就是这里，我要用它发展养鱼……”

说实话，小伙子的想法正合我意。驻村后，我就发现村里有不少旱塘，一直动员村民放水养鱼，但大家议论的多，动手的并不多。今年 8 月份的暴雨后，这些旱塘变成了水塘，我们再动员此事，有不少人心里又活动开了，但动手毕竟少数。不过，最近几周有了变化，经过动员，有四五口塘已经有几户村民联合放养了鱼苗。所以小伙子有这个想法我们肯定要支持。我让他好好考虑一下，有想法我们再沟通。

上周一的下午，工作队刚到柳园，小伙子就得到了消息，很快跑过来，然后送给我折叠得整整齐齐的两张纸。我打开一看，是在作业本的纸上一笔一画写的《农村特色水产养殖项目计划书》。看来他是真的动心思了，写得“正儿八经”：一、项目概述。以柳园自然村东河沟、东南坑为基点，适当向外扩充，发展特色生态水产养殖。二、规划图纸。长方形，长135～200米，宽35～40米（附池塘结构图和不同区域的鱼的品种等）。三、项目详解。规划水产养殖总面积10余亩。其中，标准化养殖6亩，放养面积4亩，计划投资10万元。配备打氧机5台、摄像头8架、深井1口、大型孵化缸3口。主要养殖黑鱼、青鱼、草鱼、鲢鱼、鳙鱼、纹鱼、小龙虾、米虾等。项目法人代表刘法加，招聘喂养员1名、技术督导员1人。四、项目保证。坚持创新驱动发展，坚持面向未来、面向现代农业，保证养殖、销售一体，遵守《中华人民共和国渔业法》《中华人民共和国污染防治法》《中华人民共和国环境保护法》，以绿色环保无污染为前提，大力发展可循环经济。五、发展方向。未来将引进科技人才和先进设备，对特种鱼类进行精细化养殖。

看后，我们都为这份规划所感动。问他目前需要什么？他说：“这口塘年久失修，深浅不一，没有坡形，他自己也没有钱，能不能支持10万元进行挖掘整理，向养殖和垂钓发展？”对此，我突然灵机一动，与正在进行的环境整治联系了起来。我说：“给你钱估计困难，现在我们的任务主要是扶贫，雪中送炭，国家不会支持这类锦上添花的项目，但我们想办法把塘给你整理好，这不是一样的吗？”小伙子非常高兴，说这样更好，省去他很多时间和工夫。

回到村里，我就策划并催促分管柳园自然村的村委会丁副主任，抓紧推进柳园的环境治理工作，首先治理村东那口池塘。第二天，丁主任就调动大型挖掘机开始施工，经过一周的整理，原来一个毫无形状的烂泥塘，终于有了形状。今天上午丁主任给我打电话，要我到柳园“验收”。

今天下午，我带工作队再次来到柳园，果然，池塘有了鱼塘的样子。锦上添花的是，在整理这口废塘的过程中，还意外地发现了一口深埋地下的“乾隆古井”，使将来可能成为大家休闲之处的鱼塘增添了一处“文化风景”，真是“天意”。我把小伙子喊到现场，问他还有什么要求？他高兴地说：“没有了，我现在可以开始干了，到时候请大家都来我家吃鱼，然后到这里钓鱼……”

又是充实的一天。工作队“三兄弟”在笑声中迎着晚霞向西，在小伙子的一再挽留声中离开柳园，向四五公里外的村部走去……

11 月 14 日

与村干部谈成绩与问题

上午，主持召开全体村干会议，研究部署脱贫攻坚和环境整治工作。郑书记传达乡有关会议精神，并就会议指出的马庄村工作中存在的问题进行通报，对有关负责人提出批评。同时对走在全乡前列的工作提出表扬，鼓励大家再接再厉，争取全年工作最终取得好成绩。

会上，我结合最近的工作情况提了两点要求。一是，要看到成绩，振奋精神。一个人要干成一两件事，首先要有精神做保障。没有了精气神，什么也干不成。从目前的情况看，马庄今年的工作已经是大头落地，乡里推荐我们为年度先锋村，正在组织材料上报。这就是总体上的成绩，是大家拼出来的，值得大家欣慰。在局部或单项工作中也是这样，有了精神就不一样。大家知道，我们这几天在柳园实施退林还田工程，往常需要干一个月的工作量，我们这次仅用了 5 天时间，连天加夜，包柳园村的干部和小组长昨天又是一夜没有睡觉，所以今天上午他们没有参加这个会，我让他们回家睡觉了。估计今天能全部结束，接受县里验收。没有这种精神能行吗?

这一点值得大家学习。希望大家在遇到攻坚战时，都能有这种拼命三郎的精神。

二是，也要看到问题，但不能丧失信心。我最近明显感到，到村部来找我的村民越来越多。一大早在我门外等的，中午直接闯进房间的，晚上打电话的……说明什么？矛盾进入了多发期！那么，如何看待这个问题？我觉得，这是发展的结果，是好现象。如果不发展，如果大家依然过着平淡无奇的日子，如果大家民主意识没有提高，如果村民对我们的干部不信任，如果我们总是处理不好群众的诉求，如果我们协调的纠纷总是不被双方所接受……那么，还会有村民找我们吗？所以，大家一定要辩证地看这个问题。因此，干工作一定要出于公心，公平公正公开。你只有公正才能得到信任，才能得到选票。否则，将会失去全部。有的同志妄想谁也不得罪，处理问题和稀泥，结果谁也不会赞成你。如果坚持真理，至少有一半赞成你。时间长了你就有了威信。所以，我们既然当了干部，有了为村民服务的机会，就一定要敢于处理矛盾，直面问题，敢于碰硬，不辱使命。

12 月 4 日

成功调解叔侄宅基地纠纷

一大早，孟凡玲老人又来敲我房门。驻村以来，为了方便群众办事，只要人在屋里我从来不关门，所以他就直接推门进来了，然后照例说他家宅基地的事，要我一定要帮他处理好，不然他会天天来……他耳朵听不见，也不听我说话，说完就走了。

早饭后，工作队和村两委召开了一个全村小组长会。部署好第三方评估材料的准备工作后，我就带工作队同志和郑书记、孟庄小组长孟庆义再次前往孟庄自然村，调解孟庆宇和孟凡玲的林地纠纷。

可以说，这两位年过七旬的老人是我们进驻马庄村之后遇到的最倔强的村民了。早在 9 月 28 日，我们就去处理过他们俩的纠纷。中间又去处理了七八趟。结果是他们俩各说各的理，互不相让，毫无进展。其实，两家过去关系很好，同一祖宗还没隔三代。两人虽然是叔侄关系，但由于年龄相仿，小时候一起长大，关系非常好，自己都说那时形影不离，看地打场一个人害怕时，孟凡玲总是喊上孟庆宇陪他，孟庆宇也言听计从。同时，孟凡玲还喊孟庆宇的哥哥为“干爹”，可见关系密切。没想到为争这一点搞不清的百无一用的地边子，一朝反目，成为仇人。

事情的起因是这样的：孟庄自然村北边有一条东西向的路，路的北边有一片林地。早些年，孟庆宇用自家的地换了这片林地的靠西部分，并在路边盖了几间瓦房。今年 8 月份下大雨，有一些树倒掉了。东边林地的主人孟凡玲卖树的时候发现两家的界线不清，怀疑孟庆宇占了他的地。一开始，两个人进行了友好协商，在北边划定了界线。根据北边界线延伸到南边道路时，却发现界线正好在孟庆宇房子的中间。这下孟庆宇不愿意了，就连北边的界线都不承认了，一口咬死界限在他家东边院墙的外边几十厘米处。

虽然明知道今天去调解可能还是无功而返，但群众要求我们去，我们必须去，或许会有一线希望呢。于是我就约了工作队徐专干、村党总支书记郑玉超、村委会副主任丁权一同前往。

果然不出所料，两个人一见面就不停地争吵，好不容易才让他们停下来。我请他们看看树的阵形、大小，仔细分析界线可能在哪里。通过观察，我们可以初步判断界线大致在孟庆宇房子的东墙以外，院墙则有可能占了孟凡玲的地。但两人都不同意这一意见，调解再一次陷入僵局。

这时，我突然有了一个主意，就把他们俩喊到路上。我先问孟凡玲：“你说，你认为界线在什么地方？”他在孟庆宇房子墙上比画了一下，大致位置也就是他们俩最初测定而孟庆宇不同意的地方。我再问孟庆宇：“你说，你认为界线在什么地方？”他说在房子院墙外。众人都明白过来了，一致说：“那就以你们俩说的中间为界！”但他们俩都不同意。我又把孟凡玲拉到一边，跟他说：“他家房子是什么时候盖的？没有十年也有七八年了吧？当时盖房子的时候你为什么不说这地是你的？按照法律，这么多年，你就要不回来了！过了追诉期，就算自动放弃了，打官司你也打不赢。现在，已经帮你争取了一米多宽的地，你还不同意吗？”我这样一说，他还真有点担心了，结果他就同意了，愿意作出让步。

工作队徐春节见孟庆宇还不同意，就把他拉到一边，单独跟他说：“虽然你们俩年龄差不多，但论辈分，你是他叔。你百年了，他得向你叩头；他百年了，你可以袖手旁观。你不能让他一点吗？再说，你这个长辈应该给子孙们做个表率！我知道你的顾虑，我们可以同意你院墙下面的地是他家的，但可以要求他不能拆你的院墙。这样，不会影响你的居住。”总算把他思想工作也做通了。

接着，我们来确定北边的边界。孟凡玲坚决咬定他们最初商定的边界，孟庆宇则要往东 1 米。我们按照南边的办法，取中线，以中间一棵树为界。这次，孟庆宇同意，但孟凡玲死活不同意，就连把树让给他都不行。再三追问之下，他说：“这棵树就是他亲手栽的，再说也没法向儿子、儿媳交代。”孟庆宇见他如此，一气之下把南边辛辛苦苦定下的界石给挖了出来。调解又一次陷入僵局。

时间已经到中午 12 点了，村部食堂的徐师傅打电话催我们回去吃饭。“我们今天不处理了，等你们的儿子回来了再处理！”我们跟他俩说。孟凡玲拽着郑书记，不让我们走，甚至把郑书记的外套都拉下来了。怎么办？找他儿子！老人们一辈子土里刨食，养活一家人，对土地过分依恋，定是寸土不让。年轻人的观念不一样，是不会斤斤计较的。这块地孟凡玲给了他四儿子。丁权打他四儿子电话，无人接听。由于大儿子患有精神病，于是去找他三儿子。他三儿子经营着一家规模不错的家具厂。我们跟他把情况一说，他说：“这有多大事，就以树为界就是了。”我们问孟凡玲：“你同意吗？”他说：“我听我儿子的，就让他去处理吧！”

我们再一次回到现场。刚好，孟凡玲的四儿子回电话了，二话不说，同意我们的方案。

至此，两家从夏天打到冬天的“官司”圆满地画上了句号，围观的群众无不拍手叫好，对工作队的执着和村两委的负责表示敬佩。

有了口头协议还不行。我立即安排他们俩同参与处理此事的工作队和两委干部一起在为他们刚埋的地界上分别照了合影，并让孟组长起草了《关于孟庆宇、孟凡玲土地纠纷调解的意见》（以下简称《调解意见》），大家分别签字，算是正式了结这起几十年的宅基地纠纷。

孟组长执笔的《调解意见》写道：孟庆宇、孟凡玲两家因宅基地发生纠纷，两家都不知道当时的分地人口，又因年代久远、地界缺失，只能将宅基地上现存的树林作为鉴定的主要依据。孟凡玲现有杨树四行，南北直线标定孟庆宇住房占用孟凡玲宅基地近三米。此前，两家自行协商未果。

工作队和村两委及小组长应孟凡玲要求介入此事后，通过走访村民和反复调查，孟庆宇原参加分地人口为 5 人，孟凡玲参加分地人口为 11 人。由于南北两头宽度不一致，而且北部向东邻又有较长的一段延伸，四周无界线，涉及四邻皆不愿意作证。同时，据大家回忆，当时分地不严格，比较随便，土质不好的地和好地交叉各有补益，所以通过丈量解决问题是不可操作的。更奇巧的是，孟庆宇的房子已建成七八年之久，孟凡玲并未提出异议。

鉴于这种情况，本调解根据现有树林和地形情况，参考两人当时埋下的地界，作出如下调解：两人原埋下的地界作废，各让一步，现以孟庆宇主房东墙角稍外为南界，向北标定，以一棵相对年久的杨树为北界。界内围墙在孟庆宇有生之年照旧使用，不得拆除，百年之后归孟凡玲所有。所有存在争议的树木双方均不得处理，全部归村委会处理。

以上意见，双方同意，握手言和，现立此据，不得反悔。调解人：焦凤军、徐春节、郑玉超、丁权、孟庆义。当事人：孟庆宇、孟凡玲。

四年多来，调解了大量的村民宅基地纠纷和邻里矛盾。

2019 年

2 月 1 日

给老校长和村民们拜年

农历猪年即将到来。再过两天就是农历狗年的除夕了，因为后面几天要参加市县的团拜和有关活动，今天可能就是狗年的最后一个能走村串户的工作日了。

上午，带工作队同志到各村民组巡查和走访，给村民们拜年。最后来到大郑庄村民组，特地找到一位叫梁启云的老人家，给他们老两口拜年。

梁老是马庄小学的老校长，已经退休十多年了。我们到了梁老家并没有见到他，老伴说出去玩去了。于是我们继续找，遇到村民就打听。梁老是村里的名人，很快就由村民带着我们找到了他。

见到我们，梁老很激动，没想到我们专门来给他拜年。我们一再感谢他对村务的关心，也希望他能发挥更多的作用。

工作队的同志看到我对梁老的特别举动很纳闷。之后，我才向他们介绍此前梁老给我写信的事……

早在去年底的 12 月 17 日，我就收到了梁老通过村干部转给我的一封信。梁老在这封信里写道：我叫梁启云，今年 76 岁，家住萧县孙圩子乡马庄行政村大郑庄自然村。1964 年参加教育工作，2005 年退休。我热爱祖国、热爱党，拥护党的方针路线，模范遵守法律法规。

我一生从事教育工作，共 40 余年。现在虽然离开了三尺讲台，但还是舍不得教育事业。在离校时，学校老师暂时缺编，学校领导找我代课，我就高兴应允，代课两年之久，解决了学校的燃眉之急。

我很关心学校工作，经常找学校领导和老师交流。在一次交流中，得知学生流失现象严重，学生家长望子成龙心切，不惜高价送子女到城里上学。对此，我就和学校领导及其他老师到学生家进行家访，向家长讲清利害关系。经过不懈努力，学生流失现象得到了控制，还有 8 名学生放弃了进城，回到本校学习。这既充实了本校生源，也为学生家长减轻了经济负担。在家长陪伴下学习生活，也有利于学生身心健康和发育成长，我亦因此得到了学校和家长的好评。

我虽然 70 多岁了，但我热心公益事业，甘于奉献，助人为乐。例如，本村邻里只要有红白喜事，大家都邀请我参加，并帮助办理重要事项。我处理这些事项的原则是：团结邻里，积极倡导文明新风，坚持勤俭节约。这样，我就得到了群众的公认和好评。

尊老爱幼是中华民族的传统美德。我虽然 70 多岁了，但对比我年长的老人我都非常尊敬。比如，主动向他们打招呼、谈心、交流，了解他们的诉求，主动向他们解释疑难问题，讲解党的惠民政策，增进他们的生活信心，特别是对那些身患疾病、对生活失去信心的老人，关心他们尤其重要。要鼓励他们积极参加合作医疗，增进他们战胜疾病的勇气和信心，防止他们寻短见，让他们度过幸福的晚年。

我有坚定的理想和信念，有优良的工作作风，有公认的群众基础。我在家安度晚年期间，积极配合、支持行政村的工作。例如，前段时间村里搞环境整治，开始效果不佳，于是我就向村里建议，实行分片包干的办法，被村干部采纳后进展很快、效果很好、成绩显著，村里的环境整治工作由原来的排名靠后跃居全乡前三名，得到了干部和群众的认可。

告别梁老，我们回到村部正好赶上吃中午饭。大家一边吃饭一边说梁老，感觉得到村两委同志都非常尊重梁老，他们基本上都是梁老的学生。那种回忆的幸福感，让大家一下子回到了童年……

午饭结束前，我端起饭碗，向大家示意，以饭代酒，给辛苦一年的村两委和工作队的同志一并拜年，祝大家猪年多福！祝大家过两天要认真地演好狗年的最后一个节目：回家过猪年！

也许这话说得不太合适，但大家还是都开心地大笑起来……

2 月 22 日

动员村民参与发展订单农业

昨天下午，工作队和村两委邀请宿州市悦凯蔬菜销售公司李董事长和乔总来村，就马庄村与公司合作发展订单农业有关事项进行洽谈。洽谈非常成功，确定立即进行合作，各项工作根据村两委分工全面展开。

今天上午，我即带领工作队前往工作队联系的柳园自然村向村民进行宣讲。工作队到达村口时，分管柳园的村委副主任丁权和小组长已经把村民召集到了村中的十字路口。在刘法争组长的主持下，50 多位村民代表热烈鼓掌欢迎，并对工作队关心柳园的发展表示感谢。

在村口，我主要向村民宣讲了这样几条：第一，关于马庄村的发展方向。工作队驻村以来，受柳园村民建议的启发，首先争取了水利项目，为村里打了 100 多眼机井，从根本上解决了农田灌溉问题，也为蔬菜的种植打下了基础。此后，通过多方了解和洽谈，决定与宿州市悦凯蔬菜公司合作，在马庄发展订单农业。如果能够成功，将予大面积推广，达到 800 亩，公司可以在马庄建设收购点，进行初步加工；达到2 000亩，可以在马庄建设生产线，作为生产加工基地。这样不但解决了可持续发展问题，而且可以增加就业……从而使马庄成为蔬菜生产加工专业村。这样的远景目标需要大家共同创造。

第二，关于风险问题。通过沟通和研究，我们认为，总体上风险非常小，而且可控。除了突发自然灾害外，合作成功是肯定的。种苗和技术由公司提供，成本不高；产品由公司以保底价全部回收，而且在市场行情上涨的情况下，收购价相应上调；运输问题由公司或村里统一解决，村民没有额外成本支付。同时，村里的冷库也在建设中，这个完工了，储藏问题解决了，集中收购和运输就更不成问题了。因此，唯一的风险是自己没有能把产品种植出来，这个要求大家自己努力。

第三，关于品种的选择。经过研究，当前准备种植的蔬菜选择的是辣椒，下一季接种的是辣菜。其中，辣椒有 3 个品种可供大家选择，每亩全部成本在 1 500 元以内，但收益可达 5 000 至 9 000 元不等，所以收益比较可观，肯定比种植常规农作物效益更好。

第四，大家自主选择。工作队和村两委只进行宣传和引导，也是服务村民的一种方式。村集体通过流转村民土地决定种植 70 亩，目前正在整理土地过程中。对广大村民，工作队和村两委绝不强求大家种植，自主权在大家自己。但有时间要求，只有两天考虑的时间，一旦确定种植，要提前交一半的种苗费，由公司提前育苗，苗到再交剩余费用，过期不予安排种植。

在我宣讲之后，工作队扶贫专干徐春节给大家现场解读了村委会与公司的合作协议初稿，与村民进行了广泛的沟通和讨论，并听取了村民意见和建议。王队长也作了补充和解释……

在工作队离开柳园时，村民仍然在热烈地讨论着……这是一次对传统生产方式和观念的冲击。

3 月 7 日

看到了马庄年轻人飞翔的梦想

上午，我曾委托的两位马庄企业联合会筹备人相约来到我办公室，汇报筹备工作进展情况，说是进展顺利。其间，他们与我说得更多的是企业发展思路，令人欣慰。我答应他们尽快召开筹备会、座谈会，安排到民政部门进行登记。马庄发展的路子越来越宽，人才正在聚集，这正是工作队想看到的。

他们离开我办公室不一会，我看到筹备组主要负责人徐总在朋友圈里发了一则用抖音制作的视频，音乐背景是激昂中透着哀婉……但文字却配得非常好！

这段文字是新诗形式的长短句，题为《梦想飞翔，志存高远》：安徽省萧县孙圩子乡有一个村庄，他的名字叫马庄集。有一群年轻人，为了追求幸福美好的生活，背井离乡，常年在外，大江南北遍布他们奋斗的足迹，工厂工地留下他们辛勤的汗水……如果有一天我们都累了，一起回马庄集吧，那里地势平坦，没有拥挤的集市；如果有一天我们都累了，一起回马庄集吧，开三分菜园地，养一院子花草，喂一群鸡鸭。早晨在田野间散步，晚上喊上几个家人，喝着口子酒聊着家长里短！如果有一天我们都累了，一起回马庄集吧，寻找儿时记忆的小村！如果有一天我们都累了，一起回马庄集吧，那里有我们的老屋。如果有一天我们都累了，一起回我们可爱的家乡吧。那里有我们日思夜想的家人，有和蔼可亲的乡亲父老……无论你身处何方，无论你富贵或贫穷，马庄集都像母亲一样矗立着、守望者、期盼着……愿所有在外奔波的马庄集人身体健康！事业发达！万事如意！记得常回家看看……

我含着眼泪听着背景音乐，反复看着这段文字。我看到了马庄以及和我一样的新马庄人，我完全理解这代年轻人的心理。生在马庄、长在马庄，很早离开家乡，与马庄并没有太多的交集。也许正是这种交集的缺失，让他们怀念马庄，希望为马庄做点什么！

而这一切，不正是工作队可以努力的地方吗？我仿佛看到了马庄年轻人飞翔的梦想！

3 月 13 日

联席会议再次决定种植土豆

截至上午 10 时，经过 4 天的切种、整地、拌药、施肥等，在 10 多人与播种机的配合下，村生态田园公司 40 亩土豆全部种植完毕。

今年的土豆种是由省农科院土豆学科专家廖博士推荐并提供的荷兰 15 土豆种。据介绍，荷兰 15 土豆产地荷兰，20 世纪 90 年代方进入我国一些地区春播。它有很多优势：极早熟，生育期（出苗到成熟）60 天左右。株型直立繁茂，分枝少，株高 60 厘米左右，生长势强。叶片肥大，叶色浓绿，茎粗壮，间有紫色，花冠大，花蓝紫色。结薯较集中，单株结薯数 4～5 个，块茎膨大速度快。休眠期短，耐贮藏。薯块较大且匀称，呈长椭圆形，外表光滑，芽眼少而浅，皮淡黄而肉鲜黄色，淀粉含量高，肉质脆嫩爽口，符合马庄沙土地习性，商品性极高。配合早春地膜覆盖栽培，可提早上市时间，抢占市场空当，一般亩产 2 000 公斤左右，高产者可达2 500公斤以上，经济效益甚佳。

今年继续种植土豆，一时有不少群众不理解：去年失败了，今年为什么还要种？这得从此前召开的一次工作队和村两委联席会议说起。

按照年初计划，今年公司计划在流转土地上种植辣椒，而且与一家公司先后谈了四次，实地考察三次，并且在土豆种植前一天已经准备签订“公司＋农户”协议。可是，就是这最后一次会议，彻底改变了原来的计划，而且果断地从会后的第二天着手种植土豆。

这次联席会议开了一下午，大家进行了充分讨论。会议开始，郑书记先就田园公司去年种植土豆没有收益的情况作了说明，觉得要进行调整，准备种植辣椒，听听大家意见。公司负责人马总也主动检讨，觉得没有经营好，自己有很大责任。这时，大家开始从不同角度发言。

蒋主任认为：“说去年的土豆失败，其实并不是种植失败，而是销售经验不足。第一次种土豆，长得很好，产量也不低，但销售却几次错过了机遇。一是淮北师大提前订了货，但却赶上暑假，学生不在校，食堂不开火，只好等秋季开学。这样就涉及土豆储存问题，自己的冷库因用地出现问题没有盖起来，租用别人的冷库又因他们冷库使用技术不过关致使土豆发芽、坏烂。二是‘温比亚’台风造成水灾，蔬菜市场严重缺乏蔬菜，土豆一元多一斤，而我们又因与淮北师大签了合同而没有出售，结果造成重大损失。三是由于有关同志不负责任，随口对外发布消息，也错过了一些出售的机会……”

郑书记说：“是的，销售上错过了太多的机遇。在因冷库技术出现问题发芽后，焦书记还联系了一家种土豆的，人家正好需要种子，发芽也要，但我们又没有及时发现问题和销售，致使送往合肥超市时才发现发芽的问题，影响了销售……”

丁主任说：“这些问题都是经验不足的问题，而不是种植本身的问题。即使按市场正常售价，如果能及时出售，也是不成问题的。所以不能认为是失败……”

接下来，我把话题引回到研究辣椒种植上来。大家经过认真分析认为，每斤6角钱，正值高温季节，首先是能不能有这么多人参与采摘？而且通常情况下，每斤采摘的成本至少3角钱。即使每亩有6 000斤的产出，也就1 800元收益，去掉成本至少1 500元，再加上运输等投入，最后肯定还是赔本。大账一算，大家认为还是不能干，还不如种土豆。

大家说得都很有道理，很快形成一致意见：今年继续种植土豆，选个好品种。有了去年种植成功的经验和销售失败的教训，相信不会再犯同样的错误。

于是大家让我与省农科院土豆专家廖博士联系。我立即拨打了廖博士电话，他说可以，并推荐种植荷兰15品种，如果确定种植，还不算晚，他马上给我们联系种子，明天送到村部，立即实施种植。与此同时，廖博士把技术资料立即通过微信发了过来，并表示有时间他再来村指导。

接下来大家还进一步延伸研究了土豆收获后接种大葱的事。大家认为，大葱产量高，也好销售。

所以说，今年土豆的种植就来自这次非常成功的联席会议！希望时间能够证明这是一次成功的决策！

3 月 14 日

帮扶单位主要领导来村调研慰问

下午，帮扶单位省司法厅党委书记、厅长姜明在厅办公室、扶贫办等有关部门负责同志的陪同下，来村开展党建、脱贫攻坚调研和慰问活动。市县司法局、县乡党政负责人参加调研座谈会。

姜明一行实地察看了马庄村扶贫工厂、扶贫驿站、文化广场、农贸市场、村组道路、村民庭院、村办公司和农田水利项目工地，并深入贫困户家庭走访慰问，送上慰问金。

在马庄村部，姜明主持召开党建和脱贫攻坚工作座谈会。会上，首先观看了由省委组织部批准制作，并于 2 月 17 日在共产党员网络电视台、安徽电视台同时播出的反映工作队开展帮扶工作情况的《共产党人》栏目专题节目，然后听取了我代表驻村工作队所作的工作汇报，以及县、乡、村负责人有关情况汇报。

姜明在听取汇报后，对马庄村工作队的工作给予了高度评价。他指出："马庄村工作队勇于担当，与村两委融为一体，充分发挥主观能动性，在短短的两年时间里，给马庄村带来了许多看得见、摸得着的变化，取得了阶段性成果。我在慰问中发现，群众对焦书记都非常熟悉亲切。我感觉到，你们的工作很好地实现了县乡村满意、群众满意、选派单位满意。”

姜明强调：“一要继续巩固扶贫基础。脱贫攻坚既是阶段性工作，又是长期工作。脱贫出列是刚性要求，要做好各项基础性工作，防止滑坡。二要奠定产业发展的基础。要结合马庄实际探索长远的发展路径，实施稳定的、有前景的农产品生产和经营项目。三要建好、管好基础设施。村里水利项目、道路等基础设施都建得很好，要帮助村里制定管理制度，管理好、维护好，长久地发挥效益。四要大力推进环境整治，进一步改善村容村貌。要持续建好村民文化广场，使之成为宣传党的方针政策、文化和法治的阵地。要通过多种形式丰富村民的精神生活，营造积极健康、乐观向上的生活氛围。五要加强村两委班子队伍建设。村两委换届，补充了新的血液，要培养好。要带好党员队伍，充分发挥致富带头人作用。”

最后，我特别向姜厅长提出了三条建议：“一是帮助协调引进优质农产品产销企业。马庄村的土地资源丰富，优质胡萝卜、萧羊等闻名全国，但受价格和销售渠道的制约，农民丰产不丰收。建议在省厅协调下，发挥司法行政系统优势，引进优质农产品产销企业，把马庄村打造成优质农产品生产基地。二是推荐销售马庄农产品。为调整产业结构，工作队带领村两委以村田园公司为平台，在河岸流转了 60 多亩土地，在省农科院专家指导下，今年种植了荷兰 15 土豆，盼望省厅能以适当方式向各下属机构食堂推荐分销。三是根据省厅扶贫工作规划实际和优势，给予力所能及的帮扶安排。通过适当的项目、资金或物资等帮扶措施，让马庄村民感受到新的帮扶单位给马庄村带来的变化。”

对此，姜厅长肯定地表示：“厅党委会调动更多的资源，研究解决你们提出的建议。广开农产品销售出路，共同做好马庄工作。工作队和村两委也可以走出去，加强与厅属单位的联系，广泛推广自己的产品。”

帮扶单位安徽省司法厅党委书记、厅长姜明在马庄村调研。

4 月 25 日

动员全体党员干部传递正能量

上午，在村部举行党员活动日。主要活动包括：升国旗，重温入党誓词；学习习近平总书记关于脱贫攻坚和扫黑除恶的重要论述；部署村后备干部推荐工作；开展村书记民主评议活动；开展村书记“面对面说扶贫”活动；通报驻村工作队上月工作情况；邀请乡长李秀荣同志上党课。

各项议程完成后，郑书记让我对有关工作作进一步强调，提出要求。结合会议内容，我主要讲了四个方面的问题。

第一，关于扫黑除恶。马庄村总体情况是好的，但也有极少数村民长期以来视两委软弱，十分嚣张。甚至存在阻碍集体经济发展、破坏和谐的村庄环境、干扰村务实施、妄议党和国家方针政策、无中生有陷害干部等现象。对此，我们要按照政策，有效开展工作。

第二，关于后备干部培养工作。后备干部培养工作非常重要，县里将统一招录一批村级后备干部。刚才已经宣读了文件要求，希望全体党员以对马庄发展高度负责的精神广泛宣传、认真推荐身边符合条件的青年才俊，给他们到村锻炼和发展的机会，给他们为村民服务的机会。10 年、20 年后，我们在座的大部分人将退休，培养接班人的工作迫在眉睫。这是马庄发展的要求，更是党性的要求。

第三，关于建设“岸上苗圃”。在工作队努力下，通过向省争取项目实施了马庄村平洪运河废弃河道的改造，现在已经完工。但改造后的利用问题一直是大家关心的大事，不少村民提出了合理化建议。在工作队和省有关部门支持下，考虑争取实施苗圃项目，但现在又有一些村民在岸上重新种植了杨树。大家想一想，我们花了如此大的财力把河道整理好，又重新让它恢复原状，不是极大的浪费吗？村里决定以 500 元每亩的价格流转，这是很好的事，但却有人扬言宁愿荒着也不给村里用，而且串联部分近亲属联合抵制。村里将考虑流转其他土地，统筹发展苗圃和其他种植计划，大力发展集体经济。

第四，关于筹建马庄企业联合会。无工不富。马庄脱贫工作取得明显成效，顺利实现贫困村出列。但发展的任务才刚刚开始，国家正在全面实施乡村振兴规划，我们一定要抓住机遇，做好充分准备。工作队通过调研，发现马庄小微企业还是有一定数量，估计有近百家经营户。如何让他们联合起来，抱团发展，是工作队一直在考虑的。今年以来，这项工作得以推进，马庄企业联合会正式开始筹建。这将有利于解决企业融资难、信誉低等问题。前天，县农商银行有关负责同志已来村考察，对我村企业给予高度评价，尤其是工作队和村两委高度重视企业发展的行动，深深地感动了他们，表示坚决支持马庄企业发展。这就是一个好的开始。让我们充满信心，迎接马庄企业春天的到来！

最后，希望全体党员充分发挥先锋模范带头作用，为马庄党建、脱贫攻坚和经济发展做出自己的贡献。通报情况、传播信息，是每月党员活动日的重要功能。希望大家把今天的会议精神传递出去。传递正能量，放大正能量！

5 月 5 日

通过水利扶贫增加村民收入

上周，接县委选派办同志通知：根据市委组织部通知，要求各县推荐“脱贫攻坚典型案例”，用以汇编，指导工作。县委组织部领导的意见是请马庄工作队总结相关做法，向市里推荐。

五一期间，在工作队研究的基础上形成了《通过水利扶贫项目改善种养环境增加村民收入》的案例稿。

下午，通过县选派办正式报送市委组织部。“案例”如下：

萧县孙圩子乡马庄村位于萧县西南边缘地带，距离县城 40 多公里。下辖 12 个自然村，14 个村民小组，面积 6.7 平方公里，耕地面积 6 219.53 亩，人口 5 312 人。村党总支下设马庄支部和王台支部，4 个党小组，共有党员 131 名。2014 年建档立卡贫困户有 361 户 834 人，贫困发生率 15.7%。

省司法厅（原省政府法制办）驻村工作队进驻马庄村后，发现马庄村严重缺水。村内的河道、沟渠、池塘因多种原因长期干涸，河道里长满了杂树和野草，沟渠和池塘坡底被村民开垦成田地，随意地种着豌豆、玉米。因为缺水，这里本来盛产优质胡萝卜，近年也大多改种耐旱的传统农作物，如小麦、玉米、大豆等。也正是因为缺水，马庄村的生态环境逐渐恶化。走访中，群众反映最强烈的就是希望工作队能给他们解决长期缺水问题。经过工作队和村两委联席会议研究，决定由工作队牵头解决这一难题，圆马庄人的“水乡”梦。

为解决马庄村缺水问题，工作队多次走访村民，排查马庄村水资源现状。在走访中，村民建议每 50 亩地打一眼机井；在排查中，工作队发现村庄有两条废弃河道，有不少渠、塘，如果有水，都可以利用。于是，专门聘请专业从事规划设计的公司到村考察，并编制了《萧县孙圩子乡马庄行政村农田水利设施建设项目立项报告书》。

经过工作队反复努力和帮扶单位协调，省水利厅在委托市水利局规划设计部门的负责人到村开展实地调查的基础上，最终下达了总投资 580 万元的到村农田水利扶贫项目。其中包括打井 100 多眼、疏通主干河道 2 条、架设桥梁 2 座等。

水利项目完工后，工作队带领村两委依托项目全面谋划马庄发展，提高村民收入。在户脱贫、村出列的同时，加快推进乡村振兴战略在马庄村落地生根。

一是成立马庄生态田园发展公司。通过河道整理，新增河岸土地 180 亩。村集体第一期将其中 60 多亩土地进行流转后，以此为依托注册成立了马庄生态田园发展公司。根据发展需要，下一步将再行流转其他土地，由公司统一经营管理。公司注册资本 300 万元，主要经营农业项目开发，蔬菜、水果、花卉、谷物、豆类、薯类、林木等农作物种植和销售，农副产品初加工和销售，农业基地的开发和建设，园林绿化，农副产品冷藏等。目前，公司已经建成 40 多亩荷兰土豆基地、8 亩中药材基地、12 亩火龙果种植园。与此相配套的一座 450 平方米冷库已经建成。秋季将再流转土地，发展大棚种植和苗圃。马庄将以公司为平台，逐步推进全村土地流转，发展特色农林产业，让村民变股东加员工，走共同发展之路。

二是引导村民种植胡萝卜、水果和大棚蔬菜。缺水问题解决后，全村大力发展特色种植，先后成立了银龙亭等6家农业合作社、苹聚缘等10户家庭农场。以柳园自然村传统的胡萝卜种植基地为示范，引导全村种植胡萝卜2 200多亩，葡萄260多亩，苹果100多亩，芹菜、白菜、白萝卜等300多亩。每50亩1眼机井保证了农作物灌溉，特色农作物能增收四成，一般农作物能增收二成以上。据村民测算，每亩地一年两季种植蔬菜等经济作物，水的问题解决后平均可增收600多元。同时，通过项目打井，每口井为村民节约了10 000多元的打井费用。仅打井一项，通过增收节支，全村6 000多亩地，每年可增收300万元左右。有效地实现了全体村民增收，巩固了贫困户脱贫成效。

三是利用河岸发展特色种植和苗木。老港河全长2公里，已于2018年整修完工，村委会流转土地60亩，用于公司发展特色种植。农户新发展桃园20多亩。新整修的平洪运河全长1.88公里，可利用河岸土地近100亩。工作队和村两委已经进行充分论证和研究，计划集中流转，面向全村进行招标，引进苗木种植大户发展苗圃，建设生态公园。一方面改善村庄环境，另一方面促进集体、农户增收。

四是发包池塘发展养殖业。马庄村共有池塘30多个。除去废弃、难以恢复的予以填埋外，还有不少能正常蓄水。水利项目实施后，一部分池塘开始蓄水。工作队与村两委研究决定，将全村的池塘进行发包经营，鼓励村民承包养鱼。目前，首先试点的柳园自然村的池塘已经由村民联合放养鱼苗。

争取水利项目，为全村每 50 亩耕地打一眼配套机井，并挖河修桥，建设水利设施。

5月6日

文化扶贫受到关注

上午，乡文化站周站长来村调研和座谈，对马庄村高度重视文化扶贫的做法大加赞赏。同时，联系市委机关报《拂晓报》记者，报道有关活动，加大宣传力度。

工作队驻村以来，深入贯彻落实习近平总书记“扶贫先扶志、治贫先治愚”的重要思想，高度重视文化扶贫工作，积极争取乡中心校、乡文化站支持，带领村两委做了大量卓有成效的工作，村民的文明素养得到了提升，精神面貌发生了变化。

一是制定村民公约。为提升村民素质，倡导文明行为，按照社会主义核心价值观的要求，由我起草并经村民会议讨论通过，发布了《马庄村村民公约》，同时制成宣传彩页，分送到全村各户。在村口显要位置绘制村民公约文化墙，以图文并茂的形式进行宣传。邀请本村大鼓书传承人刘发权以戏曲的形式进行传唱。

二是积极支持学校硬件建设。马庄小学扩建校园，需要征用村民土地。驻村工作队、马庄村两委主动出面做村民的思想工作，并想方设法筹措资金2.2万元，征用村民土地1 000多平方米，供马庄小学用于建设新教学楼、厕所和扩建操场。新教学楼、厕所和操场已竣工投入使用。

三是积极扶持民办幼儿园。马庄幼儿园是一所民办幼儿园，现有在园幼儿 200 多名，面临场地狭小和资金短缺等困难。驻村工作队多次走访，帮助协调解决有关困难。经过争取，上级教育主管部门安排了一批物资，并纳入普惠幼儿园管理。驻村工作队 3 名同志还捐款 5 000 元购置一批幼儿玩具捐赠给幼儿园，帮助改善教学条件。

四是扶持建设文化设施。积极争取乡文化站支持，在马庄村小集子自然村建设较高标准的村民文化广场，在另外 3 个自然村建设 3 个标准文化广场。动员本村热心企业家建设 2 个文化广场。在工作队协调下，省出版集团、省妇工委和有关高校等单位和个人，为村“农家书屋”捐赠了价值三四万元的图书；帮扶单位捐赠了价值 40 多万元的物资、5.5 万元经费，用于马庄村的文化事业。

五是开展丰富多彩的文化活动。围绕宣传社会主义核心价值观、倡导“婚事新办、丧事简办、小事免办”的移风易俗观念，在乡文化站支持下，马庄村多次承办庆“三八”妇女节广场舞文艺汇演、“我和我的祖国”读书竞赛、送戏下乡演出等活动，同时组织村民开展乒乓球、象棋、书法等文娱活动。

5 月 29 日

为治疗烫伤儿童组织捐款

上午，工作队和村两委负责同志前往徐瓦房自然村村民徐钦民家，代表全村党员和干部群众看望烫伤儿童徐圣棋小朋友，并送上全村干部和群众的爱心捐款。

日前，马庄村举行了一次特殊的党员活动日。在党员活动日各项议程完成后，动员大家专门为在一次村民家庭活动中意外烫伤的儿童徐圣棋捐款，以确保孩子得到有效治疗。

徐圣棋的爷爷是马庄村徐瓦房自然村村民徐钦民，一家生活本来就不宽裕，可小儿子徐敬坤又不幸罹患白血病，长期卧病在床。最近，孙子徐圣棋不慎被烫伤，急需医药费治疗。工作队、村党总支得知这一情况后，利用 5 月 25 日党员活动日，号召党员、干部和群众积极捐款，帮助徐钦民家庭渡过难关。

在捐款活动中，驻村工作队、两委干部带头，仅党员活动日现场就捐款 4 030 元，加上村企业联合会动员有关企业捐款 3 800 元，邻里捐款 2 400 元，全村共计捐款 10 000 多元。

当工作队、村党总支主要负责人将捐款送到徐钦民手上时，徐钦民激动地说："谢谢工作队！谢谢村两委！谢谢邻里关心！村里不仅帮我家办了低保，办了大病保险，还帮我家捐款。要不是你们，我们一家都活不下去了。真的谢谢你们啊！"目前，徐圣棋的烫伤已经得到有效救治，正在顺利康复之中。

通过这次捐款活动，在全村进一步弘扬了真善美、传播了正能量，进一步增强了党组织的凝聚力和影响力，有效提升了马庄村广大党员干部、企业主和普通群众的社会责任感。

5 月 30 日

举行“我和我的祖国”主题活动

下午，马庄小学、马庄村部，红旗招展，欢歌笑语，一派喜庆祥和的景象。

为庆祝中华人民共和国成立 70 周年，弘扬爱国主义精神，村工作队、孙圩子乡文化站在马庄村联合举办庆祝新中国成立 70 周年“我和我的祖国”主题教育活动。乡党委组织委员郭辉、宣传委员董晴出席活动。驻村工作队、村两委全体干部、马庄小学全体师生、马庄村群众参加活动。

“我和我的祖国，一刻也不能分割，无论我走到哪里，都唱出一首赞歌……”马庄村的干部群众、学校的老师学生，分别组成不同的方阵，大家挥舞着手中的五星红旗，伴随着高亢优美的旋律，齐声高唱《我和我的祖国》，共同用歌声向祖国深情告白。激昂的歌声感染了路过的每一位村民，大家纷纷停下脚步，自觉加入进来，和着曲调，一起歌唱，用动人的歌声抒发出每个人对祖国的崇敬、热爱和自豪之情。

活动期间，得知消息的县委组织部电教中心采访组在村拍摄了快闪短片《我和我的祖国》。

6 月 3 日

在“六一”节为孩子们捐赠书包

上午，工作队和村企业联合会在淮北市订购的小学生书包到村，捐赠到马庄幼儿园。这项捐赠，是在前天上午马庄幼儿园举办的庆祝“六一”国际儿童节文艺汇演活动现场宣布的。

为庆祝属于孩子们自己的节日，六一儿童节当天上午，马庄幼儿园组织了专场演出，孩子和家长约 300 人参加了在马庄自然村杨树林下的露天演出。工作队和村企业联合会负责人应邀参加。孩子们表演了近 30 个节目，充分展示了幼儿园老师的教育成果，受到社会各界尤其是广大家长的热烈欢迎，村民们为孩子能有这么好的教育环境和师资条件而高兴。一些未入园孩子的家长表示，一定要把孩子送到马庄幼儿园来接受教育。

演出前，刘园长邀请我代表工作队和村两委致辞，并举行捐赠仪式。工作队和企业联合会，共同向幼儿园里今年将要进入小学的 54 名孩子各捐赠一个书包和有关学习用品。

致辞中，我首先代表工作队和村两委向小朋友们致以节日的祝贺，并向辛勤付出的老师表示衷心感谢，向孩子的家长们表示慰问。感谢大家长期以来对马庄幼儿园的关心，对马庄村教育工作的支持，对工作队驻村工作的支持。马庄村被县委县政府授予尊师重教先进单位，被市表彰为关心下一代先进单位，这些都与全体村民的努力是分不开的。

同时，我对孩子家长和幼儿园老师提了三点建议。一是要尊重孩子的天性。天性是人类先天具有的固有属性，具有一种外界难以改变却可以引导善恶的趋向。这是对人的教育的基础，尤其对待孩子一定要倍加尊重，使之健康成长。二是要尊重不同孩子的个性。个性是个人的精神面貌或心理面貌，是个人的一些意识倾向和各种稳定而独特的心理特征的总和。也指人的个别性，即个人独具的心理特征。每个孩子的个性不一样，一定要区别对待，因材施教，这样才能成为百花园，而不是千篇一律。三是要注重孩子的品性。孩子的品质性格决定一生，好的品性有助于孩子健康成长，不好的品性将对孩子的教育产生负面影响，家长和老师们一定要高度关注。

最后，借此机会向村民们介绍了新成立的马庄企业联合会的情况，希望得到大家的支持。同时表示，工作队和村两委、村企联将一如既往地关心马庄幼儿园和马庄教育事业的发展，努力争取项目和优惠政策，为马庄村民倾心服务。

演出期间，令我最为感动的是其中一个情境表演节目。孩子们在舞台上，主持人要求孩子的爸爸妈妈走上舞台，可是走上去的大多是爷爷奶奶。当主持人要求家长蹲下来拥抱孩子，要求孩子对爸爸妈妈说“妈妈，我爱你”“爸爸，我爱你”时，我再也控制不住自己，泪流满面。我看到孩子们和一些家长们也难忍心酸，热泪盈眶。孩子的爸爸妈妈在哪里？这就是目前农村教育的最大现实，成千上万的打工大军漂泊在外，他们孩子的心理健康问题正在经受考验。这也正是我为什么要推动成立马庄企业联合会的目的之一，希望通过我们的努力，把马庄的企业发展起来，把外出打工的爸爸妈妈们都召唤回来。这是为了马庄的发展，更是为了马庄下一代的健康成长……

6 月 4 日

拍摄电教节目《我的入党故事》

根据省委组织部党员电化教育中心通知和市委组织部安排，上周四上午，县委组织部电教中心欧阳主任一行来村，专门拍摄我的“入党故事”。经过一天的录音和外景拍摄，顺利完成任务。

今天上午得到消息，经县、市委组织部领导审查通过后，已报送省电教中心，并安排在共产党员网络电视台、安徽电视台《共产党人》栏目播出。

一般情况下，人们很少主动说起自己的入党故事。而我却时常在与朋友聊天时说起、在和同学见面时回忆起这件事，因为它时常感动着我自己。驻村参加扶贫工作后，在村里召开的一次党员大会上，我曾经也说起过这件事，我把自己说得热泪盈眶，大家也很受感染……

我于 1982 年考入一所四年制的中等专业学校，对我影响最深的有两位老师。一位是我的班主任宫忠诚老师，一位是因学校师资缺乏退休后返聘任教的丁子良老师。

宫老师在一所著名大学上学时入党，但是没有毕业就被打成右派，到边疆劳改，平反后恢复党籍，回到家乡当中学老师时已是

40 多岁，之后才有了自己的小家庭。他曾经反复地给学生讲他的故事，讲他为什么受了如此大的挫折，依然能像他自己的名字那样，一如既往地对党如此忠诚。他也因党性最强成为学校“最著名”的老师……

丁老师因家庭原因一生坎坷，退休前写过几十份入党申请书，几乎是年年写申请。可他却因哥哥当年随国民党部队去了台湾受到影响，他的申请一直没能得到组织批准。但他从不放弃，兢兢业业工作一生，为人端厚，退休后仍不放弃自己的信念，追求进步。他经常给学生讲他的故事，我是他喜欢的学生之一，他也是我的毕业论文指导老师，对我寄予无限希望，希望我毕业后能留校任教，接替他的课程。但我后来被保送上了大学，又被省政府的一个部门点名要去工作，再也没有回到母校，只是经常回去看看他老人家。即使在我工作后回校看望他时，他和我说的还是对党的信仰，并且写在纸上，让我带在身边，这对于一般人是很难理解的。

正是受宫老师、丁老师他们的这种影响，我在这所中等专业学校二年级时就写了入党申请书，参加了业余党校入党积极分子培训班，当选为校团委宣传部部长、青年通讯社社长、班团支部书记等。我也就是从那时起，决心一生向他们学习，立志像两位老师那样多做对党、对国家、对人民有益的事，为学校争光。此后，我在全省、全国比赛中获过多种奖项，我们班团支部在一次全国团日活动比赛中还被团中央授予“全国最佳团支部”，我本人被省里授予全省优秀学生干部和三好学生等。

20 世纪 80 年代初期，随着党的工作重点的转移，为适应改革开放和现代化建设的需要，党中央决定在青年学生中发展党员。根据我的在校表现和为学校争得的荣誉、产生的影响，经组织培养和考察，在我三年级刚过 18 岁时，就被批准为预备党员。记得当时学校为此专门举行了一个隆重的仪式，我是学生中的唯一，年近 70 的丁老师是教师中的唯一，他代表我们俩在全校400多名师生参加的大会上发言，他介绍了自己的一生经历和对党的无限信仰和忠诚……他泪流满面，几度哽咽。全场师生无不感动得热泪盈眶。

我至今记得，我和丁老师，一少一老，一个18岁，一个70岁，我们站在阶梯教室的讲台上，在管思乾副校长的带领下进行入党宣誓的情景，我的泪水和丁老师一样，无论如何也无法控制……这一切，至今犹在眼前，深深地影响着我，永生不能忘记。直到现在，无论在任何场合重温入党誓词，那一幕就会立刻浮现在我的眼前，我总是难以自抑，热泪盈眶。也许，那时的“初心”，已经深深地根植到了我的灵魂，融入了我的血脉。

所以，每当有人不解地问我：你已经有了多个岗位的锻炼和基层工作经历，为什么还要响应省委号召，主动申请驻村，参加一线脱贫攻坚工作？我都会讲到我入党的这个故事，也许，这就是我无法割舍的“初心”！30多年过去了，我从来没有忘记过那一天，党的生日前夕，6月27日……我坚信，这种信仰的力量将伴我一生！它一定会持续地给予动力，让我持续地做好党赋予我的任何工作！

现在，我在村每月主持举行党员活动日，几乎每次活动我都会结合一个月的工作情况，在会上与全村党员谈心，向大家汇报我的想法和工作思路，对党的方针政策的理解，启发老党员回忆自己的当年初心，回顾自己的光荣经历，回首自己的青春岁月，不少老党员非常感动，也常常是眼圈湿润，参加活动的积极性越来越高……

在村日常工作中，我和工作队队员们经常走村串户，帮助困难群众，打扫卫生、送钱捐物，为企业解决发展中遇到的困难，搭建发展平台，争取扶贫项目，鼓励青年农民追求进步，等等。这一切，都是在实践我的信仰，巩固我的初心。

唤醒初心，才知道自己从哪里来，才能坚定信仰，焕发出向着目标前进的信念和动力！

接受中共安徽省委组织部和安徽电视台联合制作的《共产党人》节目访谈。

6 月 20 日

追记村民郑玉芝

麦子已收割完毕，玉米刚刚发芽。现在最缺的是一场及时雨。中午听说县里正在组织实施人工降雨，可能傍晚和夜间会下雨。只是农民等得实在心焦。

下午，天气燥热。工作队的其他两位同志在办公室整理材料。我独自一人巡查北部几个自然村。到了大郑庄，遇到几位村民正在地头聊天，他们很远就招呼我，问我热不热，能不能受得了“这个罪”……我知道村民们关心我，很感激地向他们问好。聊着聊着看到地头不远处的一座新坟，村民说这正是 20 天前去世的大郑庄村民郑玉芝的墓。老郑去世时还没有过 62 岁生日，去世前还自己安排后事，要求死后埋在自己家门口，平时可以帮助“看看家”。

第一次见老郑是两年前驻村后不久，大约是七八月份。一天上午，工作队到各自然村走访群众，看见一位个子不高、身体微瘦的村民在田间用一种专用的水管喷浇胡萝卜，我们就走上前去攀谈。问他胡萝卜的种植情况、成本和效益如何等。他说：“胡萝卜是本地的特色蔬菜，品质好，种植面积大，村民都会种，收获时有人专门来收，比较省事，效益比种其他庄稼好。但也有不行的时候，种多了，贩子会压价，赔本也是经常有的事。但村民不会其他技术，也只能这样靠天收……”后来，工作队的徐专干问他叫什么名字？他却笑着反问道：“你不敢认识我吧？”然后自我介绍他叫什么名字，与工作队曾经在什么地方见过面等。只是一直到现在，徐专干对他的这个反问“耿耿于怀”，认为这反问有点小看对方抬高自己的意思，可能以为自己亲朋是什么大人物。于是，我不得不反复向徐专干解释，这是皖北人的一种地方话，其真实语境是：你是大人物，我是小人物，虽然见过面，可能你不会记得了，你应该认不出我来了吧？

此后，在走村串户的过程中，能够经常见到老郑。两年多过去，与其他很多村民一样，我们和老郑成了老朋友。随着接触得越来越多，对他的家庭情况了解也越来越多。老两口两儿两女，女儿嫁在附近，日子还行，但也并不殷实。小儿子外出打工，大儿子却因年轻时跟着社会上的“小混混”出了问题，因团伙抢劫在“严打”期间被判了刑，至今还在服刑期间。因此，家庭条件并不好，老郑日子也挺艰难。其间他曾找到我们寻求帮助，后来考虑到他的实际情况为他申报了低保，同时村集体有用工机会时也及时通知他参加。

按理说，这种普通的日子也挺好，老郑也挺知足，感谢村里对他的照顾。但是，不幸却很快到来。一天，老郑觉得肚子疼，不舒服，于是到某市级医院检查，结果被告知可能是肝病，有可能是癌症。家人半信半疑，觉得一辈子没得过什么病，不太相信这个结果。于是找一位亲友介绍的熟人到另一个市的医院进行复查，结果却被告知没有什么毛病，回家就行了，不需要治疗……但回家十多天后还是感觉身体不行，肚子疼得厉害，再去找熟人复查，仍然被告知没有毛病，不需要治疗……其实，此时病情正在因没有得到及时治疗而不断恶化中。大半年过去了，当老郑再也无法忍受病痛而重新回到第一次看病的那家医院检查时，却被告知已到肝癌晚期，已无治疗必要，也不可能进行有效治疗了，只是开些止痛药视情服用……

可是，就在老郑去世前的半个月左右，我在巡查全村环境整治现场时，却发现老郑还在现场干活……我当时有一种说不出的滋味，只是很无奈却热情地给他打了个招呼，提醒他别太辛苦，注意休息，并告诉其他村民多关心他，让他干点轻活。因为，我不知道该说什么。也许他想以能参加劳动来证明他的身体并没有问题，不愿意接受医院那残酷的结论；也许他已经清楚地觉察到自己将不久于人世，所以再为家里每天多挣下 30 元钱……

半个月后，大限终于到来。一天下午，工作队和村两委正在开联席会议。总支书记的电话突然响了。电话那头正是老郑的家属，向书记报告老郑已经走了……

按照村里的旧俗，下葬那天，我带工作队和两委同志前往老郑的灵堂吊唁，慰问家属，了解需要。家属说："老郑是放不下心啊！走的那天也许自己感觉到了，做了很多准备。吃过早饭，艰难地从床上爬起来，给老伴叩了个头，然后请老伴把他弟弟叫到家里，又给弟弟叩了个头，什么也没有说……"

6 月 27 日

“大能人”苏健意外离世

下午，天气少有的阴沉。在县殡仪馆，村民苏健的遗体终于得以火化。之后，极度悲痛的家人和从不同方向赶来的亲戚朋友在哀伤的气氛中，端着一盒骨灰，离开殡仪馆，离开县城，又回到了生养苏健的家乡——萧县孙圩子乡马庄村王台自然村。在苏健家，前来送别的人们挤满了小院……

50 岁的苏健的离世，源于一次令人痛心的意外。

就在前天上午，我们在村部开展 6 月份党员活动日，活动刚结束，村党总支刘委员接到一个电话，说是正在相邻的一个行政村伐树的苏健在伐树过程中从 5 米高的挖掘机上摔下，头向下直落着地，当场死亡。由于苏为刘所雇，刘立即驱车前往……

中午，村两委同志一道赶往现场，报警后等待处理。下午，从外地上学赶回的苏健的两个孩子和在村上学的两个孩子及苏健爱人、母亲全部赶到现场。其中一个在外地读研究生的孩子当场因悲痛而昏迷，经医生抢救才得以脱险。突然的生死两隔，让家人无法接受……

晚上，经村两委调解和公安部门协调，得到家人同意，遗体得以运往县殡仪馆保存。

但是，最困难的是调解。苏刚满 50 岁，身后留下 4 个上学的孩子，从中学到大学、研究生都有，全靠他一人经营特色种植业和伐树维持经济支出。他走了，这个家的天就真的塌了。苏的雇主刘委员虽然经营木材多年，但家中并无积蓄，而且欠下了不少外债。调解的唯一办法就是通过经济补偿达成协议。但由于双方愿意和条件的悬殊，调解一度陷入僵局。苏家最初提出，不要钱，四个孩子交给刘家抚养。刘却说无力支付太多的赔偿，和孩子几家一起也只能凑出 20 万元。村两委初步调解，让刘出 50 万元。

又经过昨天一天的调解，最终双方达成协议，刘向苏家支付 35 万元赔偿。这对苏家显然是不够的，是难以接受的，但也没有更好的办法。对于刘来说，这也不是一个小数字，将给他本来就拮据的经济条件带来重大影响，一度刘的精神状态几乎崩溃，呆若木鸡……事后了解到，这个结果是基于双方有一定亲戚关系，不少亲戚出面求情，苏家才勉强答应。原来，刘的父亲和苏的母亲是姑舅表兄妹。

对工作队来说，苏健也可以说是老朋友，他的去世让大家同样非常痛心。记得驻村后不久，在一次走村中发现一块麦地的旁边有一片藕塘，大家非常诧异。马庄是一个缺水的村子，从来没有什么地方见过水，沟塘都是干的，里面种满了各种庄稼。但这里却有一片生机盎然的藕池，里面开满了荷花。经过了解，村民说是苏健种植的。于是我们找到他，并现场了解当地开发人工池藕的可行性。他说，完全可以。他已经干了 10 多年，就是用这一亩地的藕池养育了他家的几个孩子，已有两三个上了大学和研究生……后来，我们就经常去找他聊天，到藕池拍照，他也成了令我们刮目相看的马庄“大能人”，我还曾向村两委推荐他，希望能把他拉进班子来。好像是苏本人因家庭负担重，没有时间参与村务，他本人并没有进两委的愿望。去年，工作队在实施从省里争取来的水利项目时，还考虑聘用他在村开发的一条河道中种藕养鱼，或者出租给他经营，他也很乐意。但由于县水利部门禁止在河道实施种养业，最终作罢。一个月前工作队先后又去过他的藕池两次，但都没有见到他。没想到，去年底的一次相见，竟然是最后一次！

一个鲜活的生命就这样走了！痛定思痛，我和村两委同志一再说到几件事，提醒大家在今后工作中多向村民宣传。一是要教育村民树立高度的安全意识。驻村后发现，村民对自己的生命并没有足够的重视，很多需要重视的危险作业都是大而化之。据当时在场的人说，苏健伐树时，也有人反复提醒他这个高度直接实施操作非常危险，但苏不当一回事，甚至与劝他的人发生争吵。二是村里的家庭工厂、农场、合作社雇用村民做工，一定要购买相关的保险。这是事后救济的重要保障。三是要与雇用对象签订用工和安全生产协议。一方面保护用工方，更重要的是提高雇用人自觉重视安全生产意识，最大限度地防止和减少意外的发生。

7月8日

不该发生的意外

今天一大早，村部门卫徐孝钦面带伤感地对我说："对面的老徐走了……"问他怎么回事，才知道这个双休发生了天大的意外。

门卫说的老徐是叫徐作训，贫困户，家在村部大门正对面。老徐是1946年7月4日生，徐瓦房自然村人，家有3亩多地，老伴于多年前去世，现有一个儿子，40多岁了也未成家，也是建档立卡的贫困户。贫困的原因都是因为有病没有劳动能力，也没有发展动力。2018年上半年，经县批准，为老徐建了60平方米的"扶贫房"，父子两人分居两处。

老徐的帮扶联系人是马庄小学的薛校长。据薛校长介绍，根据老徐的实际情况，经过申报和批准各程序，给老徐安排了特色养殖等多项帮扶措施，日子过得还算有滋有味，老徐本人也非常满意，对党和国家的政策与干部对他的关心常怀感激之情。

意外发生在上周末的夜间，当天晚上我们刚回合肥。更巧合的是发生意外的前一天，老徐刚刚过了73岁生日。

老许虽然已经70多岁，但身体很好，所以并不服老。当天上午天气很热，他和很多年轻人一样，背上打药机，到玉米地里给玉米打药，一干就是半天。据邻居说，晚上吃饭时见他并无大碍，但第二天上午10点多，邻居徐志己见他还没有出门，觉得有点反常，就到老徐家串门。可是，刚到门口，就发现老徐只穿了一个裤头，趴在院子里，已经没有了生命体征……

后来，根据对老徐屋子里的现场判断，老徐是因打农药中毒而亡。当天下午打农药，因天热出汗，背在身后的药桶中的农药外溢后很容易接触到皮肤，加上雾状农药也会因风吹而吸入体内，在没有任何防护措施的情况下，农药很容易通过出汗的毛孔进入血液，危险性极大。加上老徐的腿上有一处创伤还未愈合，更加重了危险。估计老徐就是因这种情况而导致死亡的。根据现场观察和判断，老徐回到家里，吃了晚饭，然后到村部开水器打了一盆热水，在屋里坐在盆里洗澡时，发现身体不适，因居住环境相对封闭，喊人没有人答应，于是就向房外爬……可能是农药的作用越来越强，他并没有爬出院子。发现他时面部呈青紫色，医生说是明显的农药中毒症状。

意外发生后，村两委和工作队高度重视，对后事进行了妥善安排。

徐作训的去世，让工作队员们非常痛心。他不仅是工作队的老朋友，而且几乎是一家人。他曾在徐瓦房自然村居住，我们曾多次到他家走访。去年村里决定对徐瓦房自然村实施空心村改造，老徐积极配合，第一个在协议书上签字，拆除了旧房，在村部对面他自己的地上新盖了60平方米的“扶贫房”，从此成了半个村部人。工作之余，工作队经常坐到他家门外与大家聊天、乘凉，他家也成了村民的小小聚会点，他热情地给大家提供茶水。由于一个人生活简单，所以我们也鼓励他到村部开水器取水，有时也到工作队的洗澡房冲澡。

老徐走了，但村民的“无知”“无畏”让我始终难以放心。就在老徐发生意外的前几天，看到一个打药后路过村部的村民，我还提醒她一定要注意，尤其是在夏天，发生打药中毒的案例很多。当时一起聊天的人很多，老徐在不在场我不十分清楚，但此事却被我不幸言中……

看来，对村民进行最基本的农业安全生产常识教育，还有大量工作要做！

7 月 17 日

召开扶贫小组长述职评议会

上午，召开马庄村扶贫小组长上半年工作述职评议会。乡长李秀荣到会并讲话。乡党委委员、组织委员和包村干部等到会指导。工作队、村两委、党员和群众代表等参加会议，并对小组长述职进行测评。各自然村扶贫小组长分别述职，工作队王副队长进行点评。郑书记主持会议，最后安排我作总结讲话。

由工作队负责对扶贫小组长的使用、管理和考核，是县委组织部的要求。这次半年述职，是进一步加强对扶贫小组长管理的具体举措。各小组长做了认真准备，述职既全面总结了自己的工作，也突出介绍了工作队所发挥的重要作用。整个述职过程和表现，得到了李乡长和郭委员的高度评价。

总结讲话中，我更多地肯定了大家取得的成绩：这次小组长述职评议会很成功，也是一次很好的锻炼，以后我们的各项工作都可以如此进行考核，通过形式充实内容，养成良好的工作习惯，树立坚定的发展信心。大家的述职准备认真，都形成了书面报告，事前电子版已统一报县委组织部存档。很多同志多年不拿笔，开始没有信心，现在看不是很好吗？一定要经常性加强训练。有的同志虽然在外地，还是把稿子写好传回来，今天又专门赶回来参加现场述职，令人感动。我们述职的过程也很正规，省直机关开年度述职大会，也不过如此，所以我们不要妄自菲薄，从今天起，要给自己树立一个更高的、全新的标准。

我还觉得，通过这次述职，达到了三个目的。一是，展示了成绩。大家平时各自忙事，并没有认真地总结过所做的事情，以为没做什么，现在总结起来，大家都做了很多工作，非常可喜，值得自豪。这些工作大家介绍得非常生动，付出了大量心血和时间，具体而实在，不说大家都不会知道，真的令人感动。希望继续发扬下去，把好的做法和精神面貌坚持好。

二是，反思问题存在的原因。工作千头万绪，日常来不及梳理，也就难以发现问题。这次强行要求大家一定要找出存在的问题，所以大家还真发现了不少问题。这些问题有共性的，也有个性的。下一步要分门别类进行归纳，建立问题清单，形成整改台账。同时，要按照县里对“双述双评”工作要求，在一定时限对这些问题集中整改，最后逐一销号。

三是，明确了目标。习近平总书记要求全体党员“不忘初心、牢记使命”，我们也可以想一想，大家刚开始当小组长时的“初心”还在吗？当初满腔热忱地想为村民做点事，大家反思一下做得怎么样？还有哪些没有做好？还准备做哪些事？只有有了新目标，才能做出新贡献。大家在述职中都对下半年的工作进行了安排，明确了工作目标，希望认真抓好落实。

8月1日

马庄企业联合会正式成立

下午，马庄企业联合会召开会员大会，先后通过了筹备组所作的《筹备工作报告》《章程》和领导班子提名人选等，并举行了选举。随后，再次召开大会，宣布选举结果，当选会长讲话。同时，邀请县工商联和工作队、村两委领导到会讲话。这标志着，经过几个月以来的筹备，马庄企业联合会正式成立。

《筹备工作报告》指出，在萧县工商联、省驻村工作队以及村两委的大力支持下，萧县马庄企业联合会筹备组工作人员历经三个月的努力，最终经过萧县县委组织部批准、县工商联批复、县民政局备案，马庄企业联合会正式成立。

筹备组负责人介绍说，联合会的发起，首先是驻村工作队正确引导的结果。社会不断发展，商品广泛流通，各行业的发展都面临着新的挑战，在这种形势下，我们不能再单打独斗、孤军奋战。联合会是各个企业加强协作的新平台，将切实维护企业利益、推进企业自律、促进企业发展，努力形成互利共赢新局面。

当选会长徐伟说：乡村振兴的核心是产业振兴，产业振兴的主体是农民，而农民又是乡村振兴的直接受益者。所以，要想让农民受益，产业必须振兴，要通过乡村振兴战略把农民的积极性、主动性、创造性调动起来。大家有了目标、有了想法，企业就有了活力，这就是我们成立马庄企业联合会的初衷。希望各企业在自身发展的同时，大力支持企业联合会的工作，携手共赢。联合会将在各级领导的监督下，为马庄村企业保驾护航。

应邀到会指导的县工商联吴群主席、党组李栋梁书记分别讲话。他们对联合会的成立表示祝贺，并表示一定会大力支持联合会的工作，同时提出了具体要求。

最后，我代表工作队和村两委向联合会的工作提出了五点希望和建议。一是要加强团队建设。大会选举出了第一届领导班子，这只是个开始，接下来有很多工作要做。万事开头难，头三脚一定要先踢好。这就要求大家团结协作，心往一处想，劲往一处使。团结出战斗力，团结出好成绩。

二是要加强内部管理。包括两个方面，一方面是加强企业间的联系，相互交流，请进来，走出去，学习人家的经验。他山之石，可以攻玉。另一方面是各企业的内部管理，要通过联合会的带动，规范企业内部管理，向管理要效益。要从根本上转变小作坊管理模式和管理理念，向现代企业转型。

三是要加强对外交流。可以组织大家走出去，学习先进经验，促使企业尽快上规模，上档次。联合会成立后，大家就自然成了全国工商联的团体会员，交流的渠道更加广泛，机会也会不断增加。要充分利用各种机会，参加交流和培训、会议和研讨等，不断丰富各自的外部资源。

四是要主动和自觉地接受监督。联合会成立后，要主动接受县工商联的管理和指导，自觉接受县民政局的监督，按照章程要求，规范各项行为。要按照县委组织部非公工委的要求，尽快筹备成立党支部，切实抓好企业党建工作，以党建促发展。

五是要严格按照《章程》办事。《章程》必须严格遵守。要加强对会员单位的教育和引导，在经济活动过程中，严禁违法违规行为的发生。领导班子和会员单位要严格要求自己，要以身作则，以好的作风影响和带动其他企业。要加强对联合会的宣传，不断吸收新的企业加入联合会，让联合会越办越好！在《章程》的规范下，越办越有凝聚力，越办越有吸引力，为马庄村民造福，为马庄经济发展做出应有的贡献。

8 月 27 日

与村后备干部集体谈话

上午，召开工作队和村两委联席会议，研究在全县“选优”中统一录用的到村三名村级后备干部的工作安排。

会上，郑书记首先传达了乡党委有关后备干部安排和使用的具体要求，同时希望大家全力支持三名新同事的工作。其他与会同志分别发言，表示一定会爱护他们，支持工作，团结协作，充分发挥年轻干部优势，把各项工作做得更好。

根据大家意见，并征求其他相关人员意见，会议明确了三名后备干部的分工。徐明丽同志继续承担党建员工作，同时负责办事大厅室内环境的管理。李圣伟同志接替高书影同志分管的徐店自然村工作，同时协助马传合副书记做好生态田园公司经营和村集体经济发展工作，负责大会议室内部环境的管理。杨丹同志协助村扶贫专干郑敏做好扶贫资料的整理工作，同时负责村内务和小会议室内部环境的管理工作。

之后，请三位新报到同志参加会议，传达联席会议精神，并就分工安排征求三位同志意见。三位后备干部分别作表态发言。徐明丽同志表示：经过一段时间的工作，现在越来越热爱自己的村庄了，有信心把工作做得更好，争取在全乡走在最前列，请大家多指点多批评。李圣伟同志表示：非常荣幸加入这个大家庭中来，决心不辜负大家的希望，尽心尽力地做好各项工作，请大家看我的表现，相信自己不会让大家失望。杨丹同志表示：非常珍惜这个机会，一定要好好锻炼和提升自己，向前辈们好好学习，哪里需要就到哪里去，在工作中锻炼，在工作中成长，为马庄发展做出自己的贡献。

最后，由我与三名同志进行集体谈话，提了 5 点要求。第一，尽快融入集体。我和大家一样，非常欢迎你们来到这个集体，也表示祝贺。但是光来了还不行，还要融入，要打成一片，有机融合。村两委同志也要诚心接纳，这是双向的。从年龄上看，我们都是你们的长辈，会爱护你们，会做好传帮带工作，在工作中教你们，带你们。你们也要注意学习，要善于向老村干学习，尽快成长和成熟起来。

第二，要发挥年轻人的优势。村两委同志基本上是初中生、高中生，现在你们来了，我们的团队中就有了大学生，这就是进步，就是马庄的希望。从某种意义上说，马庄开始了新一轮的新老交替。新人要有新人的样子，要有新人的抱负。在今后的工作中，你们三位要充分发挥自己的知识、学历、专业和人际资源优势，在马庄发展上出主意、想办法、谋发展，使马庄村民看到希望。要因你们的到来，使马庄村部充满新的生机与活力。

第三，要加强学习。对年轻人来说，学习是永恒的话题。当前要重点学习习近平关于脱贫攻坚的重要论述，学习中国特色社会主义理论，学习农业和农村工作知识，提高为农业和农村、农民服务的本领。

第四，要强化纪律观念。县里对这次后备干部的选拔非常重视，动用了大量资源，也寄予了很大的希望，是当作接班人来培养的。

希望大家一定要严格要求自己，在工作和生活中严格遵守法律和纪律要求，清清白白为群众办实事、办好事。

第五，全体同志要加强团结。团结出干部，团结出生产力、出战斗力。大家在一起工作，要相互理解，只要坚持服务工作大局，就没有想不通的道理。一个村虽小，但工作涉及各个方面，没有什么事不需要别人的支持和帮助。因此，在工作中出现分歧和矛盾很正常，关键是要正确对待。在全县的培训中，县委组织部的同志应该也提了要求，尤其在工作方法上也进行了培训和指导。随着工作的深入，还会遇到一些新的情况，但只要坚持团结的理念，所有的问题都会得到解决。希望大家像爱护自己的眼睛一样，爱护马庄村两委这个大家庭。工作队永远是你们的坚强后盾，祝大家工作顺利！

9 月 4 日

因帮扶而转变的典型

上午，工作队三名队员前往柳园自然村，先后到三个艾滋病贫困户家中走访，了解近期生活困难和需要，以及对工作队和村两委工作的意见和建议。大家普遍反映，通过几年的帮扶，家庭收入和生活条件有了很大的改善，从内心深处感谢党和政府的关怀，感谢工作队和村两委周到细致的安排，感谢帮扶联系人体贴入微的帮扶。

为了表达工作队队员的心意，在每户走访结束后，工作队员还分别给三户贫困户送上一个自己花钱买的多用电磁锅，也是提前祝他们中秋快乐，当作送给他们的节日礼物。

活动结束回到村部，恰遇李乡长到村安排工作。正在与李乡长谈话时，手机突然响起。打电话的正是刚才工作队给他送上电磁锅的刘某（艾滋病患者）。问他有什么事？他却激动地说："焦书记，这电磁锅你们拿回去吧，我不要了……"对此，我的第一反应是，可能锅有问题，或者嫌弃质量不好，就问他为什么不要了？他却动情地说："你看，焦书记，你平时都一直关心我，够麻烦你们的了，我想这锅还是给别人吧？村里还有人比我更困难……"我一时不知道说什么才好，显然是我自己被感动了！停了一下，我说："感谢你的善意，送给你，是经过大家研究的，你就放心吧，别人不会攀比的……"他说："那好吧，谢谢焦书记和工作队了……"挂了电话，包括李乡长在内，工作队和村两委同志也都听到了刘的话，大家都感叹不已！也许他们是在长期所见的村民争要好处的环境中第一次听到这样的声音而都被感动了！不停地说：不是被工作队大量亲民爱村的行动所感染，村民哪能有这种转变?。

这看似偶然的一件事，对艾滋病人刘某来说，其实完全在情理之中。工作队驻村前，柳园自然村是个有名的"闹事村"，上访、闹事，屡见不鲜，刘某也是领头之一，严重影响了全村的脱贫攻坚工作。工作队驻村后发现了这个问题，主动承担起了包村的责任。经过几年的努力，这个自然村不仅成了"无访村"，而且村民谋发展的热情高涨。刘某就是其中一个典型代表。他虽然身患艾滋病，却十分乐观向上，发奋图强，自己贷款搭了20多亩地的大棚，种植反季节蔬菜，收入十分可观，成为工作队到处宣传的榜样人物。所以，他能有今天的表现，在工作队眼里并不意外，只是对他不了解的人会感到意外。

这件事也引起了李乡长的高度重视，他立即要求村两委和工作队抓住这个典型，通过媒体多种形式地宣传，以带动其他贫困户自谋发展，树立榜样。不要只盯着国家，只知道伸手要，不知道通过自己的努力改变自己的生活，不要见好处就争，见利益就抢，把比穷、比困难当作比光荣……

经常到田间地头，学习农业生产技术，向村民宣传“三农”政策。

9 月 9 日

村口聊村事

几天来，不断有小郑庄自然村的村民给我打电话，反映修路的事。但因回肥和到县城开会出差不断，一直没能及时前往小郑庄与村民沟通。

下午，虽然雨后十分闷热，但考虑到村民们心情迫切，想和我聊聊，我还是裤头短褂一身短打地去了小郑庄。

小郑庄过去只有一条出村的主路，而且几十年没有硬化，后来垫成了渣土路，勉强行车。但一遇雨天，到处积水，严重影响村民的出行和孩子上学。工作队于 2017 年驻村后就发现了这个问题，于是向县申请了道路硬化项目，并很快获得批准。但是在 2018 年准备施工前，突遇各地环保验收，因不少矿山停止开采，石料奇缺，最终被迫停工。

由于小组长工作不细，村民并不知道真相，简单地以为不修了，群众意见很大。有的说是把修路指标调给其他村了，有的说是村干部关系没有处理好，有的说小组长不作为，一时怨声载道。

来到村口，正好遇上十来位村民聚在一起聊天。大家见我来了，一时非常兴奋又非常激动，个别人还情绪很大，埋怨工作队不关心他们村，责怪自己村没有干部在村两委任职等。于是我向大家耐心地做了解释，并把我提前准备好的县里批准的小郑庄 0.65 公里道路硬化批准表给大家看，这下大家高兴了……然后又向他们解释招标的过程和时间安排，劝大家耐心等待，并开玩笑说："大家几十年都等了，还差这个把月吗？请大家放心，一定会给大家修好了，修结实了，修不好我就不走了……"

大家一高兴话题就多了。于是说到今年的收成。一个 84 岁的老人家说，这几十年都没有今年的雨水好，大丰收，小麦一亩卖一千多元，玉米又一千多元，这是历史上很少有的。另一个大爷说，可惜地太少了，当年因为交公粮，大家都不愿意要地，200 多亩地都丢给了相邻的孟庄和马庄自然村，现在人均只有一亩多了，想要回来人家也不会退回了。正说着，来了一位年轻人，一开口就问我："焦书记，你看这到处都是草，都长到路上了，什么时候给我们割了它，到处都是蚊子……"我停了一会儿，没有说话，真的不知道该说什么好。然后我就问他："过去这草是不是都要村干部来给你们割？大家都是农村人，什么时候开始都不会割草了？如果所有的事都要干部包办，干部不干大家就这样等，大家的日子还能过得好吗？"那位年轻人一时语塞，竟不好意思起来。周围的群众都看着他面面相觑。

离开小郑庄自然村已是傍晚 6 点。在回村部的路上，我一直在想，在当前政策形势下，对农村到底应该如何帮扶？农民在思想观念上缺少什么？应该怎么加强对农民特别是年轻一代的教育和引导？对此，可能还有待更加深入地探索……

9 月 25 日

与党员干部“面对面说扶贫”

上午，举行马庄村党员活动日活动。活动共有 11 项议程，其中之一是第一书记“面对面说扶贫”。作为第一书记，我结合当前工作从四个方面与全村党员干部进行了面对面交流。

一是要高度关注脱贫攻坚工作。脱贫攻坚是党员活动日离不开的话题，也是从中央到地方始终关注的重要工作。上周以来，习近平总书记先后在河南省考察了一些地方，每到一地都对脱贫攻坚工作进行实地调研，并作出重要指示；前天的中国农民丰收节总书记在向全国农民表示祝贺的同时，也对“三农”和脱贫攻坚工作提出了要求。同样是上周，省扶贫办、市委组织部、市扶贫局连续安排三次对贫困村脱贫攻坚和党建工作进行密集暗访。为什么？2019 脱贫攻坚年度只剩下了最后一周，即将到来的是年底的省第三方评估验收。此前我们做了大量工作，先后对存在的问题进行了排查和梳理。关键是整改工作做得如何？如果整改不到位，那我们的工作就白做了。希望各小组长和分管干部真正负起责任来，确保万无一失。关于基础设施建设，各小组长要做好工作。前段时间在村道修建过程中遇到一些问题，影响了施工进度，要做好工作，引导村民树立大局观念，确保路宽够数。同时，要向村民解释，路要一条一条地修，不可能一夜之间全村都完成，要有耐心，只要是规划内的道路，肯定会修的。要做好工作，不要动不动就到村部吵闹。

二是要重视发展。发展是永恒的话题。今年以来，村田园公司土豆种植基本实现了良性产销，这项产业发展也引起了县领导的重视。下半年，将在县支持下，扩大种植规模，建设土豆种植基地，争取县里在资金和技术上的支持。同时，也希望广大党员向群众宣传，引导村民自主种植。规模越大，收益越高，产业越容易发展起来。

三是要全心全意为村民做好服务。为人民服务是党的宗旨，也是党的初心。左邻右舍的贫困户都是我们的服务对象，要主动关心关爱他们。我们现在正在开展社会扶贫，这是一个很好的平台，希望大家行动起来，一把椅子、一口锅、一件衣服、一次义务工……都是我们可以做的，一定要把党的温暖传递给村民。扶贫日即将到来，也希望大家积极参与，不在于多少，只要做了，就值得肯定。

四是要积极参与党建工作。党总支是全体党员的家，大家要爱护维护，积极参与各项活动。在大家的努力下，我们去年被评为全县先进基层党组织，今年乡党委决定仍然推荐马庄村党总支为全县先进基层党组织。希望大家珍惜这份荣誉，真正发挥党员在脱贫攻坚工作中的引领作用，为马庄各项工作全面上台阶做出自己应有的贡献！

10 月 25 日

邀请县梆剧团来村演出

上午 11 时，受驻村工作队和村两委邀请，持续两个半天的县剧团“送戏下乡”演出活动在村部广场顺利结束。两个半天分别演出了传统古装戏曲《墙头记》和《义烈风》。在村的村民和马庄小学的学生等 200 多人现场观看了演出。

其中，《墙头记》是根据蒲松龄的同名俚曲改编而成，在农村演出很有针对性。故事大意是：善良的张木匠辛勤劳动，将两个儿子拉扯成人，由于妻子早亡，他对他们很溺爱，长子大乖从小学做生意，后来发了财。他为人自私、贪婪，很会算计。他的妻子李氏刁泼狠毒，对张木匠冷酷无情。次子二乖粗通文墨，为人虚伪、狡猾。其妻赵氏从娘家带来一份厚家产，他们吃喝不尽，对此十分得意。但二乖也不愿奉养父亲，常常怨恨“老爹爹今年八十五，何不死在圣贤年”。张木匠年老体衰，已失去劳动能力，不得不依靠儿子为生。可这两个儿子都嫌弃他，但又毫无办法，只好立下字据，以半月为期，轮流养父。由于月份有大小，兄弟为此常发生争执。一天，大乖“照章”送其爹到二乖门口，二乖夫妇恼于大乖又占了便宜，便装聋作哑，任凭大乖叫骂，就是不开门。大乖无奈，又不肯把爹爹再领回家，于是逼着老爹骑在二乖家的院墙上，并对其爹说："你要掉往墙里掉，掉到墙外可没人管饭。"遂拔腿躲走。张木匠年轻时的好朋友王银匠，为人机智、诙谐、又富于正义感。这天，他挑着银匠担子走街串巷，忽见张木匠昏倒在墙上，就将他救了下来。王银匠对张木匠的遭遇十分同情，他计上心头，要利用大乖和二乖爱财如命的本性，让他们养活老父，同时也趁机整他们一下。于是，王银匠从怀里掏出一个苞米面饼给张木匠，让他找个地方晒太阳，等着儿子来找他。王银匠先到大乖家，接着又到二乖家，都以要账为名，叙说当年张木匠怎样在他的炉子上化了许多银子，暗藏防老。大乖、二乖夫妇听后又惊又喜，各自都想先把爹弄到自己手里。于是，一场"争爹"战开始了。最后，还是张木匠提出的仍"照章"办事，以半月为期轮流养老，这场"争爹"战方告结束……

两天来，台上演绎的是一个个令人心酸的故事，子女不孝老来难，演员表演非常生活化，尤其是两对不孝的儿子媳妇，各有各的嘴脸，都是一样的势利贪财；台下，白发苍苍的老头老太唉声叹气，满脸稚气的少年儿童义愤填膺。潜移默化之中，村民受到了深刻的孝文化教育。

结束后，我问 9 岁的小学生刘瀚可看懂了，他有模有样而且很严肃地说："我明白了一个道理，就是要孝敬老人！"在场的人都笑了起来，没想到孩子们还真的都看懂了……

梆子戏是萧县群众最喜爱的戏曲。工作队会同孙圩子乡文化站曾多次邀请萧县梆剧团来到马庄村演出。每次演出之前，我都利用这一时机登台讲话，广泛宣传习近平新时代中国特色社会主义思想和脱贫攻坚、移风易俗政策等，感谢大家对工作队和村两委工作的支持，希望大家铆足发展的后劲，过上更加富裕的日子。讲话受到大家热烈欢迎，宣传也收到了很好的效果，村民对工作队的满意度也不断提高。

11 月 4 日

想起“郑五保”的“奇事”

晚饭后，在村部小广场与村部对面的大老徐和五保户老徐聊天，突然大家又说起了“郑五保”……

4 个月前，郑五保走了，走时刚好是他 83 岁生日那天。至今有关他走时的种种奇事仍是村民们谈论的话题。

郑五保是马庄村大郑庄自然村村民。他本是有名字的，但由于一辈子没有娶上媳妇，孤身一人，很早就成了有名的五保户。时间长了，村民都叫他老五保、郑五保，以至于年轻人都不知道了他的真实名字。脱贫攻坚工作开始后，他被纳入了“五保贫困户”一类管理，日常生活由他的一位侄子照顾。

工作队驻村后，经常去看望他，帮助解决一些生活上的困难。见了工作队郑五保经常说的一句话是：“哎呀！焦书记，我看到你们来，可喜了！”

郑五保虽然 80 多岁了，但身体很好，没有什么大毛病，生活能够自理，只是房子有点问题。为了保证他住房安全，后来在他的申请下，经村里上报，县住建局批了 2 万元，村里找人给他盖了 50 多平方米的两大间安全住房。总的来说，老人家的日子过得也算有滋有味。每次上级来检查，到了他家，他都能说得很好，对政策的了解也相当“有条理”。

可就在今年年中的一天下午，平时不怎么“串门子”的他，一连走了好几户人家。到了别人家，有时不说话，看看笑笑就走了，有时随便搭个话，有时自言自语地说“明天就看不到了……”，有时说“来看看你……”很多人莫名其妙，平时不走动也不爱说话的老五保，今天是怎么啦？

第二天一大早，负责日常照顾他的侄子家一个八九岁的娃娃在床上睁大眼睛对妈妈说：“妈妈，大爷爷死了！”妈妈狠狠地瞪孩子一眼说：“别胡说！”但是家里人还是不放心，趁吃早饭时前往老人家住处看望……到老人家住处，看到老人家正在门前坐着，这才放心。

可是把饭递给老人家时，他却说：“唉，今天就不吃了吧？”侄媳一边劝他要吃饭，一边就往回走了。

中午饭前，有不少人在他屋后的路边聊天，他也坐在旁边的一块石头上听着。突然有人逗他，说他的事，他还不停地笑。说着说着，有两个人争辩了起来，平时从不管闲事的他却少有地出面相劝，这让其他不愿意出面调和的人都感到很奇怪，有人说：“这老五保今天是怎么啦？长能耐了！”

到了快吃午饭的时间了，大家各自散去。过了个把钟头的光景，隔壁的侄媳让那位八九岁的娃娃来喊大爷爷吃午饭，可是那娃娃无论怎么喊大爷爷，大爷爷也不说话。

娃娃跑回家对妈妈说：“大爷爷死了！”妈妈差一点把儿子痛打一顿！一大早说了这话，现在又说这不吉利的话。

侄媳心情忐忑地跑到老人家，见老人安详地躺在床上，怎么也喊不起来了……始信孩子话为真！

郑五保真的走了……

几个月过去了，每当大家提起郑五保去世当天的这些事，人人都感觉非常茫然……

11 月 5 日

看望侯月英老人

上午，主持召开驻村工作队和村两委联席会议，一是根据县扶贫局要求统计和总结 2016 年以来到村到户扶贫项目执行情况，二是研究申报新的扶贫项目。据村扶贫专干小郑统计，截至目前，各级扶贫项目到村、到户两项总额已达 4 800 万元。对于新的项目申请问题，我事先与合肥一家农业公司进行了联系，该公司负责人同时介绍我们到江苏一家公司先行考察，然后洽谈合作事宜。据此，联席会议决定申报 3 000 平方米的标准化厂房建设项目，然后根据情况发展农产品加工业。

会议结束前，郑书记在会上向我说了一件事：双休日工作队同志回合肥时，王庄自然村有位老人家来村找我，反映生活困难，具体情况不十分清楚，建议我前往老人家了解一下实际情况。我说：“好，我们散会，现在就去。”

当我和郑书记带领工作队员和王庄自然村扶贫小组长到达侯月英老人家时，她正在准备用热水烫脚。老人看到我来了，激动地招呼我坐在她的床边，并紧紧地抓住我的手，诉说她家突然遭遇的种种困难。

老人家今年已93岁，身体一直有多种疾病，但总体上无大碍，所以多年来一直坚持自己独立生活。可今年以来，老伴因病去世后她又生了一场大病，花去8万多元；专门养猪的儿子刘伟去年又因猪瘟亏损10多万，今年猪肉价格高了，他却没有了猪，而且也生病住进了医院。

突然而来的多重打击使老人家再也坚持不住，无奈之下到村部来找我。今天见到我后，还拉着我的手一直说："焦书记，你看，我这一辈子吃了很多苦，但从来不愿麻烦国家。现在是真没办法了，你们这么好，还有很多事，让你们还操我的心，真是难为情。找你，也就问一下，村里要没办法也就算了。只是我一时不知道怎么办好啊！"

听了老人这一席话，在场的人都很感动，没想到老人家这么大年纪了，还有这样高的觉悟。我们越来越觉得自己的工作没有做好。郑书记也说，是啊，她这么困难，从来没向村里反映过，我们也不知道，如果知道，就会早给她想点办法了……

老人又说："我就是不想让你们知道，公家要管那么多人，我能不找公家就不找，现在老头子走了，儿子又摊上这大灾，实在是没有办法了……"

于是，工作队和郑书记、徐组长现场研究，决定抓紧给老人家申报低保。但低保的审批还有一个过程，比较慢，为解决她的燃眉之急，先从村集体收入安排几千块钱救济款应急。征求老人意见后，老人表现出感激不尽的样子，但我的心里却不是滋味。

在回村部的路上，我和郑书记一直在估算着，像这样的老人还有多少？我们要动员小组长进行排查，不能让群众寒心啊！同时，对这样有觉悟、对党和国家怀有感情、支持和理解村干部工作的群众，更要多加关心，予以表彰，树立正气，匡正村风……

11 月 8 日

成功调解邻里路界纠纷

昨天上午，大郑庄自然村一位年近七旬的老人来村部找我，说是邻居不让她垫路，影响了她的出行，要我前去看看，评个理，看谁对谁错，帮他们处理好这个事。

当时我正准备开会，就告诉她散了会我就去看看，让她先回家。可是她坚持要等着我一道去……没办法，我们只好把会开得紧凑点，很快结束。然后我带着工作队和总支郑书记一同前往。这个村也是郑书记所在的自然村。

到了现场，还没有听老人家介绍矛盾的来龙去脉，从路两边的小院里就很快出来了三位老人，每个人都大声吵闹，一下子就乱成了一团，我们也不知道他们到底在说什么，他们之间到底是什么关系……

这时，我只好先给他们定规矩：大家都不要讲话，听我问，你们答，我要先把事情搞清楚。因为村里的村民平时都比较尊重我，所以大家都不再说话，我就一一问个清楚。原来，到村部找我的老人姓李，都叫她李郑氏，约 70 岁，刚从路两边出来的三人中之一是她的老伴老郑；另外两个老人一位叫郑玉良，60 多岁，另一位老人 80 多岁，是郑玉良的母亲。两家分别住路的东西两边，两家院子向北 10 多米是两家的耕地，也是分别位于路的东西两边。从现场看，路上有 3 米长的渣石，矛盾即由此引出……

渣石是李郑氏撒的，她的理由是：这段路有点窄，不好过车，想堆在路边加宽路面。而郑玉良认为：李铺垫的渣石正好位于自己耕地的地头，一下雨就会把渣石冲进地里，影响耕种，所以不同意李在自己地头铺垫渣石，所以就把李垫的渣石推撒到了路的中央，以至于大家走路都不方便。

问题已经非常清楚，大家各不相让，一时吵作一团，甚至要打起架来。一个坚决要垫，说是公共道路，对方没有理由不让垫；一个坚决不同意垫，要垫去垫自己的地头，不能影响别人。各有其理。在场的工作队其他同志和郑书记都面面相觑，觉得没法处理。

见此情景，我已无退路。我想，既然村民找我，就应该信任我，我要试试我的办法。于是，我让老郑给我找一把铁锹来，然后我说："今天我来给你们把这个路垫好，以后谁也不许动，行不行?"于是两方都说好，听焦书记的。我首先把李郑氏撒的渣石由郑玉良的地头铲到离耕地稍远的路面上，然后画了一条线，再把渣石撒开，铺垫均匀，问双方有没有意见。他们都不说有没有意见，只是说"我听焦书记的……"

但是，问题并没有从根本上解决，如果下雨，渣石还会照样被水冲到郑家地里。于是我就夸郑玉良说："你们两家就你最年轻，交给你个任务，从李家地里取点土，覆盖在渣石上，这样一来下雨就不会再把渣石冲到你地里，怎么样?"老郑一时有点迟疑，我判断，一是他不想接手李制造的矛盾，二是担心李不同意从自己地里取土。我马上又向李说："老人家，你看，这样一来大家的想法都实现了，用不了多少土，你要是实在不愿意，我就到外面买点土送给你，垫上不就都没事了吗?”老人不好意思地说:“焦书记,那哪能,就从俺地里取土吧!”我转过脸看着老郑说:“老郑啊,你这地里的香菜长得很好啊,能不能让我拔几棵,中午正好没青菜吃呢?”老郑一听,非常高兴,我还没来得及动手,他就急不可待地冲到地里,一下子拔了一大捆。在我到他面前接菜时,我拍拍他的肩膀说:“老郑,就这样吧,辛苦一下,把土垫了!”这时,他却不好意思地说:“好,焦书记,你放心!”

当我们一行离开时,我又对他们说:“谢谢四位老人家的支持,大家表现都很好,以后要把邻里关系处得更好!我们先走了啊,咱们说好的事就这样定了,我明天要来看到底怎么样,是不是垫好了……”他们一边挥手送我们,一边说:“放心吧焦书记,有空来家‘住下’(吃饭的意思)啊!”

今天上午,我和工作队的同志专门来到大郑庄自然村,悄悄地到了老郑和李郑氏家附近的那条路,果然,鲜土还在,垫得整整齐齐,看不到任何渣石的影子。我们由衷地感叹道:“我们的村民还是纯朴的,真为他们所感动。”

这件事给了我一些有益的启示:大多数村民是纯朴的,关键看我们愿意不愿意做过细的思想工作;只有在长期的工作中赢得群众的尊重,群众才能给你“面子”,协调问题才有力度;工作方法要灵活,你亲近群众,群众就亲近你,正是因为我表扬老郑的菜种得好,并且主动要求尝尝他种的菜,他才不好意思不接受我的建议,并且把我交代的事及时而漂亮地完成。有这样好的村民,我们真的没有理由不把帮扶工作做得更好、更扎实。

11 月 14 日

为祥亮家具厂“支招”

下午，带领工作队队员和马庄企业联合会会长、秘书长到孟庄自然村，走访企业联合会会员单位——驻孟庄自然村的萧县祥亮家具加工厂。

祥亮家具加工厂是由当年 40 岁的孟祥亮于 2011 年创办的个体企业，目前占地面积 2 000 平方米。经过近 10 年的经营，规模得以逐步扩大，除自己全天加工家具外，还聘请了 2 人作为助手。因此在生产的同时增加了经营业务，代售有关配套家具。2018 年生产销售总值达 150 万元，利润 15 万元。

说到当前生产和经营的困难，孟厂长说：“主要还是销售渠道不畅，价格上不去。一是因为技术含量比较低，二是周围不断有新的加工厂出现，处于生产饱和状态，仅同一个自然村就有 4 家家具加工厂。由于家具式样陈旧，也没有注册商标，因此进不了大市场，只是在附近的濉溪县建材市场和周边乡镇集市销售，另外就是熟人相互介绍，农村年轻人结婚时销售一些，数量也非常有限。”

问到今后的打算和发展前景，孟厂长是一脸茫然。

通过与他2个小时的聊天，参观他的厂房设施和各种家具样品，我给他提了几条建议。

第一，要加大产品的宣传力度，在厂外挂上牌子，打上广告，让大家知道。祥亮家具厂在交通要道的两边，但却长年大门紧闭，外面的人基本上不知道，我们也是第一次知道有如此大的规模和如此好的基础条件。问他为什么不宣传，他说不想让人家知道，怕张扬，怕人家笑话他“装大”，所以“羞羞答答”地干。对此我建议他抓紧把牌子挂起来，把电话和广告打出来，让路过的人都知道。

第二，制作产品目录清单，交马庄企业联合会帮助宣传。请企业联合会抓紧申请注册公众号，把祥亮的产品宣传出去。要通过联合会扩大供应范围，广泛联系，也可以代销，超出定价部分收益可以留作联合会的活动经费。

第三，创新销售策略。除了做好常规销售工作外，还要掌握政策信息，有针对性地研究农村市场，做大销量。比如，最近民政部门正在进行村级幸福院的验收，这是民政扶贫的一项重要措施，具体要求是每个村都要配备不少于10个床位的幸福院。这是一个硬性要求。我们村先从你这里配备10套单人床、4把椅子和1张桌子，以及其他相关设施。你可以以马庄幸福院的配备为基础，做一个“组合”，可以叫作“幸福院家具组合”，一个组合多少钱，统一定价，到各村去推销。可以带上马庄幸福院配备的照片，让人家有直观感觉。我相信，这正是“雪中送炭”，一定会有好的销路。

第四，要进一步提高质量，增加新品种，进入高端市场。现在的市场是不怕价格贵，就怕客户看不中眼。只要客户喜欢，价格高一点肯定不是问题。所以要创新样式。同时，要把质量搞上去，质量过硬，可以上高端市场，可以提高价格，还可以与人家合作，用人家的商标，按照人家的质量标准，代加工。这样就会有更好的收益。

走访期间，联合会徐会长和盛秘书长还向孟厂长详细介绍了企业联合会成立的宗旨和基本情况，并就为企业做好服务作了很好的表态。孟厂长表示，感谢工作队和联合会对他的关心，一定按我们的建议抓紧做好有关工作，解放思想，开阔思路，给马庄企业带个好头。

12 月 11 日

吊唁百岁寿星

近几天，村里又有马庄、孟庄、小郑庄、徐瓦房四个自然村的道路开工。前面三个自然村，昨天之前我都去现场看了一遍，只有离村部最近的徐瓦房我留在了最后。

上午 10 时左右，我来到徐瓦房。村中间的南北路路基已经推平，路边站了很多村民，大家好像正在议论着什么事。看我走了过来，大家开始向我聚过来。有的说一些感谢工作队为村民修路的话，有的担心路基太低可能以后会积水，还有位年轻村民主动表示自己愿意出钱把路基抬高……总之，说得热火朝天。

正在这时，从东边来了一行七八个人，转到路北一个小院后一个中年妇女突然放声大哭起来……我问怎么回事？徐瓦房自然村扶贫小组长徐作孚说，有老人去世。仔细打听，原来是徐瓦房村有名的百岁老人徐苏氏于凌晨 3 点多去世了，这络绎不绝的人群，都是来吊唁的亲戚朋友。

听说这位百岁老人去世，我心里一怔，再也与大家聊不起来，心里突然空空的，很难说是什么滋味，因为我与这位老人先后有过多次交谈，老人的音容笑貌一下子全部浮现在我的眼前……

老人今年应该是 99 岁，大家都称她为百岁老寿星。老人有时候会去在外地工作的女儿家住上一段时间，但大部分时间在村里和儿媳妇祖淑霞住在一起。村里人说，婆媳俩都是苦命女人，也是村里的模范婆媳。徐苏氏 30 多岁时丈夫去世，留下一双儿女，含辛茹苦把孩子带大，后来儿子结了婚，女儿出了嫁。好日子似乎刚刚开始，可就在儿子 30 多岁时又因病去世，留下一个孙子。从此，婆媳俩用心持家。好在婆媳俩相处如至亲母女。一晃几十年过去了，她们生活得体面、乐观，深受村民尊敬和晚辈爱戴。脱贫攻坚工作启动后，经她们申请，村里把她们纳入了建档立卡贫困户管理，给予多方面帮扶。

工作队驻村后，我曾带领队员多次到祖淑霞家走访和看望。每次去，都给我们留下深刻印象。印象最深的是，徐苏氏老人记忆力好，说话清楚，有条理，她能从听到的清末故事，讲到民国和新中国她经历过的一些事。她说，她最大的愿望是能见到省里来的“大官”，这下子终于见到了，说是死了也安心了。我们经常会逗她老人家开心，总是问她有什么要求，一定要在有生之年满足她。她曾提了一个要求，表达了一个愿望：能吃上“公家”的东西。我知道，她是想以此说明党和政府还没有忘记她，她会因此而有自尊和荣誉感。我当即就向老人家保证：一定会满足这个愿望。所以在今年的春节前夕，当帮扶单位领导来村慰问时，我就建议领导去看望了她，送了 600 元慰问金和米油等。当我向她老人家介绍公家派人把东西送来了的时候，老人家高兴得像个孩子，大家也都在旁边兴奋地鼓励老人好好生活，健康长寿……

就是这样一个可爱的老人，一直在我心上牵挂着。今天，突然听说老人家几个小时前走了，我心中真是翻江倒海，不知何味……一方面感到悲伤，另一方面又觉得老人也是幸福地走了。对于我来说，没有让老人家失望，也没有给自己留下遗憾，我兑现了自己向老人家的许诺。但一时也很后怕：如果老人家的那些愿望我没有及时帮她实现，今天我该如何面对？

这一切过电影一样地在我脑海闪现的时候，村民还在畅想着修好路后的方便。与大家打招呼离开后，我一个人悄悄地来到祖淑霞家，院子里到处都是吊唁的亲人故交。我没有打扰正在忙着接待亲朋的主人，而是独自来到灵堂前，默默地给老人家三鞠躬，然后心情极为复杂地转身离去……

12 月 25 日

与党员谈保持党性和关心村务

上午，在村部开展党员活动日活动。除常规活动外，先后学习了习近平总书记关于爱党爱国的重要论述、中央农村工作会议精神，通报了驻村工作队 11 月份工作情况、“不忘初心、牢记使命”主题教育民主生活会和组织生活会开展情况、各自然村新农合收缴情况、党费收缴情况等。同时，邀请县公管局李局长为全体党员上党课。

按照郑书记安排，最后由我作总结讲话。我就保持党性和关心村务与大家进行了交流——

今天这个活动日一过，2019 年即将过去，又到了总结的时候。总结的最好办法是反思和反省自己的过往工作。古人说“吾日三省吾身”，估计我们很多人做不到，但我们还是有反省的必要。能不能做到“吾年一省吾身”呢？这个要求应该不高，希望大家能好好地反思一下。反思自己在过去的一年里做好了什么，没有做好什么，哪些是该做的，哪些是不该做的。

即将过去的 2019 年，在大家的共同努力下，马庄村荣获全县先进基层党组织、也申报了五星级党组织。成绩来之不易，值得骄傲。

但我们更要看到自身存在的问题。一是，在思想政治方面。能够认真开展习近平新时代中国特色社会主义思想和党的十九大精神学习活动，但仍存在学习与实际工作结合得不够深入，有时存在学用脱节的现象，工作效果不明显；学习方法不多，对相关理论和政策理解不够；个别人在思想上对理论学习重视程度不够，存在不求甚解、被动完成学习任务的现象，学习缺乏主动性。二是，在精神状态方面。能够贯彻新发展理念，整体精神状态良好，但是工作进步缓慢，究其原因是创造性不足，虽然面对困难能做到迎难而上，但是克难制胜的举措却不多，面对新形势新挑战的担当不够，服务群众的宗旨意识有所淡化，集体经济发展不快，环境整治依然存在盲区和死角等。三是，在工作作风方面。能够认真贯彻执行中央八项规定精神及省市县委及乡相关规定，能够做到清正廉洁、秉公用权，但是模范带头作用发挥不明显，精简会议做得依然不够，服务群众意识还不够强，有的对待群众工作缺乏耐心，容易急躁，不够负责。

再一个方面，就是要关心村务。在座的都是马庄村的精英分子，马庄能不能发展，脱贫攻坚成果能不能巩固，乡村振兴能不能及时跟进，就靠在座的各位。因此，大家一定要有责任感、使命感，要多思考，多提意见和建议，同时要立即行动起来，真心实意地关心村务，通过自己的努力优化党务村务工作环境。

荣获全国脱贫攻坚奖贡献奖。

2020 年

1 月 13 日

以“案”宣传意外伤害保险和酒驾危害

上午，在此前宣传动员的基础上，再次通过村广播向全体村民宣传意外伤害保险知识，通报村民参保缴费情况。

之所以再次广泛宣传，起因极为惨痛！

上周五下午 3 点多钟，在村部前的乡道上发生了一起惨烈的交通事故。在与马庄村交界的张湾村，一辆轿车因司机酒驾且开车打电话，迎头撞上了一辆电三轮，导致电三轮车司机、49 岁的村民当场死亡，三轮车把手插入三轮车司机胸口，同车的 3 岁男孩脑部严重撞伤、腿部粉碎性骨折，5 岁女孩轻伤……这一家三口正是马庄村民，轿车司机是祖楼村民。经过三天三夜抢救，男孩脱离危险，离开重症监护室，将从萧县转往徐州某医院进行会诊和进一步治疗。

那么，这件事与意外伤害险有什么关系？通常情况下，交通事故肇事方应该予以赔偿，但这起事故却比较“意外”：司机是酒驾，保险公司不予赔偿；车子是司机借别人的，自己没钱赔偿；已构成刑事责任，如果不争取死亡方的谅解，也就不会考虑赔偿的问题……在这种情况下，如果这位死亡的村民也没有购买意外伤害保险，那么她能从哪里得到赔偿？家人该如何接受这一残酷的现实？

下午，死者的丈夫来到村部了解处理和协调情况，伤心欲绝。工作队和村两委同志及时研究慰问措施，并主动协助办理意外伤害保险理赔工作。

通过这件事“以案说法”，让村民知道：意外伤害保险是以被保险人因遭受意外伤害造成死亡、残废为给付保险金条件的人身保险。投保人向保险人交纳一定的保险费，如果被保险人在保险期限内遭受意外伤害并以此为直接原因或近因，在自遭受意外伤害之日起的一定时期内造成的死亡、残废、支出医疗费或暂时丧失劳动能力，则保险人给付被保险人或其受益人一定量的保险金。其保障项目有两项，即死亡给付和残废给付。这对村民遇到同类情况时，都能为他们的家庭提供保障。

宣传意外伤害保险的同时，还强调了“喝酒不开车，开车不喝酒”的要求。这起事故完全是因酒驾引起。

就在发生这起事故的前一天，马庄一位电工也因酒驾在其他村上碰伤了一位老人。该电工已被拘留，因情节严重面临判刑的可能。果真如此，公职和党籍都可能失去！

面对一周内连续两起发生在马庄村外的“马庄人伤外村人”和“外村人伤马庄人”的酒驾事故，最近一段时间，马庄村将结合外地务工年轻人回村过年、车辆增多、约聚会叙乡情增多、集中操办喜事等实际情况，集中开展文明过年、注意安全、强化保险意识的教育，为创造和谐文明的春节环境做好宣传引导工作。

1 月 19 日

为流浪少年安个“家”

上午，接到县委宣传新闻科侯科长电话，他很激动地说，听说我们工作队前段时间做了一件“大好事”，为一个流浪少年安了一个“家”，他要来采访，了解情况。为了有所准备，让我们先写个材料发他看看。于是，我和工作队徐春节专干就一起赶写了一个材料，暂时叫作《流浪少年安家记》，晚上就通过微信发给了侯科长。很快，经过侯科长修改和他通过电话向各有关方面的采访，形成了他的报道稿——

那是 2019 年 11 月 16 日晚，虽然是周六，但省司法厅驻萧县孙圩子乡马庄村工作队队长焦凤军、扶贫专干徐春节依然在村驻守，没有回家。睡觉之前，两位驻村干部按例都要巡视一下村部的各个房间。“咦！这里怎么有一个人？”“你是谁？为什么在这里？”两人巡视到盥洗室时，不约而同地惊叫一声。听到声音，那人转过身来，原来是一个怯生生的少年。

经询问得知，少年名叫杨轩，今年15岁，在孙圩子乡丁楼学校初二年级就读。母亲在其两岁时离家出走，至今杳无音信，父亲在外打零工且有间歇性精神障碍。爷爷奶奶近几年相继去世，杨轩成了无家可归的流浪儿，上学时尚能在学校吃住，双休日和放假只能在外流浪，无吃住保障，饿着肚子随处露宿。焦凤军和徐春节听了杨轩的遭遇后，心疼不已。一边从办公室里找点牛奶、干粮给他充饥，一边联系村干部建议打开福利院的门暂时安置……

北方的冬季非常寒冷，杨轩何处安身？杨轩未来的路怎么走？虽然杨轩不是马庄村的孩子，但工作队一直放心不下。为帮助杨轩解决眼前的困难，工作队主动向乡党委汇报，与丁楼学校沟通。乡党委书记吴征岗高度重视，指示侯楼村设法帮助解决户口迁入和低保问题。丁楼学校韩校长发动全校师生为杨轩同学捐款，帮他解决了吃穿问题。根据韩校长的提议，经工作队多方协调，最终由孙圩子乡幸福院接收安置杨轩，徐里村委会予以协助，确保孩子学业和生活都有保障。

杨轩现在生活得怎么样？12月19日，一个寒风料峭的夜晚，工作队焦凤军、徐春节带着工作队、马庄村两委干部的心意和慰问品，先后前往丁楼学校和乡幸福院实地了解杨轩的生活与学习情况。在现场看到，丁楼学校全部解决了杨轩周一到周五的吃住问题，班主任负责日常教育和管理；幸福院安排了二楼一间宽敞明亮的房间让他住宿、学习，院长负责他周末的生活和学习督促工作，同时托请幸福院的老人把杨轩当作自己的孩子予以教育和引导，使其感受到家庭的温暖，健康成长。看到学校校长、老师和幸福院院长、老人对杨轩无微不至的关怀，焦凤军、徐春节感到非常高兴和欣慰。对于杨轩初中毕业后的出路问题，丁楼学校韩校长和马校长也已经做好了初步安排，如果考不上高中，就准备联系有关方面推荐他上徐州某机电技校，学好一技之长就能找到工作。

“群众的事就是自己的事，不仅要管，还要管好、管到底!”这是省司法厅驻村工作队的驻村理念。流浪少年杨轩虽然不是工作队所驻马庄村村民的孩子，但工作队没有袖手旁观，没有任何推诿，而是以一颗仁爱的共产党员初心，尽全力帮助他，并最终让他有了一个属于自己的温暖的家。

2 月 6 日

马庄企业主动捐物助力防疫

下午 3 时，一辆小型货车径直开到村部，从车上走下的是马庄企业联合会的会长徐伟和秘书长盛伟。一问才知，他们是来捐物的。

原来，马庄企业联合会及其会员单位萧县农溪农业发展公司，一直在关注马庄村集体经济发展的同时，最近以来还密切关注着全村的疫情防控工作。其间，曾主动组织货车，冒着风雪帮助马庄村田园公司向宿州监狱运送 1.2 万斤胡萝卜和其他蔬菜。得知马庄村疫情监测检查站值守人员夜晚值守非常寒冷后，又设法紧急采购了 30 件棉大衣捐赠给村委会，用以全村各值守点人员的御寒。

其实，为村里提供物资捐赠的还有很多企业。连日来，村委会不断收到驻村企业的各种捐助。小郑庄自然村村民王峰，经营着一家光伏企业——安徽元正新能源电力有限公司。富起来的王峰，不忘回报家乡。此前，王峰捐赠了价值 19 400 元的防疫物资和生活物资。

王庄自然村村民王连路，回乡创办安徽路邦保温材料有限公司，厂房刚刚建成，尚未开工。王连路在资金非常困难的情况下，毅然捐赠了价值7 000元的生活物资。

王庄自然村村民王灿常年在徐州打工。去年，注册了自己的公司——益灿公司，准备今年在家乡创办服装加工企业。得知马庄村抗击疫情缺乏生活物资，紧急购买了30箱方便面、20箱“营养快线”送到村部，用于在家隔离人员的生活补充。

病毒无情，人间有爱。马庄村的企业虽然都处在停产停工的状态，但为了抗击新冠肺炎疫情，企业主们纷纷伸出援手，积极捐赠抗击疫情所需的紧缺物资，为马庄全面打赢防疫阻击战做出了重要贡献。

在帮扶单位安徽省司法厅党委重视和各单位支持下，大力开展消费扶贫工作。

2 月 7 日

记者见证分发捐物和看望疫区返村人员

上午，召开工作队和村两委联席会议，研究几天来驻村企业和乡政府等方面捐赠物资的分发方案。会议决定用一天时间，把所有物资分发到位，使其尽快在防疫过程充分发挥作用，把捐赠人的爱心传递下去。

会议刚结束，工作队和村两委正在接受一家驻村企业捐赠时，县电视台、县电教中心的记者和工作人员正巧来村采访，见证了马庄村今天捐赠物资分发的过程。

上午 9 时开始，把捐赠到村物资全部装车，分别赶赴各自然村。为了解从武汉返村 5 人和途经武汉返村 16 人的生活和居家隔离情况，分发小组首先对这 21 户村民进行探访和慰问，分别送上方便面、牛奶等。随行的电视台记者一路采访了从武汉回村的华中科技大学博士后小黄等居家隔离人员。大家对回村以来工作队和村两委的关心，以及“四包保一联系”制度的实施表示感谢。并表示，一定按照工作队和村里的要求，安心在家隔离，坚决配合党和政府，共同打赢新冠病毒防控阻击战。

在全村11个路口值守点，物资分发小组分别给全村45个值守人员送上马庄企业联合会捐赠的保暖大衣、方便面、纯净水和其他生活用品，并向他们表示慰问。其间，电视台记者还采访了主动请战的70多岁老党员马立宗，大家被他替国分忧的老军人作风深深感动。

上午11时回到村部，记者又先后采访了我和党总支书记、“四包保一联系”制度的联系人、普通党员和群众，对马庄村在工作队和村两委统一指挥下，各项防疫工作有条不紊地推进表示赞赏。

记者们在采访我时得知，马庄村防疫阻击战和脱贫攻坚战一体推进，做法实在，临时要求到现场采访。于是，工作队带领记者们来到了村生态田园公司的土豆基地。在基地，大家听着机器轰鸣，看着130多亩整平的土地上正在机械播种土豆，都发出了由衷的赞叹，大家从不同的角度拍下播种的画面。

下午2时，又一批物资从乡政府运回村部。卸下这批帐篷、棉被、木床等物资后，分发小组又开始忙碌起来……

2月12日

《安徽日报》全文推送“抗疫留言”

下午，看到《安徽日报》客户端发出的一篇以《萧县：“马庄党员微信群”疫情防控倡议》为题的报道，全文转发了我昨天晚上以村党总支第一书记、工作队队长身份在“马庄党员微信群”里与村干部和党员、小组长们的聊天留言。全文如下：

马庄村各位党员同志们：

大家晚上好！

大家在不同的环境和岗位以不同的方式为全村防疫工作又辛苦了一天！谢谢大家！利用大家的休息或党员先锋岗、网格管理员的轮休时间，这里通过我们的“马庄党员微信群”和大家聊聊天。

早在1月25日，中央政治局常委会专门研究部署新型冠状病毒感染的肺炎疫情防控工作，习近平总书记主持会议并发表重要讲话，强调要把人民群众生命安全和身体健康放在第一位，把疫情防控工作作为当前最重要工作来抓。1月27日，习近平作出重要指示，要求各级党组织和广大党员干部团结带领人民群众坚决贯彻党中央决策部署，打赢防疫阻击战。2 月 10 日，习近平在北京调研指导新型冠状病毒性肺炎疫情防控工作时强调，当前疫情形势仍然十分严峻，各级党委和政府要坚决贯彻党中央关于疫情防控各项决策部署，坚定信心、同舟共济、科学防治、精准施策，要再接再厉、英勇斗争，以更坚定的信心、更顽强的意志、更果断的措施，紧紧依靠人民群众，坚决把疫情扩散蔓延势头遏制住，坚决打赢疫情防控的人民战争、总体战、阻击战。

自打响疫情防控阻击战以来，我们马庄村党员干部舍小家、为大家，深入宣传防疫，摸排返乡人员，坚守检查站点，夜以继日地奋战在疫情防控第一线。正是因为大家的辛勤付出，到目前为止，马庄村还是安全的、稳定的，没有发生一起新冠肺炎病例。驻村工作队、村两委向大家表示衷心地感谢！

疫情防控已经过去了第一个 14 天，但拐点仍未到来，防控形势依然严峻。我们周边的城市淮北市、徐州市新冠肺炎病例仍在增加。萧县防控指挥部研判，包括我们马庄村在内的孙圩子乡是萧县疫情重点布防区，稍有不慎，就会有被感染、传染的风险！为进一步发挥关键时刻全村广大党员的先锋模范作用，继续打赢这场没有硝烟的战争，根据省、市、县、乡党委和政府，以及各级选派办和帮扶单位省司法厅党委部署和指示精神，这里我代表工作队向大家提几点要求：

第一，一定要提高政治站位，在防控一线做示范。当前，新型冠状病毒感染肺炎疫情已严重威胁了人民群众的身体健康，影响了人民群众正常的生产生活。全村党员要提高政治站位，积极发挥带头作用，扛起防控责任，全力以赴做好疫情防控工作，坚定不移地把各项决策部署落到实处。党员干部要在落实安全防护措施上做示范、当表率。各党员“先锋岗”、网格管理员要充分发挥先锋作用，干在前、冲在前，用实际行动践行自己曾经宣读过的入党誓词。

第二，一定要发挥组织作用，在宣传一线当广播。要积极发挥组织群众、凝聚群众的作用，广泛宣传党和政府的有关部署要求，主动做好解疑释惑工作，及时、快捷、有效地向群众宣传防治知识，引导群众消除恐惧心理、坚定必胜信心。要在做好自身安全防护的同时，做一个流动的“广播”，随时宣传和引导群众养成良好的个人生活习惯和公共卫生习惯，切实减少不必要的外出活动，无特殊情况不串门、不集会、不聚餐、不到人员密集的场所，有效切断病毒传播途径。

第三，一定要把准舆论导向，在一线当好“谣言粉碎机”。广大党员干部要保持坚强政治定力，把牢正确舆论导向，勇于同一切不利于防控疫情的言行做斗争，自觉当好第一线的“谣言粉碎机”。要身体力行、模范践行疫情防控要求，带头弘扬社会正气，坚决不在微信、微博等网络媒体发布不实信息，坚决做到不盲从、不造谣、不信谣、不传谣，努力以清朗的舆论环境维护全村稳定，努力为全村疫情防控工作创造良好的舆论环境。

沧海横流，方显英雄本色。希望全村广大党员干部持续行动起来，把疫情防控作为当前最重要的政治任务，统一思想、听从指挥、振奋精神、坚定信心，勇于担当，为马庄坚决打赢这场疫情防控阻击战努力做出自己的最大贡献！

没有一个冬天不可逾越，没有一个春天不会来临。最后，请大家分别转达我对你左邻右舍村民朋友的问候！坚持就是胜利！让我们一起加油、共渡难关！谢谢大家！祝你全家安康！

2 月 13 日

用《请战书》换取志愿岗

自新冠肺炎疫情发生以来，这场无声的战疫牵动着广大人民群众的心。为战胜病毒，马庄党员干部主动担责走向战场，用《请战书》换取志愿岗，竭尽所能发挥专长为抗疫工作贡献力量。

上午，“孙圩子乡发布”报道了马庄村老党员马立宗主动向村党总支第一书记焦凤军和书记郑玉超递交《请战书》，坚决要求参加防疫阻击战的感人事迹。

战疫情，自前行。“我是一名共产党员，中国人民解放军退伍军人。现在国家有难，人民有难，我请求加入疫情防控阻击战……”孙圩子乡马庄村的退伍军人马立宗在《请战书》中这样写道。66 岁的他是一名有着 45 年党龄的老党员，在疫情发生后他便穿上军大衣，戴好口罩，带着《请战书》毅然决然“重返战场”。

在了解到村疫情防控卡点是最前线时，他便主动申请到卡点执勤，每天从早到晚义务坚守在马庄值守点，对过往人员和车辆进行逐一测温登记、酒精消毒，对外来走亲访友车辆进行劝返，同时还上网学习防疫知识做好宣传。卡点执勤的工作看似简单，实则辛苦，忙起来的时候一整天都不能回去休息。实在扛不住的时候，便坐在板凳上眯上几分钟，他调侃自己是“充电5分钟，工作5小时”。

“请求党支部把我分配到最危险的地方去。”马立宗用实际行动证明着，到最危险的地方去是一名退役军人的决心，更是一名共产党员的初心。

3 月 6 日

遭遇“顶头尚丝”

下午，按计划抽空和工作队扶贫专干徐春节到马庄街找村里的唯一理发师傅老马理发。走到半路，遇到电器修理部的徐老板。他主动打招呼，问长问短。得知我们是要去理发，他说：“别去了，老马的母亲上午刚去世，不在店里，估计这几天都不会到店里来了，下周不知道可能来?”

可是这头发是必须要理了。因这段时间疫情防控工作紧张，已经比正常的理发时间拖延了 20 天，再不理真要扎辫子了。

没办法，再次跑了 6 公里的路，来到乡政府所在地的“顶头尚丝”理发店。看这名字就是一家“非同一般”的理发店。可对我们来说，这“非同一般”可让我们伤透了脑筋……

这次到“顶头尚丝”已经是一周内来的第三次了。我们第一次来时，外面站了很多人，一进门就被老板不耐烦地赶了出来，说是家里有事，理完正在理的一个就关门了，让我们回去吧！我们理解，很知趣地就走了。可是当我们在乡里办完事返村路过这个理发店时，依然正常营业着，外面还有人在等，并没有关门的迹象，我们很纳闷地走了。

第二次来是乡里召开工作队座谈会，部署迎接脱贫攻坚检查事宜。散了会，我们再次来到“顶头尚丝”。和上次一样，进门才说了一句话就被告知要下班了，建议我们到另一个店去理。我们很谄媚地说她这个店口碑好，就在这里排队等待，可老板却并不领情地说：“不理了，你们走吧!”这种尴尬真是让人无言以对。我们只好到了另一个理发店，可另一个店已经关门停业了。因为受了“打击”，决定到村里找人理。

第三次就是今天了，虽然曾经决定不来了，但没办法还是来了。今天去时店里只有一个人，老板正在给老人家理着，看样子快结束了。我们就很高兴地坐了下来。哪知道，刚坐下就被老板嫌弃了：“俺这不理发了，要走了，你们也走吧!”我们就问老板：“这才三点多就下班啊?”老板不耐烦说：“下班……”我突然感觉有什么地方不对劲，为什么我们一来就要下班，可据我们观察他们并没有下班。这其中肯定有原因。于是我也不耐烦地说出了一直压在心底的“郁闷”。问老板这到底是为什么？我们来了三次，都是同样的“待遇”，我们可以不在这里理发，但一定要知道原因。这时，老板冒出了一句话：“我只给熟人理发。”但这肯定不是真实理由啊！哪有开店只为熟人服务的?

事情发展到了几乎要“吵架”的地步时，老板才说，她不认识我们，怕外地人传染新冠肺炎。听我们说话、打扮、“气质”不像他们乡里人，所以不给我们理。一是自己怕有危险，不愿意理；二是这乡里来理发的人也不让她给我们理，怕我们通过老板再传染其他来理发的人。

终于找到了我们被歧视的原因。看来，为了理掉这头乱发，不得不找当地最大的“地主”了。于是，我打通了乡长的电话。向乡长说明了近日的几次遭遇后，乡长也很无奈地大笑，然后给老板通了电话，介绍了工作队的情况。老板这才算勉强答应给我们“收拾收拾”。

给我“收拾”完，接着“收拾”我的队友。这时从门外又进来一个人。我开玩笑地说：“老板要下班了，不理了……”于是老板大笑起来，知道我是在讽刺她对我们的态度。这时，来人却主动地给我打起招呼来：“焦书记好！你也在理发啊！”大家都戴着口罩，也不知道来人是谁，我就问他怎么知道我啊？他说：“我是中学的，到马庄扶贫知道你啊！大家都知道焦书记啊！”我苦笑着说：“哎呀，你早点来多好啊！没有人认识我们，老板一直不给我们理发啊！”于是，老板又说她认识我们村里的这个那个的，还说我们马庄村总支书记郑玉超是她老表，说是“大水冲了龙王庙，一家人不认一家人”。

说实话，工作几十年来，我认定的理发师傅只有一个：省政府老区小丁发屋的“小丁”。这小丁经过几十年的岁月打磨，也让我眼看着变成了老丁。这次是因遇上特殊时期，第一次在外地理发，就“遭遇”如此“歧视”，真让人哭笑不得！

从省会，到乡村，却遭遇了这般“歧视”。2020 年的春天，会因为新冠和理发而留下一个“有趣”的故事！

4 月 9 日

为扶贫企业“路邦”开业致辞

上午 10：58，由驻村工作队动员、马庄村贫困户王连路回村创办的驻村扶贫企业——安徽路邦保温材料有限公司开业。驻村扶贫工作队、村党总支和村委会、宁波展欣物流有限公司、淮北蓝宇洗精煤有限公司、萧县农村商业银行、中国众城有限公司、孙圩子乡港河村党支部和村委会、孙圩子乡派出所、马庄企业联合会、淮北捷豹汽车修理厂等 20 多家企业 100 多位嘉宾前来祝贺。

整个开业热闹而不乱秩序，井井有条。

其间，我发表简短“致辞”：

来自省内外、县内外的各位企业家，各位领导，各位嘉宾，马庄村各位乡亲们：大家上午好！

首先，欢迎大家来到马庄，来到路邦公司，来和我们一起，共同见证路邦公司的诞生！

阳春三月，天地明媚，万物葳蕤。

在这美好的时刻，我们迎来了驻马庄村企业——安徽路邦建筑保温材料有限公司的开业典礼。

这里，我代表省司法厅驻马庄村扶贫工作队，向路邦公司及其全体职工，向马庄村及其村两委班子，向马庄村全体村民，致以衷心的祝贺！

历史上的马庄是一个贫困村，全村有800多贫困人口。2014年以来，在各级党委政府的关心和帮扶下，在村两委和工作队的共同努力下，全体村民苦干实干，终于翻过了贫困的一页，2017年底顺利实现贫困村出列。

脱贫有期，发展无限。2017年以来，工作队和村两委不断抢抓机遇，务实推进经济发展，取得显著成效。在全县第一个发起成立了村级企业联合会，村集体经济迅速发展，成为集体经济发展示范村。

在抓党建、促脱贫、谋发展的同时，工作队和村两委高度重视民营企业发展，不断扩大招商引资视野，动员马庄企业家回村创业，目前已初见成效。王连路先生决心回村创业，路邦公司落户马庄，并以最快速度建成投产，就是最好的例证。

只有付出，方知多艰。此时此刻，我们不应忘记，路邦公司的建成和开业，正值新冠疫情期间，公司的投资者和建设者为此付出了百倍的努力。这里，让我们向他们致敬！

不经风雨，何见彩虹？我们也衷心地希望，从今天起，公司团队一定要持续加强对市场的研究，加强对产品的宣传，加强对质量的管控，为全面打开市场，为早日步入发展的快车道走好第一步。

企业兴旺，以员工为本。我们希望，在公司董事长王连路先生的带领下，公司管理团队要紧密团结公司全体职工，关心职工生活，努力打造朝气蓬勃、奋发向上的企业文化环境，共同为企业的快速成长和良性发展出谋划策、贡献智慧。

各位嘉宾，各位村民！作为马庄村的一员，工作队在四年的马庄生活中，对马庄倾注了无限的感情，付出了珍贵的年华，也使我们看到了马庄的变化、得到了自身的成长。正是这些诸如路邦公司一点一滴因付出而带来的变化，更让我们越来越喜欢上了马庄，越来越羡慕上了马庄的村民。让我们充满信心，一起见证：一个朝气蓬勃的马庄正在向我们走来，一个振兴发展的马庄正在萧县大地声名鹊起。

我们也衷心地希望，在今后的发展道路上，路邦公司能够主动响应习近平总书记关于脱贫攻坚的伟大号召，按照省、市、县、乡党委政府的倡导，积极参与国家扶贫事业，广泛吸纳贫困和困难村民就业，全面激发贫困人口发展的内生动力，为马庄村及周边群众过上更加富裕美好的生活，为我县最终实现贫困县脱贫摘帽，为我国全面建成小康社会竭力履行企业的社会责任和义务。省司法厅驻村工作队将一如既往地关心、关注路邦公司的发展，共同为建设富强美丽的新马庄做出更大的贡献。

最后，衷心祝愿路邦公司的发展真正能像公司创始人王连路先生的名字那样，“一路兴，万邦名；连路一邦，带动马庄”！希望公司在今后的发展道路上：信用至上，产销两旺；服务家乡，造福马庄！谢谢大家！

深入驻村的安徽路邦建筑保温材料厂研究生产流程、产品质量、协助销售等事宜。

4 月 17 日

马庄群“微信诗人”作品录

晚上，继续为包括工作队、村两委干部和 14 个扶贫小组长及部分党员、群众在内的“马庄群”里的“微信诗人”们点赞和点评。

今年以来，不知道什么原因，马庄群突然刮起了一阵“赛诗风”。有打油诗，也有古体诗、新诗、词赋等，内容和表达各有千秋。打油诗智慧、幽默，知识量大，爱憎分明，有自嘲，也有明志；其他诗词温婉动人、感情丰富。他们都是地道的“农民诗人”，作品充分反映了农民的酸甜苦辣、无奈无助。虽然大多数作品无题，但我还是一一认真品味，有时还加上标题，并简单地予以修改，在群中大加表扬和鼓励，以至于逐渐成为村里“文学爱好者”的一种“文化生活”时尚，很有意义……

不过，在群中写“诗”最著名的“诗人”只有两位，他们的笔名一个叫净土，一个叫山外青山，其他人写得非常少。时间长了，我觉得这些作品挺有意思，于是就帮他们打印出来，“以资鼓励”。同时决定，从今天开始，在马庄群中每月选取十首“诗词”，稍加整理或修改，录入日志。留存这些作品，也是一份美好的驻村记忆。

《大蒜》：一坛老酒一坛醋，芥末老葱蒜作精。五味杂陈储腹内，出口浊气能杀生。蒜儿团坐心柱齐，一旦分离各撕衣。裸体更抛辣酸味，血通脉畅无淤泥。口臭为民多夙愿，身正无悔清自安。

《泥鳅》：泥鳅生性口味杂，喜吃小鱼亦食虾。满身滑液捉不住，捏腮去刺汤最佳。

《咏蛙》：晴日一叶藏身，小虫送来满腹。一旦阴雨绵绵，携子带孙倾出。为农战杀群害，常食剧毒流产。吾辈曾是美味，时常餐桌谈论。改得一身盔甲，又说蟾蜍药益。世说生态平衡，吾族何见生机？

《八卦网》：撑起八卦网，网罗小虫饵。四条经线织，纬线密密从。甲虫破吾网，大虫网见洞。晴日修网易，阴雨饿其腹。想亲异之体，沟合命丧生。吾体育子嗣，碑头无之名。三餐食饱腹，欲求莫轻试。一试空壳躯，魂灵皆不复。空网叶落破，凄凄暗已秋。

《乡村喜宴》：姐姐妹子，挽起袖子，抡动筷子，挑起肘子，啃着鸭脖子，斜瞅鸡脯子。嗑瓜子，吃果子，抽华子，喝口子，菜慢骂厨子，叠盘子，喝汤用碗弃勺子。汗珠子，褂袖子，一抹再战无扇子。男子光膀子，女子露脖子。得孙子，添女子，管你啥席饱肚子，拿袋子，装盒子，回家还要过日子。主别送，弯腰口袋掉丸子。

《残星》：天外残星半月阑，窗锁孤灯襟臂寒。纵使心情千万种，罄笔难书觉才浅。

《微雨》：一朝微雨料峭生，醉履蹒跚怨西风。原本春秋有更替，何苦尘封四季冰。

《对月》：倚窗对月月半迟，满院清寒霜色痴。一片孤心藏不住，频频举杯未尽时。

《孤影》：数度只影凭栏处，凉越天外，凄楚来还去。几多惆怅与谁诉，一天风云生变故。长日有悯空自叹，远上天涯，谁许春来驻。任是小桥听荷雨，水自幽然影孤去。

《彷徨》：脚步彷徨/如是绵延夜的悠长/灯火明灭/如是絮叨生命的惆怅/那蛰伏已久的心心念念/一点一点的/仿佛要信马由缰//风的方向/不能辨认/生命的情节/更无意止于过往/红尘如梦/日子序乱无章/我多想/任岁月肆意弥漫/也要赶上风花雪月的片场。

4 月 20 日

开展农户厕所改造验收工作

农户厕所改造，是农村环境整治“三大革命”工作的重要内容，对于提高广大农民生活质量、改善农村人居环境和促进农村生态文明建设具有重要意义。为此，宿州市多措并举，全面开展农村改厕工作，有效促进了改厕工作的顺利实施。

一年多来，马庄村按照上级要求，经村民自愿申报，先后对 489 户村民的厕所进行了改造，旱厕变水厕。

上午，召开工作队和村两委联席会议，各自然村扶贫小组长专题汇报各自然村改厕工作问题核查情况。

对各户的核查和验收内容包括：蹲便器、冲水器具、化粪池、管道安装质量，整体效果，通水、厕屋和蹲台情况等。

经各自然村扶贫小组长汇报汇总，第一批参加改厕的 489 户中还有 30 多户存在问题，需要进一步改建和作维修处理。

会议研究决定，按照上级要求，对出现问题不愿意维修或人不在家不予配合的农户，要求其配合维修或签订“自愿放弃改厕”的《承诺书》；对符合质量标准已通过验收的户厕，由各小组长统一到户张贴《农村卫生户厕管护改造公示牌》。公示内容包括：户主姓名、住址编号、建设日期、维修责任人姓名和电话、清掏服务人员姓名和电话、监督举报电话等，以确保户厕能够得到正常的使用、清洁和管护，努力把为民服务的好事办好、实事办实。

6 月 15 日

四过“麦收时节”

上午，遇丁楼粮站贾站长，并受邀到粮站“参观”，贾站长很兴奋地说，今年又入库不少，国家支持多储备……

贾站长名叫贾立坡，为人老实厚道，温文尔雅，是我们马庄村贾庄自然村人，干了一辈子的粮食工作，对粮食很有感情，一开口都是粮食的“故事”。丁楼粮站是我们所在乡的粮站，离我们所住的马庄村部有一公里多，马庄的麦子都是送到这个粮站。这个站也是国家粮食储备仓库，远近闻名，周围也算得上热闹。我们散步经常到此转转然后返回，所以与贾站长非常熟悉。

从粮站回到村部，打开手机处理群里的工作时，看到扶贫专干徐春节写的一篇文章，名字就叫《马庄的麦子》，这文章正好适合我此时的阅读欲。随手点开，一气读完，很是精彩。

小徐是南方人，他对北方的麦子并不了解，所以其中有不少“知识点”说是听“队友”介绍的。这队友其实正是我这位“北方老侉”。驻村以来，两位南方的队友听不懂村民的方言，不理解农作物的生长习性和状态，所以我就自然成了他们的“翻译”兼“讲解员”，因此，文章中的这些知识多受我之影响，读来十分亲切。

《马庄的麦子》生动记录了工作队员的生活片段，只是小徐引用的我那句“我们将见证麦子三次生命的起起落落”如今已经变成了“四次”：2017 年 4 月驻村时是第一次，然后是 2018、2019、2020 年，这是完整的四次。看这阵势，说不定还有第五次。这也是工作队意料之外的“收获”。

三年前，初到马庄，印象最深的就是一望无际的麦子。一阵风吹过，碧绿的麦浪，甚是壮观。“我们将见证麦子三次生命的起起落落。”一位扶贫战友戏谑地说。

马庄的季节本是很分明的，但麦子时常会让你产生错觉。在数九寒冬，如果没有风，你迎着冬日的太阳，看着一望无际绿油油的麦田，就会感觉到了春天。到了夏天，如果在早晨，有些凉风，这时候你单看麦田，一片金黄，恍惚中以为到了秋天。

马庄的冬天是非常寒冷的，没有阻挡物，风吹着格外刺骨，雪下起来也格外的厚。高大的杨树早已脱得精光，只剩下光秃秃的树枝；野草也早已枯萎，耷拉着枯黄的头蜷缩在路边；胡萝卜虽然有些倔强，但在严寒的风中，也只好收敛起最后的自信。唯有麦子，是真心喜欢这寒冷的风、厚厚的雪。“今冬麦盖三层被，来年枕着馒头睡。”寒冷抑制了麦子的生长，却让它的根积攒了营养。我们在麦田边散步，生怕踩着麦苗。但是村民们却说：“可以踩，没事的！有时候我们还要请人来踩呢！过去，我们赶着牛，拉着石磙在麦苗上滚呢！”不由得让人啧啧称奇！

春天一到，麦子撒起欢来生长。积雪初融之时的麦子最养眼，一眼望不到边的绿色，让人想起大草原。但是不久，突然发现麦子不再横着长，而是竖着长了。而且长得飞快，隔一个早晨，都会明显觉察麦子又长高了。等长到齐腰深的时候，麦子就开始抽穗了。“咦，这几棵麦子为何比别的麦子高许多？”我不由得感到奇怪。“那是假麦！小时候和麦子一模一样，长大了就露馅了。”村民打趣道，“这样的麦子要及早拔掉，免得来年长出更多。”

杨絮飘飞的日子过去了，麦子就黄了。“该禁烧了。”村干部说。果然，一道道命令从上面传下来了。村头、麦田边、交通要道，一夜之间支起了若干个帐篷。帐篷里，有干部，也有村民，戴着红袖章，警觉地盯着麦田里。收割机陆陆续续开进麦田里，伴随着轰鸣声，麦子被收割、分离、粉碎，整个村庄弥漫着收麦子的灰尘和气息。村民们见面的问候语也变成了：“麦子收了吗？”“麦子卖了吗？”村里有一些颇具生意头脑的村民，临时租下门面，安装地磅，就能收购麦子了。“张家收一块零八分，徐家收一块一。”行情迅速传遍全村。为了让麦子卖个好价钱，一些勤劳的村民还要将麦子晒一晒。这个时候是最怕下雨了，半夜里的雷声也会让村民们惊慌不已。

村干部老马正在巡逻，突然接到老婆打来的电话：“我家的9分地麦子全没了！”老马大吃一惊。原来是粗心的师傅忘了关收割机的仓门，麦子全漏到地里去了。“没事没事，还省得你去拉呢！”老马安慰老婆，“麦子也不多，人家也不是故意的，怎么好意思让他赔。”马庄人的豁达让人敬佩。

马庄的麦子种了不知几千年了，养育了一代又一代马庄人。进入新时代，麦子已经退出了家庭收入主要成分，但马庄人已经习惯了冬种麦子，夏种玉米，不需要什么劳力，不误外出打工，一亩地还能收个千儿八百的，心满意足了。

我想，即使以后离开了马庄，我还会经常想起马庄的麦子，以及那片土地上的人们。

7 月 6 日

为脱贫典型申报市级“非遗传承人”

上午，工作队为已脱贫的一建档立卡贫困户户主刘发权申报宿州市第三批市级非物质文化遗产项目代表性传承人。

刘发权是我包保和联系的艾滋病贫困户之一，也是贫困户中脱贫致富的好典型。为使他全家顺利脱贫，经工作队和村两委研究，先后给他们安排了最低生活保障、特色种植业补贴、代缴新农合、光伏发电分红、担任保安员、担任卫生监督员，以及危房改造、代缴保险、签约医生服务等帮扶措施，家庭平均每人年收入达10 000多元。

刘发权脱贫后，生活的信心更足了，不但自己搞发展，还主动组建农民剧团，活跃村民文化生活，传承在当地流行的大鼓书等，深受村民欢迎。工作队和村两委对他大力支持，主动帮助他完善资料，申报非遗传承人。

刘发权生于 1960 年 3 月，汉族，高中学历。据他自己介绍，1979 年春至 1982 年 5 月，跟随赵先春学唱大鼓；1982 年以后，开始到各村庄、集镇演出；到 1983 年已经唱遍周边大部分地区，并在本县和河南省永城市两次获奖；1984 年至今，在演出的同时，开始在家整理、编写、传授萧县大鼓技艺。

从传承谱系看，祖师为大鼓老艺人刘永德；刘永德传授给弟子费怀坦、赵先春、温祥安；其中，赵先春传授给刘发权、陈亲宝、陈明芝；此后，刘发权等三人继续向下传授，培养徒弟。

在学习大鼓艺术过程中，刘发权（艺名刘明光）吃了不少苦。他本身就是出身贫苦的农民，高中上一半看到别人曲艺演出很受欢迎，就爱上了这一行，于是拜师学艺。前两年学鼓板唱腔、吐字、十三条大韵等小段，后两年学书加演出。后来，在文化馆统一领导下，和其他老艺人到全县各乡镇巡回演出《古今英雄》等，宣传党的政策。因演技突出，受到了广大群众的好评。

从他的演技特点看：一是大鼓说唱时，有鼓架、鼓、鼓条、钢板或铜板做乐器，为起唱营造气氛，能烘托唱腔。二是击鼓时，借铜板演奏合并一起，使余音袅袅，激发生气，能托腔送韵。三是发声时，不只气吞丹田，也用了舌齿音表白方言。唱腔多彩，变化多姿，激情澎湃，一唱三叹，喜怒哀乐，幽咽流泉。四是表演时，根据人物的性格特征，做出动作姿势和唱腔，学鸡、马、狗、牛啸等，形象逼真，声情并茂。

刘发权先后参加过县委宣传部、县文化局举办的“三下乡”活动、全县百戏进万村活动、村敬老院和社区文化演出活动等。在中央和地方各级媒体采访驻村工作队的过程中，他也多次受邀表演，并在各级媒体播放。由于演艺突出，1982 年在本县王寨文化馆会演中获奖，2015 年在河南省永城市芒山曲艺会演中获奖，2018 年在淮北市曲艺会演中获奖，目前正在本县带徒传艺。

我们看到，目前刘发权持有大鼓书技艺的相关实物和资料，保存完好的有大鼓 1 个、铜板 1 对、鼓架 1 付、古书 3 本，以及《月唐演义》7 本和手抄老师的演本《孟丽君》《天宝图》《七国》等，文物价值很高。与此同时，刘发权还精心研究，先后整理出精品老唱段 15 段、新唱段和自编本 3 册，并以此多次参加非物质文化遗产展演活动。

为使申报材料尽量扎实，工作队还配合刘发权查找到了一些包括工作队为其拍摄的演出图片在内的有关资料，系统整理后一并上报。

7 月 17 日

在扶贫小组长述职会上谈感受

上午，召开上半年各自然村扶贫小组长述职会。工作队、村两委全体成员和扶贫专干、计生专干、各扶贫小组长等参加。会议由郑书记主持，由工作队王刚副队长代表工作队进行点评。会后，组织与会人员对 14 位扶贫小组长进行了全面测评。测评结果、述职报告和工作队点评一并通过乡党委报县委组织部归档。

会议结束前，我谈了几点感受。一是成绩巨大。今年上半年的工作与上年同时期相比有明显不同，任务量明显增加。除脱贫攻坚、午季焚烧、环境整治外，还增加了新冠疫情防治。这项工作前所未有，任务量之大也是始料未及的。但是大家完成得都很好。也就是说，今年在两件大事上为全县做出了重要贡献。全县脱贫摘帽，大家功不可没；新冠疫情防控全面胜利，大家功不可没。这些工作，一些媒体进行了报道，影响很大。

二是实事求是。今年的述职说成绩摆问题，实事求是。今天大家济济一堂，听了大家的述职报告，觉得很接地气，就是把一件一件琐碎事串起来的，这就是为村民服务。我们没有什么惊天动地的事要干，干好这些小事就是最大的成绩，就能赢得村民的爱戴。

三是各有特色。每个人的工作都有亮点，根据会前书面报告的点评我看过，但概念化的东西比较多。每一个亮点就是一颗闪闪发光的明星，这些明星汇聚在一起，就是马庄美丽的夜空。所以，每个人都不要妄自菲薄，不要小看自己。没有你们的成绩，就没有马庄村两委的成绩，就没有马庄的今天。大家说马庄好，这其中就有你的一份功劳，一定要有这种自信。继续努力，各自做好自己的工作。

四是还有不足。表现在工作上，少数同志责任心还不够强，主动作为的意识不强，大局意识不够。表现在作风上，严肃性不够。毛泽东同志在讲到党内作风建设时说过八个字：团结、紧张、严肃、活泼。任何时候都要维护班子和集体的团结，没有团结什么事也做不成，团结出人才、出干部、出生产力。工作时，要紧张起来，不要接到任务后还是松松垮垮，要紧张快干。开会和研究问题时一定要严肃。刚才在会场上几个同志交头接耳，郑书记提出批评，应该批评，没有规矩不成方圆。工作之余，当然可以活泼一些，这是大家都需要的一种气氛，我们平时不也是开开玩笑吗？但开会时就不能这样。

总之，今年以来，大家的工作可圈可点。这里也代表工作队和村两委，向大家取得的成绩表示肯定！也向大家对工作队和村两委的支持表示感谢！

9 月 2 日

听说修路“喜得很”

昨天得到消息说，村里申报的一批村道项目获得批准，即将实施，要求我们做好前期准备工作。

今天吃过早饭，工作队“三兄弟”就前往项目实施地王庄自然村查看情况。刚到村口，照例跟上来几位“老朋友”，边走边聊。其中的老刘说：“焦书记，我刚才给你打电话，实在是没有办法。那条过水沟如果不抓紧修好，还得摔人……”我说：“好啊！不止你这一处，早上马庄自然村的老马也打电话反映这个问题。村里准备修，材料都买来了，但现在县里准备统一修涵桥，一劳永逸，别急啊！好事多磨……”其他几位一听，高兴地说，修涵桥当然更好。老刘说的“水沟”，是村光伏电站前面一处因前段时间大雨积水，为放水在水泥路面上挖的过水沟。现在虽然用土垫上了，但由于路面不平，村民电三轮路过时会发生剧烈颠簸。

边走边说，很快到了王庄自然村北部的最后一条没有硬化、贯通东西，且农户集中的土路前。看到工作队来了，一下子围上了很多村民。大家像是家里来了客人，大人孩子“喜得很”。“焦书记，这天怪热，您还跑啥！”“是不是又要给俺们修路了？”“才几年，都把俺这路修完了，真得感谢您这三兄弟……”大家七嘴八舌地正说着，一辆白色轿车从前面驶来。大家刚让开路，就看它一个飞快的左转弯，冲进了布满杂草的那条土路上，很快停了下来。我刚说完“这小伙子真厉害……”却从车上下来一个20来岁的姑娘，她一下车就向我们走来：“焦书记，看我们这路早该修了吧？一下雨车子没法开……”工作队小徐却接过话茬，正儿八经地说：“看来这条路暂时还是不能修！”她问：“为啥？”小徐说：“你这车技肯定都是在这条路上练的。路一修，你开车的水平肯定要下降。有这样好的车技，多亏你家门前有了这条路……”在场的人都哈哈大笑起来，一位老人还说：“这丫头真野！”

在村民簇拥和王庄自然村扶贫小组徐组长的指引下，大家一直从东到西把这条将要修的村中道路走了一遍，然后我交代徐组长要抓紧做好路基施工的准备工作，一要确保宽度有3.5米，二要让村民把各自堆在路边的杂物清理干净，三要把排水位置和材料准备到位。徐组长和村民们高兴地保证说：“焦书记，你放心吧，保证按你说的办。”我说：“谢谢大家！这几年，王庄修的路比其他自然村多，但矛盾却不多，全靠大家支持，占了一点谁家的地都能顾全大局地让出来。大家越配合，我们越努力。你看，王庄漂亮了，小伙子找媳妇都容易多了……”说完大家又是一阵大笑。

离开王庄自然村，“三兄弟”照例走村串户。走到小郑庄自然村时，我提议去看望一下80多岁的王老，进门刚巧看到他儿媳给他做饭，大家又说起她门前的泥巴路变水泥路以及与工作队“不打不相识”的故事……

是的，对马庄来说，路的变化的确是太大了。马庄村是国家级深度贫困县的一个贫困村，大部分农户是因病致贫。全村5 300多人，6 200多亩耕地。工作队驻村前，水泥路很少。驻村四年来，工作队想方设法，目前全村水泥路已达 50 多公里，基本实现了全面硬化。还有些零星的小路也已经全部申报。与此同时，工作队还在帮扶单位省司法厅的大力支持下，自筹资金和项目总计七八百万元，先后建起了 9 米宽 1 400 米长的农贸一条街、法治文化广场和农产品储存恒温库，还挖河、修桥、打井等，受到村民的欢迎。

如今，村里水泥路四通八达，但新问题又来了。路好了，脱贫了，民富了，许多家庭买了小轿车，回村创业的年轻人办起了各种各样的企业……村道的宽度不够了，小型车会车、大型车转弯都成了问题。

但我坚信，只要工作队和村两委咬定目标，有效衔接脱贫攻坚和乡村振兴战略，马庄的路就一定会越来越宽，越来越多；马庄的康庄大道就一定会在我们的脚下走出来！

10 月 29 日

个人先进事迹由《人民日报》刊发

上午，收到国务院扶贫办同志发来的一条链接，内容是 10 月 19 日《人民日报》刊发的《2020 年全国脱贫攻坚奖获奖先进个人和先进单位公告》。

其中的贡献奖部分有对我个人的简要介绍。焦凤军，男，汉族，54 岁，中共党员。安徽省宿州市萧县孙圩子乡马庄村第一书记、驻村扶贫工作队队长（安徽省司法厅驻村干部）。主要事迹：焦凤军先后在安徽省政府 4 个部门工作，任处长 15 年，并且有国务院机构、县区政府挂职和国外培训经历。2017 年 4 月，他以“省里不缺我一个处长，但村里可能缺我这个扶贫队长”的情怀，主动申请驻村扶贫。他秉持“脱贫有期、发展无限”理念，有效落实到村到户扶贫项目 5 000 多万元，自筹资金和发展项目 700 多万元；村集体经济从驻村前的 2 万元增加到 2019 年的 50 多万元；创建的扶贫工厂从当年产值 60 万元增加到 1 000 多万元；组织农产品销售 200 多吨。推动成立村级企业联合会，推进企业产品出口；个人无偿为企业发展筹借应急资金，联合队友捐款 1 万多元支持公共事业；在省司法厅和原法制办支持下，先后组织捐款 100 多万元、捐物价值 100 多万元，为马庄村脱贫出列和发展做出了重要贡献。

此外，这个“事迹简要”还被收入全国脱贫攻坚奖评选表彰工作办公室编印的《2020 年全国脱贫攻坚奖光荣册》，以及一些地方和机构编印的学习材料等。

央视《决战的时刻》专题节目和《人民日报》、新华社等媒体介绍焦凤军驻村扶贫先进事迹。

11 月 18 日

主动开展教育扶贫工作

上午，收到《安徽日报》昨天报道链接，以《萧县：名校名师、企业家助力教育扶贫》为题，报道马庄村工作队主动关注关心全村教育事业的又一重要活动。

这一活动，就是连日来一直为省电视台等媒体广为关注的合肥名师送教和马庄企业家捐赠活动。

四天前的上午，马庄小学里阳光灿烂、欢天喜地、载歌载舞，比以往任何一个节日都要热闹。崭新的教学楼前、宽阔的操场上，正在举办一场别开生面的仪式——合肥市行知学校送教马庄暨马庄企业家马立厂捐赠校服仪式。活动由省司法厅驻马庄村扶贫工作队、马庄村党总支、马庄村委会主办。合肥市行知学校送教团队，安徽木牍教育图书有限公司负责人，宁波展欣物流有限公司法人代表，萧县教体局负责人，孙圩子乡人民政府主要负责人，孙圩子乡中心校、马庄小学、王台小学、丁楼学校的领导、师生参加活动。

活动仪式上，合肥市行知学校学生刘奕阳、高天翊、童心怡、朱泓旭、严瑾作为学生代表，将同学们捐赠的 3 200 册图书赠送给马庄小学和王台小学的学生，二（5）班学生刘奕阳捐赠科学小实验套装 19 盒，价值 1 500 元。童绪付老师所在的民革合肥市瑶海区一支部、瑶海七里站政协工委向马庄小学和王台小学捐赠价值 2 000 元的陶笛、竖笛、口琴、小打击乐器等。由学校联系的安徽木牍教育图书有限公司向丁楼学校捐赠九年级七科教辅 100 套，价值 3.56 万元。马庄企业家、宁波展欣物流有限公司董事长马立厂向马庄小学、王台小学捐赠 230 套校服，总价值 3.45 万元。

“有爱就有奇迹，有梦想就有希望。”这是省司法厅驻村工作队确定的活动主题。“同在一片蓝天下，我们都有同一个梦想！爱是可以传递的。”合肥市行知学校党总支书记王家海的致辞感染了在场的每一位师生。“我应该感谢你们！是你们让我有一次做善事积德福的机会。”马庄企业家马立厂谦逊的话语赢得了阵阵掌声。“马庄村站上了国家脱贫攻坚领奖台。一个村的工作，获得国家认可，实属不易，非常珍贵。”孙圩子乡党委副书记、乡长李秀荣在致辞中激励全体师生。“举行这样的仪式，是为了激发马庄村民建设家园、振兴乡村的热情，为了让同学们常怀感恩之心，勤奋学习，学好本领，将来更好地建设国家、回报马庄。”马庄村第一书记、驻村工作队队长焦凤军在讲话中深情勉励马庄村学生。

活动仪式结束后，送教团队为马庄小学、王台小学、丁楼学校的师生上了 7 节展示课。在马庄小学，童绪付老师的音乐课《听我说谢谢你》，让孩子们轻松学会了陶笛入门；夏兰老师的科学小实验让孩子们大开眼界；社团辅导员陈堃的机器人展示课吸引了全班孩子的眼球；高盼盼老师的手工课带给孩子不一样的体验，他们为自己的动手能力欣喜不已。在丁楼学校，高俊宝老师与 9 年级学生探讨了“阅读与作文本质”；周向荣老师分享了 9 年级中考数学例析；程曙辉老师为 7 年级学生带来了全英文教学的全新体验。费冬梅老师作了一场题为《“醉”是一缕书香》专题讲座，与老师们分享了自己的读书经历和心得体会。在教研交流环节，操北云老师、周向荣老师、程曙辉老师分别与丁楼学校的语文、数学、英语学科老师进行了深入的探讨和广泛的交流。

“科学真是太神奇了！我长大了要当科学家！”马庄小学四年级学生刘瀚在听了科学小实验展示课后激动地说。“我家小孩昨天晚上兴奋得一夜没睡！穿着新校服就是舍不得脱，还说明天能见到合肥的老师和同学呢！”一位学生家长在聊天时说。“大开眼界！原来课还可以这么上！老师和学生在一起边玩边学，都分不清谁是老师谁是学生了。”已经退休了20年的刘老师感叹不已。

治贫先治愚，扶贫必扶智。省司法厅驻马庄村扶贫工作队高度重视教育扶贫工作，除了严格落实党的教育扶贫政策，确保每一个适龄孩子有学上，还积极利用各种资源帮助当地改善办学条件，提高办学水平。

马庄小学、王台小学的学生大多是留守儿童，家庭条件较差。当得知孩子们没有校服时，驻村工作队及时拜访退休在家的爱心企业家马立厂。“这是好事，我一定办好！”年近七旬的马立厂立即赶往宁波，找到为宁波一小定制校服的定点厂家赶制出了230套校服。“我们本来的想法是孩子们能有一套80元的校服就好了，没想到马总给我们做的是150元一套的校服。我们孩子能穿上和大城市孩子一模一样的校服了！”孙圩子乡中心校校长马伟、马庄小学校长薛华、王台小学校长朱楠感激不已。

2018年5月31日，驻村工作队走访马庄民营幼儿园。当看到师生自己利用废旧纸板、废弃塑料材料制作的玩具时，焦凤军、王刚、徐春节3名队员心疼不已，当场捐款5 000元用于幼儿园购买教玩具。随后，积极利用普惠幼儿园政策，帮助马庄幼儿园争取了20多万元的教学设备。2019年6月1日，驻村工作队会同马庄企业联合会为马庄幼儿园的孩子捐赠书包。

“为校办事实在，师生感谢点赞。”这是马庄小学、王台小学、丁楼学校赠送驻村工作队锦旗上的文字。“情系乡村建设送温暖，关爱幼儿教育献爱心。”这是马庄幼儿园赠送驻村工作队锦旗上的话语。他们用传统的方式、朴素的话语感谢党的扶贫好政策，感谢扶贫干部的真情付出。

通过组织捐款捐物等，支持全村教育、文化等社会事业发展。

11 月 23 日

新华社《新华访谈》介绍驻村片段

上午，收省扶贫办王傲雪同志转来的一条链接，是三天前新华社的一篇报道。《新华访谈》专栏以《安徽省萧县马庄村第一书记焦凤军：用心扶贫，造福一方》为题，以图文并茂、附“嘉宾简介”的形式，介绍了我参加驻村扶贫工作的片段。

报道说：年过五旬的他，以“省里不缺我一个处长，但村里可能缺我这个扶贫队长”的情怀，主动申请驻村扶贫。秉持“脱贫有期、发展无限”理念，创建的扶贫工厂从当年产值 60 万元增加到 1 000多万元。他就是 2020 年全国脱贫攻坚奖贡献奖获得者、安徽省宿州市萧县孙圩子乡马庄村第一书记、驻村扶贫工作队长焦凤军。

精彩观点一：“建立联席会制度，形成党建与脱贫攻坚合力。”

宿州市萧县孙圩子乡马庄村是一个有着 5 300 多人的贫困村，由原来的两个行政村合并而成。驻村后，焦凤军利用党员活动日、“三会一课”等平台，结合村情给干部和党员上党课、讲发展。他建立了马庄村省派驻村工作队、县派驻村工作队及联合党支部、村党总支、村委会联席会制度。村里所有重大事项均由“联席会议”决定，有效形成了党建与脱贫攻坚合力。

在深入走访的基础上，焦凤军发现、培养和推荐3名30岁左右的优秀村民分别当选村委副主任、总支委员、党建员兼扶贫工厂厂长；推荐3名回村大学生作为村级后备干部在村部实习，为进一步实现新老交替和年轻化奠定了人才基础。为探索扶贫小组长选拔机制，他通过“海选”、推荐相结合形式，选聘了14名扶贫小组长。

焦凤军带领扶贫工作队和村两委一起，抓党建、促脱贫、谋发展、搞服务，马庄村脱贫攻坚取得显著成效。这个有着361户834个建档立卡贫困人口的村庄，贫困发生率由15.7%下降到2019年底的0.29%，顺利实现了贫困村出列。在第三方评估验收时，成为安徽省政府领导带队的监测评估现场观摩村。

精彩观点二：“坚持‘走出去、请进来’，因地制宜发展产业。”

“请进来、走出去”，这是焦凤军坚持的发展思路。争取中国农发集团在种苗、肥料、薄膜、收种机械等免费支持，130亩土豆项目顺利实施；邀请安徽省农科院领导和专家来村开展培训和现场指导，发展特色种养业。为发展集体经济，盘活村集体土地资源，注册成立马庄生态田园发展公司，筹集资金100多万建设配套冷库，并整理出180亩废弃河岸，通过流转和招商引资建设生态园。争取资金扶持大户并带动贫困户发展养殖，同时通过餐饮协会使马庄山羊供应到合肥各餐饮机构。

为扶持小微企业发展，焦凤军还创造性地推动成立了萧县马庄企业联合会。联合会为全村企业提供市场信息、融资销售、质量检测等多方面服务，帮助企业抱团发展、做大做强。

村民王连路是建档立卡贫困户，父亲早年去世。王连路十几岁就外出打工，历尽艰辛。焦凤军得知后，鼓励王连路回村创业。在焦凤军的帮助下，安徽路邦保温材料公司去年成立，并在王连路家宅基地上兴建了3 000多平方米厂房，同时租用10 000多平方米的货场，吸纳50多名村民就业。投产后，焦凤军还以省派驻村扶贫队长的身份为产品代言、推介，产品供不应求，公司年产值可达1 000多万元。目前产品已销往国外，公司荣获安徽省首届“最有影响力”保温材料评选季军荣誉称号。

驻村四年来，焦凤军带领马庄村两委多渠道发展，使村集体经济得以迅速增长。年收入已从驻村前的2万元，增加到上年的50多万元，预计2020年底可达70万元。

2021 年

1 月 5 日

“灵魂访谈”审视“灵魂”

上午，收到省电视台李婷同志发的一个链接。打开一看，是几天前在省网络电视台、海豚视界等新媒体上播出的关于我的一个访谈。题目叫《灵魂访谈‖焦凤军：省里不缺老处长，但村里可能缺个扶贫队长》。

这看似几天前的李导作品，说起来却是“去年”（12 月 31 日）。2021 年的第二个工作日，收到李导的“鼓励”，看来新的一年还要继续努力。

整个视频约 20 分钟。在文字介绍中，简要介绍了访谈对象的基本情况：焦凤军，安徽省宿州市萧县孙圩子乡马庄村村党总支第一书记，安徽省司法厅法治督察处处长，选派驻村扶贫工作队队长，2020 年全国脱贫攻坚奖贡献奖获得者。2017 年 4 月，他主动请缨，奔赴攻坚战场，用 4 年的时间，向村民交上了一份沉甸甸的答卷。

视频以“时代楷模，社会进步的基石，永远留在人民心中！”的滚动字幕开始，以同期声的形式介绍了我的所谓“经典语录”：“群众的事情确实无小事，你觉得这是个很小的事情，但是对我们的村民来讲，也许这件事在他一生中就是最大的事”；“我们敲开的是铁门，打开的是心扉，吃下的是西瓜，赢得的是信任”；“你不把村民当亲人，村民就不会把你当亲人”；“作为省直单位，不缺一个像我这样的老处长，但一个贫困村，完全有可能缺一个像我这样的扶贫队长”。

之后，是记者对我在马庄村和演播室分别进行外景和室内采访——

记者：焦处长，你最初来到马庄村时，对它的印象是什么样的？

焦：我们来的时候是四五月份，正是杨絮飘飘的时节。北方的村庄，到处是翻飞的杨絮，像下大雪一样，人很快会有一种不适感。进了村部，首先看到的是一个锈迹斑斑的大铁门。进门到了围墙里面，就能看到村部中央因为长期积水而泛起的泥皮。到了院子里，大家因一路奔波，很自然地要找个能够“方便”一下的地方。大家问厕所在哪？村干部一指说：这就是厕所。我们进去之后，看到的就是一堵墙里面摆了两块砖，连水都没有，这就是北方的最正常、最普通的厕所。

记者：咱们马庄村呢，它不仅是一个贫困村，而且它还是一个艾滋病患者比较多的村子，很多人听到艾滋病的时候可能都是逃避或者不愿意去这样一个村子，那是什么原因让你选择了和艾滋病患者打成了一片？

焦：过去，马庄一些村民因为非法卖血，一些人感染了艾滋病，时间主要是在上世纪八九十年代。这些艾滋病人生活非常困难，走访之初，发现有些农户家的大门经常敲不开。后来发现，这些农户家里都有艾滋病人。如果他开着门，一年四季并没有人到他家来串门，就觉得自己非常没有面子，所以干脆把大门反锁。知道这个情况之后，我的心情就非常沉重，觉得我们要想办法来解决这样一个问题，减轻他们的心理压力。我们的办法就是密集走访，天天走、天天走，时间长了，渐渐地，所有的门都敞开了。再后来，他们还经常会让我们“住下”。“焦书记，你们住下吧!”什么意思？就是要让我们留下来吃饭，他们叫“住下”。尤其是在夏天，他们刚刚从自己地里摘下来的西瓜要给我们吃。开始我们坚决不吃，怕违反纪律。但后来，我们就发现，这些艾滋病人会觉得我们和其他村民一样，并没有什么两样，也同样的歧视他们。发现这样一个问题之后，我开始注意到，这个问题没有那么简单，不能简单处理。要想把全村的脱贫攻坚工作开展下去，首先要融入这样一个特殊的群体。所以，有一次又遇到一个村民给我们切西瓜吃，我就很主动、果断地吃下了一块西瓜。

记者：你不害怕吗？

焦：当然，是会有担心，因为没有过类似的经历。但是，为了工作也只能如此。仅仅吃了一块西瓜，没想到的是，一个老人家紧紧地握着我的手，喃喃自语，泪流满面，“焦书记啊！焦书记!”因为她没有想到我会吃这块西瓜。但是后来听村干部们说，即使他们的邻居甚至是亲人，也不一定能这样做……这件事给我的印象非常深。所以我经常说，我们看似敲开的是铁门，其实是打开了他们的心扉；看似我们吃下的是一块西瓜，其实是通过这个赢得了他们的信任。

还有一个艾滋病贫困户，这里称她为丽霞妹妹。看得出，她曾经也肯定是个漂亮姑娘，20 多年前从淮北嫁到了我们马庄村。但若干年之后，一家三口全部因丈夫年轻时卖血而感染艾滋病，儿子在 8 岁时最终夭折。你想，这样一个家庭，生活和心理受到双重打击。对此，工作队专门把她聘为村部的保洁员，就是要给大家看看，艾滋病是可防可控的，也是通过这样一个示范，让我们的村民减少对艾滋病患者的歧视。你看她，每天早晨 6 点多钟，都把自己打扮得漂漂亮亮的，高高兴兴来到村部上班。从我的门前开始，把整个村部打扫得干干净净。在村部，她那既高兴又紧张的神情能让大家感受到：这也许是他一天中觉得自己最受尊重、最感自豪、最觉幸福、最为快乐的一段时光。所以她非常珍惜。马庄的这些艾滋病人，和其他的贫困人口一样，在我们脱贫的道路上没有一个掉队的，马庄实现了贫困村出列，贫困人口“清零”。

记者：你能跟我们分享一下在工作当中遇到的一些印象特别深刻的事情吗？

焦：我们在一次走访过程中遇到一个老人家，据村民介绍，他的实际年龄比身份证要大八九岁。但是因为当时的身份证办错了，他就一直没有办法及时享受到养老待遇。各种与养老有关的待遇，他都无法享受，所以对这件事很有意见。我知道这个事情后，就下决心要为他解决好这个事。后来，就通过找公安部门、乡党委政府，包括在村民方面进行调查和取证，最终在工作队的协调下，公安部门很快给他重新办了新的身份证。一夜之间长了八九岁，对他来讲不仅仅是一个身份证的问题，是很快就能享受到与养老有关的待遇问题。所以老人非常感动，当他听说自己身份证办好时，我就听到他在电话那头泣不成声。身份证拿来之后，我还特意让他拿着自己的身份证在胸前拍了一张照片。后来见了我们，就像亲人一样。这说明了什么问题？群众的事情确实无小事。你觉得这是个很小的事情，但对我们的村民来说，也许这件事在他一生中就是最大的事！

（插入中央电视台颁奖晚会视频和声音：2020 年全国脱贫攻坚奖贡献奖焦凤军）

记者：你获得了 2020 年全国脱贫攻坚奖贡献奖，你也创造了很多的唯一。你是怎么想到要做这些尝试的呢？

焦：我们的很多做法都来源于问题，为了解决问题而产生了这些做法。比如说企业联合会。我们驻村之后，发现马庄有不少小的作坊。这些小作坊真正要发展起来还是比较困难。如果任其发展，也只能是小作坊变成大作坊，最终它还是个作坊。所以，在这种情况下，我就想到了成立马庄村的企业联合会。联合了有力量，企业的信誉也会提高。所以，像你说的这些所谓的第一、所谓的创新等，都是通过发现问题、解决问题而形成的最基本的做法。我们现在已经形成了很多很好的制度，并通过制度管人、通过制度管事。

记者：曾经来过马庄村的人都说它是一个“没有看相”的皖北贫困村，而你以前也有过国务院有关机构、省政府四个部门和县区政府挂职和任职的经历，你也做了十几年的处长，我想请问一下，您为什么会选择在年过50之际，毅然请战到马庄村驻村扶贫呢？

焦：作为省直单位，不缺一个像我这样的老处长，但是一个贫困村，完全有可能缺一个像我这样的扶贫队长。我就是抱着这样一个朴素的想法，主动报名，驻村扶贫，想为村里做点事，也想为脱贫攻坚做一些自己的贡献。

（艾滋病贫困户、大鼓书艺人刘发权演唱视频：省里来了工作队，引导农民奔小康……）

记者：焦处长，刚才咱们村民刘发权演唱了一段大鼓，其中有一句是：省里来了工作队，引导农民奔小康。你觉得在你来到马庄村这四年，给这个村子还有村民带来最大的变化是什么？

焦：马庄村这几年各方面都变化很大，基础设施、水电路网，我们也建了生态园，整个村民和村两委干部的精神面貌也发生了很大变化。但是，我觉得变化最大的还是整个村庄的精神面貌，尤其是老百姓和村干部的精气神。大家现在想得最多的是发展，更多的村民找到工作是看看有没有什么项目适合自己干？发展的精神头更足了。我觉得这是马庄变化最大的一个方面。像这些，可以讲过去非常难以想象，没有村民会想着主动做这些事情，而是等、靠、要。现在村民们都能够想到这一层了，他们希望他们在农村也能够像城里人一样，能够有很好的精神生活，有丰富的文化生活，从而把这个村庄变得更有生机，更有活力。

记者：你在四年驻村工作期间，每天都会坚持撰写工作日志，听说写了有150多万字了，你能给我们展示一下你的工作日志吗？

焦：好啊！你看，这篇日志是最早的。每个月都有一本，我是把它夹在一起。这是第一篇，应该就是5月2日。

记者：你觉得每天坚持撰写工作日志，带给你最大的收获是什么呢？

焦：写工作日志，一方面是把这些零散的时间充分利用起来，再一方面就是通过写日志发现问题。我们的驻村扶贫工作也不是十全十美，我们白天一个很重要的工作就是走村串户，通过走访村民、解决问题，提高村民对工作队的满意度。反过来讲，你要想让村民满意，就需要为村民做实事。

记者：我们走访村民，听到村民对你也有一个评价，说你“比马庄人还马庄人”，你怎么看待这个评价呢？

焦：你不把村民当亲人，村民就不会把你当亲人。只有你“比马庄人更马庄人”，才能把整个党和国家的扶贫政策更加高效、更加公平、更加公开、更加公正地落实到每一个人，才能把我们整个的脱贫攻坚工作进行顺利收官。

记者：你觉得怎么样才能够做好脱贫工作呢？

焦：对脱贫工作，要辩证地看。工作队驻村说是扶贫，但是关注发展不可忽视，一定要正确地、辩证地处理好脱贫与发展的关系。所以，我们驻村四年来，我始终在宣传的一个基本理念就是：脱贫有期，发展无限。我经常讲，小发展小困难、大发展大困难。就是有困难不能怕，如果怕了，不发展，那就会最困难。只有发展了，脱贫攻坚的成果才能巩固，老百姓的生活水平才能得到提高。所以，处理好脱贫与发展的关系，是我们一直坚持的，贯穿于我们整个驻村工作的方方面面。

记者：你的大部分时间都花在了马庄的工作上，你的家人对你的工作理解吗？

焦：是啊！我爱人讲了一句话："那你去吧！要去，就要好好地做点事！"非常朴实，很支持我，我也非常感动。这四年驻村，确实也做了一些事，家庭的支持确实是分不开的！

（字幕："最后送一个彩蛋"）

刘发权演唱大鼓："春暖花开好风光，五星红旗随风扬。改革开放政策好，真人真事我来唱。萧县有个孙圩乡，有个村委在马庄。省里来了工作队，引导农民奔小康……"

看完这个视频报道，我也确实对自己的"灵魂"进行了一番"审视"。想起了过往的一切，大半生的追求，想起了李导一行在拍摄过程的点点滴滴，以及比播出视频多得多的自我反思，以及对脱贫攻坚的思考。

除了视频之外，还收到李导发来的一幅海报：在我的巨幅驻村照片右下角有一行小字，"100 个有趣的灵魂"。看来，我只是这个"灵魂"集体的百分之一。很期待看到李导更多作品，尤其是另外的百分之九十九。

同时，为了保存资料，我也把这个视频转发到了朋友圈。没有想到的是，很快有一些朋友甚至是相当高级别的领导在同学、朋友群中转发，在自己的朋友圈中分享，然后截图向我反馈评论等。这些评论道："按老焦的老上司的说法，老焦兄铁骨铮铮，甚至不向潜规则低头""完整地看了视频，很感动、很感动。下学期把这个视频编入我们（中国传媒大学）的教材""我是噙着热泪看完的""一个干了处长 16 年的老同学，太被忽视了。焦兄隐秘而伟大！""凡是有灵魂的大人物，定非尘世间标尺可以匹配！""吾辈不缺官与吏，稀见灵魂上凌烟。致敬凤军兄""焦裕禄式校友""为你骄傲！为师大骄傲！"……

1月6日

乌克兰美女眼中的“马庄故事”

下午，看到新年第一天在安徽电视台国际频道等平台播出的新年专题节目《嘿！你们真棒!》。这是省电视台任露露导演的作品。任导在发我链接时，特意解释说，这是由三个不同的故事组成的，时长有30多分钟，把马庄的故事放在了最后，作为“压轴”……不管是不是“压轴”，但我觉得这个“故事”讲得还不错，没有枉费任导一行在马庄村里两三天的辛苦采访。

故事的开头是外籍记者娜娜给大家打招呼：“大家好，我叫娜娜，来自乌克兰，我在合肥生活9年了，我非常喜欢中国乡村生活和中华传统文化。从秀丽多彩的黄梅之乡到势不可挡的皖北大地，从广袤的乡村到繁华的都市，我将带你们看到安徽各地的人们如何在家乡的田野上挥洒汗水和智慧，如何在脱贫攻坚中赋予这片土地源源不断的生机。”之后，是以娜娜（画外音）的自白而表现的三个脱贫攻坚“故事”。

第三部分是“马庄故事”——

一开始，村民刘发权在大鼓书演出现场唱道：“……改革开放政策好，引导农民奔小康。省里面来了工作队，他们呕心沥血忠于党……”

娜娜：你好！你唱得挺好啊！

刘发权：我们用民间大鼓书来歌唱我们马庄村的扶贫干部……

娜娜：好啊！那我们去看看他们吧！

画外音：马庄村位于深度贫困的安徽省萧县国家级贫困县，曾经是贫困村。2017 年 4 月，焦凤军等 3 人组成的扶贫工作队到达了马庄这里……

（在村养羊基地）

焦凤军：我们开始投入了 45 万元资金，发展养羊产业。通过养殖，把羊卖出去，取得效益。另外，我们的贫困户村民自己也可以养殖，每一只羊我们补贴 800 元钱，养大了也可以送到基地来，一起对外经营，工作队联系合肥一些大型餐饮业连锁店，统一使用我们的优质萧羊。

娜娜：你们做得真棒！做得真好！

焦凤军：谢谢娜娜！

画外音：中国扶贫带着东方人的智慧，既授人以鱼，也授人以渔。现在的马庄人养山羊、种土豆、办企业……这个曾经“没有看相”的皖北贫困村，在不知不觉间变了样。但是工作队初到马庄时的落后面貌，还是让焦凤军有点吃惊。

（在村庄各处和扶贫工厂）

焦凤军：我们驻村的第一天晚上，工作队三个人从村部出来到村里走，不一会儿，在路的对面有三个女同志问我们：“您是弄啥的？”我说：“我们是工作队的！”可她们讲的第一句话就是：“什么工作队？能帮我们干什么！能不能先把我们这条路给修一下……”

画外音：为了修路这件事，焦凤军和他的同事们想尽了各种办法。

焦凤军：最终，在帮扶单位的支持下，我们把让村民们“晴天一身土，雨天一身泥”的这样一个街道，修成一个宽 9 米的水泥路面街道，同时修了下水道，安装了路灯。现在，已经建成了马庄农贸一条街。

画外音：路宽了，灯亮了，百姓也都乐呵了！但焦凤军认为，仅仅靠 3 人工作队是不够的，之后又配备了扶贫小组长队伍。

焦凤军：我们召集村民投票，大家看谁行？不是哪一个人说了算，也不是哪一套班子说了算，是大家一起说了算。

（在贫困户谢爱霞家里）

焦凤军：老大姐在家啊！

谢大姐：哈哈！焦书记来了！

焦凤军：你好啊！（对小组长说）什么是内生动力？就是要自己想干才行，我们在旁边加以支持。

扶贫小组长徐晓晨：谢大姐，给你的帮扶措施知道吧？

谢大姐：知道，种植、养殖、低保、农合……

徐组长：不错，都知道。我看你这粮补本上的钱都该到了，抓紧时间去取钱吧！

谢大姐：好，知道了。

画外音：跟着焦书记走村串户，我发现，脱贫政策的宣传，帮扶任务的落实，扶贫小组长的作用可真不小。

徐组长：我们这些小组长和村民的距离比较近，他们的一举一动我们都知道，他们有什么事，我们都可以及时地进行沟通。

焦凤军：今年是收官之年，关键的一年。我们当地村民说，二十四拜都拜了，还就差这一哆嗦。就看你这个小组长可能哆嗦好了！你哆嗦好了，今年我们就圆满收官了……

徐组长：她家的人口多，那个时候孩子又小，很困难。焦书记亲自到她家跑了很多趟。以前也是破房子，现在也是盖楼了，她家的变化特别大。焦书记经常给她说，咱们脱贫不脱政策，你放心吧！焦书记还说，我们是来扶贫的，落下来一户我都不会走的，你们都放心吧……

（在大郑庄自然村村民老张家小院子里聊天）

画外音：跑了一整天，去了十多家农户，可把我累坏了。焦书记告诉我，驻村三四年，全村 361 户贫困户来来回回走访好多遍，家家户户都熟悉了。

徐组长：2018 年马庄村也遭受了“温比业”台风袭击。那时雨下得非常大。我怕这家的屋子倒了，就来看看两个老年人。结果，我还没到，就从老远处看到工作队他们 3 个人一人拎着两只鞋，裤子卷到这里，一时我什么也说不出来了，我一下子眼泪就出来了！我觉得……他们……真的……很关心我们的村民，和我们心连心。

（在焦凤军办公室）

画外音：人晒黑了，鞋走破了。无数个不眠之夜，焦凤军忍着身体不适，坚持记录着工作中的见闻和感受，也在悄悄地为马庄绘制着旧貌换新颜的蓝图。

（村中大喇叭响起，宣传政策。合肥行知学校送教到马庄等三所学校暨村企业家马立厂捐赠校服仪式正在举行，焦凤军致辞）

娜娜：好！我也来一段（和孩子们一起表演乐器）

焦凤军：要让我们的孩子们也知道外面的世界，开阔眼界。老师要掌握新的教学方法，与外界有个接触的机会，获得新鲜的教学经验。要把好的敬业精神，传递到马庄的老师身上。

老师：同学们，现在我们的国际友人娜娜也加入到了我们的表演中来了，让我们以热烈的掌声加以鼓励……

娜娜：谢谢……

画外音：今天合肥行知学校的老师们不仅带来的乐器、书籍，还带来了丰富的课程。孩子们的欢声笑语更多了。三四年的时间里，焦书记把孩子的教育和老师的成长放在心上，把父老乡亲们的疾苦装在脑海里，把建设美丽新农村的责任担在肩上。

焦凤军：正是有了马庄村两委班子和马庄 5300 多兄弟姐妹一起努力，我们才实现了马庄贫困村顺利出列，贫困户“清零”。我觉得，并不是说每个人的一生都能有机会参与这样的国家重大行动，我以我能够有机会参与终结中国的绝对贫困，能够为世界减贫事业提供中国的经验而自豪，也感到自己的人生非常充实。

画外音：我了解到，过去五年，中国共派出了 46 万第一书记。正像焦书记所说的，他们所打下的基础，所举办的事业，所实施的项目，所培育的精神，仍将继续开花结果，造福人民！

娜娜：这段时间我走了很多地方。我真切地看到了，中国人民用他们的智慧，为了消除贫困，付出了很多汗水，也增强了他们生活的希望。脱贫攻坚给老百姓带来了更多的实惠，更好的生活。

画外音：从焦书记他们的身上，我真切地感受到了浓浓的幸福感！

娜娜：中国！我爱你！

经常性开展丰富多彩的群众文化活动。

1 月 21 日

开展“送温暖、谈变化、谋发展”活动

上午，安徽日报推送萧县新闻网采写的报道稿——《省司法厅驻马庄工作队开展“送温暖、谈变化、谋发展”走访帮扶活动》，生动介绍了前天以来，马庄工作队集中开展“送温暖、谈变化、谋发展”走访帮扶活动，并为 13 户贫困户提前送上队员“节礼”的片段。

报道说：为认真落实习近平总书记“四个不摘”的重要指示精神，安徽省司法厅驻萧县孙圩子乡马庄工作队会同村两委深入贫困户家中，开展“送温暖、谈变化、谋发展”走访帮扶活动。每到一户，都送上米、面、油和春联等，送上节日祝福，和贫困户聊聊天、拉拉家常，询问家庭收入变化、身体状况和来年发展的打算。

“感谢党的好政策！感谢工作队！如果没有党和你们这些好干部，我恐怕要死好几回了！”贫困户侯卫民紧紧握住省司法厅驻村工作队队员的手，激动地说。侯卫民是血战台儿庄烈士侯克的后人，70 多岁，腿部残疾，还有胃病、高血压、冠心病。工作队帮助他落实帮扶政策，给他和女儿办了低保，为他女儿申请了教育扶贫“雨露计划”，帮助他女儿顺利完成了大学学业。“女儿现在找到工作了，也谈了朋友，我们家的日子越来越好了。”侯卫民高兴地对工作队帮扶干部说。

“萧县有个孙圩乡，有个村委在马庄。省里来了工作队，引导农民奔小康……”这是贫困户刘发权自编自唱的《村里来了工作队》，唱的是省司法厅驻马庄村工作队带领村两委抓党建、促脱贫、谋发展、搞服务，给村庄带来的巨大变化。刘发权妻子患有“大病”，村民们曾经非常歧视，他们对生活一度悲观失望，对村里工作非常抵触。省司法厅驻村工作队进驻后，多次上门走访，逐渐帮他们打开了心扉，也消除了村民们对他家的歧视和戒备。工作队、村两委先后安排他们担任村里的公益岗位保安员和卫生监督员，不仅提高了收入，还提升了在村民中的地位，刘发权和妻子对生活重新树立了信心。每次工作队到柳园走访、宣传、落实政策，他都是第一个支持，还主动协助工作队工作，他的家也成了柳园自然村的“临时会场”。

工作队得知刘发权年轻的时候曾经唱过大鼓书，于是鼓励他“重操旧业”，用曲艺去给别人带来快乐。刘发权非常高兴，他不仅能演唱传统曲目，还能自编唱词。他编的《村里来了工作队》《战疫情》等曲目入选萧县文化馆节目库。他本人也被评为萧县大鼓非遗传承人。正在筹备换届的萧县曲艺家协会推选他为副主席候选人。

贫困户周英有智力残疾，平时从来不说话，见到帮扶干部就躲。这次入户走访时，周英从口袋里拿出手机，嘟囔着要工作队帮她照相。合影里，她露出了幸福的笑容。贫困户杨桂侠听说工作队不久就要离开马庄了，竟然有些眼泛泪花：“能不能不走啊？在一起处了四年了，你们都是大好人，实在舍不得啊！”贫困户木永芳家中已经养了 20 多头羊，谈到来年的打算，他信心满满：“明年我再多养一些！”

3 月 29 日

开展“清明慰问”特别活动

上午，村委会副主任丁权给我发一幅微信聊天的截图和几条留言，内容是说明我交他办的事办妥了。

什么事呢？这要从前几天我带领工作队和村里郑书记开展的一次特别的“清明慰问”活动说起。

清明将至，工作队能为贫困户做点什么？一个无厘头的“闪念”，让我一下子心里不平静起来。我想起了几位“走得太早”的老朋友：马福来、郑玉芝、刘德永……这几位都是贫困户，而且家里特别困难，但他们却早早地走了，留下同样有病的妻子和一家老小。对于我和工作队的其他队员来说，心里一直有说不出的酸楚，希望能为这些家庭做些什么。对于平时来说，也只能是多到家中看望，随时解决一些力所能及的困难。最近帮扶单位要求工作队安排走访，此时我又想起了这类贫困户。

丁主任说的事，就是因刘德永的妻子和孩子在刘去世之后已全部离家外出打工，慰问就委托了丁主任，希望在刘的家人回村时代为转达我们的慰问。而丁是个急性子，没过两天就把我交他的 500

元慰问金以微信红包的形式发给了刘的儿子。

刘德永是柳园自然村村民，生于 1968 年 9 月，一家 4 口人，是 2014 年 10 月因病申请的建档立卡贫困户，患有艾滋病。工作队副队长王刚是他的帮扶责任人。刘家有 8 亩耕地，对他家的帮扶措施主要有：生活最低保障金、代缴新农合、代缴意外保险、光伏发电收益分红、危房改造、特色产业补助金等。2020 年 9 月在田间干活时突然口吐鲜血，送往县人民医院后，经抢救无效于当日去世。

除了刘德永之外，我们还慰问了大郑庄自然村的两个贫困户。一户是马夫来家。马夫来生于 1950 年 2 月，是 2014 年建档立卡贫困户，3 口人。马夫来因脑出血后遗症瘫痪，妻子患有糖尿病。家有耕地 2.4 亩，住房 60 平方米。帮扶联系人是丁楼学校的王宁老师。主要帮扶措施有：代缴社保、新农合、意外伤害保险，光伏电站收益分红、小额贷款发展产业收益、新型产业带动分红，落实危房改造政策等。2019 年 12 月因病去世。

另一户是郑玉芝家。郑玉芝生于 1958 年 6 月，属于低保贫困户。夫妻俩均有糖尿病、高血压和脑梗等。家有耕地 1.5 亩，住房 50 平方米。帮扶联系人是县数据资源管理局局长梁冰玉同志。主要帮扶措施有：代缴新农合、社保、意外伤害保险等，夫妻俩均享受低保待遇，参与光伏发电、特色产业主体带动收益分红等，同时安排村公益岗位保洁员。2019 年 5 月因病去世。

4 月 16 日

充分用好本村红色教育资源

上午，工作队开展党史学习教育实践活动，前往本村柳园自然村贫困户侯卫民家瞻仰革命烈士侯克遗像遗物，缅怀英烈。

在侯卫民家，再次听他介绍了长辈的革命经历。我们看到，正屋厅堂的三面墙上挂满了与烈士有关的图片和资料。睹物思人，晚辈对长辈的怀念之情令人动容。

侯克烈士到底是什么情况？在一个镜框中镶嵌的《侯克烈士传略》中写道：

侯克烈士，本县孙圩子人，原名克俊，字明连，幼承庭训，聪颖好学。稍长胸怀大志，常以岳飞戚继光自勉。时军阀割据，民危倒悬，为救国拯民，毅然投笔，毕业于黄埔军官学校第六期。

七七事变后，君所在二师奉命保卫北平南口，日寇以数倍于我之兵力强攻居庸关，前沿阵地相继失守，两侧高地尚在，师团联系突然中断，虽迭派员打通要冲，均未覆命，师长决然令少校参谋侯克率特务连驰援抵马家窑，即与敌遭遇，君亲胄矢后率先出击，终于配合各团，血战两昼夜。敌遗尸遍野，仓皇逃窜。在抗日史上树立了以少胜多的范例，为此，荣获师部嘉奖。

三八年三月，君所在师团奉令开赴临城，增援著名的台儿庄战役。16日拂晓，敌兵分两路沿京浦线南犯该师守地，南沙河师长特令君率3营配合友军死守官桥，双方展开血战，敌多次猛扑，均遭惨败。因而恼羞成怒，于17日纠其精锐步卒五千，战车五十辆，大炮三十门，飞机十数架轮轰。官桥阵地硝烟弥漫，一片火海，杀声震天。千钧一发，君振臂高呼，身先士卒，全营上下，义愤填膺，争为先趋，白刃相加，浴血奋战。终因寡不敌众，弹尽援绝。该八十九师二六七旅五三三团三营长侯克壮烈殉国，大志未酬，英年陨谢，年仅三十八岁。遗三子一女，均能克承父业，不坠家声云。

历史上，柳园自然村曾属于祖楼区丁楼乡王台大队。为了给侯克申报烈士，早在1985年6月15日萧县人民政府就以萧政字（85）111号文向省政府提出了《关于追认侯克同志为革命烈士的报告》。报告说：我县祖楼区丁楼乡王台大队柳园村侯克同志，系黄埔军官学校第六步兵大队学员，毕业后即分到重庆，任特务营营长，不久调到国民军第20军团81军267旅533团第三营任营长。1938年二三月份，该81军王仲连部奉上级命令由河南小余州防地调往台儿庄前线，接应川军抗日。该89师到达台儿庄前线时，发现距离日军很近，随即撤退五里安营。当夜与日军接火。战斗一开始，533团团长身负重伤，并指任侯克担任团长指挥作战。当时由于日军兵力较强，加之该部刚到前线，情况和地形均不熟悉，造成伤亡惨重，无法抵御，该89师迅速撤离阵地，但是侯克所带领的第三营决意不愿撤退，坚守阵地，抗战到底。战斗最后该营基本全军覆没，侯克在此战役中壮烈牺牲。经查其黄埔军官学校同学陶佩继，当时的警卫员侯侠民及该团卫生员侯克举等同志，证明情况属实。我们认为，侯克同志虽然身为蒋军营长，但其抗日救国，勇敢作战，奋不顾身，坚持战斗，英勇牺牲。根据国务院民政部（88）优字46号《关于对辛亥革命、北伐战争、抗日战争中牺牲的国民党和其他爱国人士追认为革命烈士问题的通知》精神，应追认为革命烈士。当否？请审批。(附：材料一卷)

省政府收到县政府报告后，立即向民政部提出审批申请。1985年12月22日，中华人民共和国民政部向侯克的亲属颁发了《革命烈士证明书》。

1985年12月23日，萧县人民政府以萧政（85）46号发祖楼区公所、丁楼乡政府，并抄王台大队和烈士家属《关于追认侯克同志为革命烈士的通知》："经省民政厅优字（85）543号文件，追认侯克同志为革命烈士，其直系亲属享受革命烈士家属待遇，按规定补发一次性优抚金。特此通知。"

用好本土红色教育资源，以身边的人身边的事教育广大党员干部，这是工作队驻村后一直坚持的工作理念。五年来的实践证明，这一做法效果明显，也多次受到上级部门和领导表扬。在当前正在开展的党史教育活动中，我们将一如既往，继续发挥好本村红色资源的作用，努力在学习教育活动中走在前列。

4月19日

协助创作"建党百年"曲艺节目

此前，我负责帮扶的贫困户刘发权给我发了几条视频和留言，说他正在县里开会，随时向我"直播"会议动态。后来看到会议报道，他在这次的全县曲艺家协会换届大会上当选为副主席。

刘发权是我包保的贫困户，也是一个通过扶贫扶志而成长起来的典型人物。他从一个曾经带头通过上访反映一些不合理要求的普通村民，经过工作队的教育和转化，成为一个协助工作队做好扶贫工作的好助手。在我们的帮助下，他还组建了马庄的农民剧团，通过工作队为他整理材料，还申报了宿州市"非遗传承人"。他的脱贫经历也多次被县、市、省和中央媒体报道，成为远近闻名的"名人"。

这次当选全县曲艺家协会副主席后，他又接到了一项任务，创作一部关于庆祝建党一百周年的大鼓说唱节目。为了创作好这个节目，他从县城一回到村里就给我联系，希望得到帮助。于是，我让他先根据自己的兴趣理个思路，把形式先确定下来。后来，他就写了两张纸的一个初稿，又把我约到他家征求意见和试唱。

上午，在基本尊重原框架和大意的基础上，我对他的大鼓说唱词初稿进行了最后一次较大的修改，并取名为《庆祝建党一百年》。全文如下：

旭日东升映蓝天，中华大地七彩颜。
若问俺唱哪一段？党的诞生一百年。
一九二一中共始，南湖红船启风帆。
八一南昌炮声响，秋收起义井冈山。
农村包围城市好，三座大山被推翻。
七七卢沟桥事变，日本鬼子进中原。
三光政策天良丧，无数家庭离家园。
毛主席来打天下，马列主义建政权。
爬过雪山过草地，万里长征闯难关。
枪林弹雨长跋涉，饥民遍野战事连。
建立革命根据地，苏区百姓奋战顽。
抛头颅来洒热血，艰苦岁月信仰坚。
联合抗战十四载，鬼子投降把家还。
蒋匪不顾家国义，接着挑事内战掀。
三大战役他全败，解放大军渡江南。
赶走反动国民党，人民当家把身翻。
一九四九得解放，五星红旗升上天。
中国人民站起来，天安门上世界宣。
一九五〇不平凡，美国大兵进朝鲜。
志愿大军不怕死，参战卫国保家园。
打败美国侵略者，中国人民笑开颜。
社会主义就是好，战胜邪恶开新篇。
各行各业齐奋斗，实力比前天地翻。

中华儿女多奇志，敢教日月换新天。
改革开放政策好，党的路线作指南。
兄弟民族五十六，团结和谐奔向前。
如今来到新时代，追星探月宇宙间。
动车高铁如风骤，跨海大桥空中悬。
互通互联网天下，国富民强科技先。
继往开来兴大业，一带一路国际连。
脱贫攻坚得胜利，乡村振兴民更欢。
方针政策民心向，党的核心领航船。
不忘初心记使命，奋斗下个一百年。
习主席的领导好，党的恩情重如山。
民族复兴中国梦，天下太平百姓安。
欢天喜地红歌唱，庆祝建党一百年。

5 月 10 日

受到全国妇联机关刊物关注

下午，收到全国妇联机关刊物《婚姻与家庭》5 月份上半月刊的样刊。打开样刊，首先看到的是本刊特约记者思齐在报道文章当页上贴的一张爱心卡片。卡片上的留言道：“焦书记好！感谢您的精彩分享，为您点赞。祝一切都好！”

该期杂志在“特别关注”的第二条“党员之家”以《帮“艾滋村”脱贫，这位焦书记走进了百姓心里》为题，图文并茂地报道了我驻村扶贫的几个片段。

据思齐介绍，“党员之家”是个新开的栏目。在开栏的话中写道：“2021 年是中国共产党成立 100 周年。百年间，中国共产党团结和带领中国人民谋幸福求发展。而这背后是 9 500 多万党员的身影，是千万个党员家庭。家风正则党风端，家风清则党风清。让我们不忘初心、牢记使命，跟随党员家庭一起勇担当敢作为，让党风带家风，以家风促党风，共创家庭文明新风尚。”

报道全文如下——

阳春三月，地处皖北的马庄村春意盎然。看，一马平川的田野里，绿油油的庄稼在春风中舞蹈，一条条宽阔笔直的水泥路点缀在这片绿色中间。这里绿树成荫，粉的桃花、白的苹果花、黄的油菜花竞相绽放，最惹人爱的是老人孩子们的欢声笑语和如花般的笑脸。

享受着今天的美好生活，马庄人都知道，这一切离不开焦凤军的辛苦付出。

（一）比马庄人还马庄人

村庄萧条破落，到处是飞舞的杨絮和垃圾，铁门锈迹斑斑，厕所除了一堵墙就是地上放着的两块破砖头，这是5年前焦凤军对马庄村最初的印象。“早就听说马庄村穷，但看到情况后还是很震惊。”百感交集中，焦凤军深知，等待他的是一场前所未有的考验。

年过五旬的焦凤军在中学生时期入党，大学毕业后曾在省政府4个部门工作，在国务院有关机构和县区政府挂职并到国外参加过培训，已担任处长16年。得知他主动请缨到马庄村驻村扶贫时，亲友们都劝他慎重考虑，领导对他的决定也有些顾虑，焦凤军却掷地有声：“作为省直单位，不缺一个像我这样的老处长，但是一个贫困村，完全有可能缺一个像我这样的扶贫队长。”

驻村后，发现马庄村有好几套班子，决策平台分散，焦凤军首先建立各种制度，建立了工作队和村两委联席会议制度，还结合村情给干部和党员上党课、讲发展，创建“马庄党员微信群”，经常和大家在群里聊天，很快给村里带来了新气象。

为尽快让贫困户脱贫，焦凤军通过村集体流转土地，成立生态田园发展有限公司，为马庄村盛产的葡萄、土豆、胡萝卜等农产品提供种植、加工、销售等服务。他还鼓励、支持村民创业，创办扶贫工厂，解决了不少村民的就业问题，让他们不出村子就能挣到4 000多元的月薪，还能天天见到家人。

5年来，焦凤军想方设法帮马庄村脱贫，实实在在为村民办实事，马庄村贫困户全部“清零”，村容村貌发生了翻天覆地的变化，村里的企业、家庭农场、门面商户等达 100 多家。村集体经济从驻村前的年收入 2 万元增加到 2020 年的 66 万元，大家都感恩在心，说他比马庄人更马庄人，焦凤军笑了：“这是我作为一个党员应该做的，也只有比马庄人更马庄人，才能把党和国家的扶贫政策更加高效、公平、公正、公开地落实到每一个人。”

（二）走进村民的心里

从驻村开始，焦凤军就带着扶贫工作队密集地走村串户，了解村情民意，在他看来，走进老百姓家中听一听、看一看，才能知道老百姓的苦衷。

发现村民爱看书，焦凤军就买书送给他们；发现村里民办幼儿园缺少玩具等相关设施，他带头捐款，让孩子们拥有更好的环境娱乐学习；得知有老人因种种原因导致身份证上的年龄比实际年龄小八九岁，因此无法享受养老待遇，焦凤军通过联系当地有关部门、向村民取证等方式，为老人更正身份证……

马庄村不仅是一个贫困村，还是一个艾滋病患者比较多的村子。上世纪八九十年代，部分村民参与非法卖血，导致不少人感染，有些家庭甚至因此绝户。由于有些村民歧视艾滋病人，导致有艾滋病患者的家庭不愿出门，有的干脆常年反锁大门。为减轻这些家庭的心理压力，焦凤军经常带着工作队去他们家走访聊天。

人心都是肉长的，他们也渐渐敞开了大门。为表达感激之情，奉上茶水和自家的水果，焦凤军和队员们都婉拒了。本意是“不拿群众一针一线”，不曾想，他们却误以为焦凤军也像其他村民一样歧视艾滋病人，并为此事难过了很久。

知道这件事后，焦凤军深感愧疚。不久后，当一个身患艾滋病的大娘切开自家种的西瓜递过来时，焦凤军第一个接过西瓜开吃。在他的带动下，队员们也都笑呵呵地吃起了西瓜。见此情形，大娘感动哭了，难过地握着焦凤军的手，喃喃自语：“焦书记，焦书记……”焦凤军也红了眼眶。他把村民当亲人，村民也把他当成了亲人。

后来，大娘逢人就夸焦凤军好，说她的亲人都不一定能吃她送的西瓜。真心最动人，焦凤军吃下的是西瓜，打开的却是艾滋病人的心，也赢得了他们的信任。

考虑到马庄村的艾滋病家庭为数不少，除了加大帮扶力度外，焦凤军鼓励身体条件尚可的艾滋病患者自力更生，同时教育说服其他村民给予艾滋病人多一点理解和关爱。渐渐地，村民们不再“谈艾色变”，邻里关系和睦，艾滋病人和家人的精气神也焕然一新。

（三）舍小家为大家

焦凤军牢记共产党员的使命，五年如一日，为马庄村的脱贫和发展劳心劳力，留给家人的却是很多亏欠。让他感动的是，家人一直都默默支持他。

几年来，尽管马庄村距离合肥只有300多公里，但因经常加班加点，再加上交通车次少，焦凤军都是两三个星期才回家一次。好在妻子从不责怪他，还在工作之余，将家里打理得井井有条。

焦凤军的妻子沈宏是安徽省党史研究院《党史纵览》杂志社副社长。同样身为一名老党员，她很理解焦凤军想要带领马庄人脱贫的心情，因此二话不说，全力支持他，还多次叮嘱他“好好为村里做点事”。

一次，焦凤军回家后，得知妻子体检时发现了一点问题，就赶紧陪她到医院检查。结果，医生要沈宏立刻住院，准备第二天做手术。由于焦凤军在马庄有重要的工作安排，沈宏坚持要他按时回村。为打消他的顾虑，还让儿子连夜从北京赶了回来。对此，焦凤军既感动又愧疚，他非常想留下来陪妻子，但作为一名党员干部，他更要将百姓放在第一位。

因为工作繁忙，焦凤军也很难陪伴远在亳州老家的父母。母亲突发脑出血，他也只能先安排抢救，等到假期才赶回去日夜照顾。实际上，那段时间，因为工作劳累，饮食不规律，焦凤军自己也患上了严重的胃病，经常疼得满身冷汗。医生一再建议他请假休养，焦凤军却说："我的扶贫工作还没完成，回来是不可能的。"

焦凤军舍小家顾大家，全心扑在马庄村，村民们有目共睹。他们给焦凤军写了30多封感谢信、表扬信和建议信。2020年除夕夜，焦凤军收到这样一封信："焦书记，新年好！自从您驻村后，带领大家一起干，使马庄村很多贫困户脱了贫，群众过上了好日子……感谢您这位焦裕禄式的好干部！在新春佳节到来之际，祝您和您的家人新年快乐！一名马庄村普通党员代表5 300多位村民给您的感谢信。"

没有什么比村民能过上好日子更让一名党员干部激动的事了，焦凤军第一时间将这份感动记录在自己的驻村日志中。记日志是焦凤军驻村后一直坚持的事，截至目前，他写的日志已超过150万字。

焦凤军的努力和付出也得到了社会的认可。从2017年至今，马庄村和工作队多次受到县、市表彰，焦凤军先后荣获萧县驻村扶贫先进个人、宿州市"十佳驻村帮扶干部"、安徽省属单位脱贫攻坚先进个人、2020年全国脱贫攻坚奖贡献奖、2020年度安徽"十大新闻人物"等荣誉。

荣誉是动力，也是压力。焦凤军表示，脱贫摘帽不是终点，而是新生活新奋斗的起点，只要他在马庄一天，他就会继续带领马庄人发展致富，让大家在实现乡村振兴的康庄大道上越走越幸福。

推进马庄村扶贫工厂再上新项目。

6 月 18 日

完成“压茬”驻村任务

下午，萧县乡村振兴公众号以《点赞！马庄这个接力棒交接得稳》为题，萧县新闻网以《马庄：握住“接力棒”，踏上新征程》为题，同时报道了省司法厅第七批驻马庄村工作队按照省委组织部通知要求，认真扎实地做好与第八批工作队压茬驻村工作的开展情况。

报道说：孙圩子乡马庄村第八批驻村工作队接过乡村振兴“接力棒”，踏上奋战新征程。

6 月 10 日至 17 日，省司法厅驻马庄村第八批工作队第一书记熊彬和省司法厅第七批驻村工作队第一书记焦凤军带领各自队员顺利完成驻村“压茬”对接工作。

见面会结束后，驻马庄村第八批工作队第一书记熊彬在第七批工作队第一书记焦凤军的引领下，先后到位于马庄的安徽永炫电气成套设备有限公司、安徽路邦建筑保温材料有限公司、豆制品加工厂开展调研，了解企业发展运营中遇到的难题。

来到马庄幼儿园和马庄小学，向学校负责人了解学校配套设施情况；来到村民小组长家中，认真听取他们在村集体发展上的新思路、新想法。工作队深入到村街小巷、田间地头，详细了解村内基础设施建设、产业发展、扶贫项目、乡村文化建设及乡村振兴工作思路等情况。

脱贫摘帽不是终点，而是新奋斗的起点。第八批驻村工作队将稳稳地握住“接力棒”，脚踏实地加油干，尽快融入新角色，积极投入到乡村振兴一线工作中来，持续巩固脱贫攻坚成果，接续推动乡村全面振兴，让已燃起的振兴火种，在马庄大地上形成星火燎原之势。

6 月 21 日

来自马庄村民

今天是周一，四年多来的这个时间，正常情况下我都会在马庄，或者去马庄的路上、车上，但今天却完全不同，而是在家中准备一个课件，明天为全省第八批选派第一书记示范培训班上课。

说是在准备课件，其实也没有什么可准备的，都是自己在村里的一些做法，介绍给大家就行了。坐在桌前，心里慌慌的，总感觉不踏实。也许，这就是一个适应性问题吧，还没有适应不在村里的日子……

下午，电话、微信来个不停，因为村里有不少人不知道我们已经离村。知道的村民就打电话说点事，或者寒暄一番，估计也是解决个我们不在村的适应性问题。天天见面，今天突然不见了，也不适应……

村农民剧团团长刘发权微信留言和视频、图片最多，直播式地告诉我最近他要演出的情况，建议我给新驻村的熊书记说一下，在村里搞个文艺演出，并发来了舞台设计的思路。我非常赞成，并把熊书记的电话发给他，也建议熊书记抓紧落实。不到一个小时，他就说落实好了，25 日在村部演出，并把演出的开幕词录成视频发我修改，更希望我能回村参加。真为他的热情和对老工作队的这份情谊所感动。

村路邦公司董事长王连路打电话说，没想到工作队说走就走了，想说说话不知道找谁，还有一些事想请我牵线搭桥……我说，没问题，能做的我继续帮你做，需要工作队出面的，可以向熊书记汇报。然后把熊书记电话发给他，让他们直接沟通。

村里的微信诗人在微信中发了一首词："人生南北真如梦，但卧金山高处。白波东逝，鸟啼花落，任他日暮。别酒盈觞，一声将息，送君归去。便烟波万顷，半帆残月，几回首，相思否。可忆柴门深闭，玉绳低、剪灯夜雨。浮生如此，别多会少，不如莫遇。愁对西轩，荔墙叶暗，黄昏风雨。更哪堪几处，金戈铁马，把凄凉助。"工作队的同志看了都很伤感，于是都留言安慰诗人要多保重，辞旧迎新是自然规律，不必伤感……

来自村民的电话和短信还有：养殖基地的负责人张总，扶贫工厂的徐总，生态园的张总，扶贫小组长老李，著名企业家老马，等等。

6 月 22 日

为第八批选派干部示范培训班上课

晚上，根据省委组织部安排，在安徽组织干部学院为全省第八批选派干部示范培训班学员上课。来自全省各市县和中央驻皖单位的选派驻村干部 300 多人参加培训。

这次培训是按照省委组织部关于有序做好第七批和批八批驻村干部衔接工作的通知要求进行的。通知要求，为认真落实新时代基层干部主题培训行动计划要求，围绕健全防止返贫监测和帮扶机制、易地搬迁后续扶持、特色产业发展、脱贫人口持续稳定就业、扶贫项目资产管理、推动人居环境整治、乡村文化建设和乡村治理、扶志扶智等内容，精心设置课程，创新教学形式，注重方式方法，帮助第八批选派干部熟悉“三农”政策，掌握农村工作本领，尽快完成角色转变。

我与学员们交流的题目是《亲民爱村、坚持原则、脱贫发展》，分别从抓党建、促脱贫、谋发展、搞服务等方面介绍了驻村 4 年多来的基本做法和体会，受到学员们的欢迎，赢得多次热烈掌声。

上课结束后，很多学员涌上讲台继续与我交流，有的提出各自的想法和问题，有的索要资料和联系方式，有的要求再单独交流等，大家驻村的热情和想干一番事业的那种对党的忠诚，也深深地感动着我，仿佛自己也回到 4 年多前参加驻村培训的时刻……

所以，我在与大家交流时也坦率地说，发自内心感谢省委组织部给我这样一个交流的机会。按照省委组织部要求，我们在与第八批工作队压茬驻村 7 天后，于前两天才回到合肥。回来后，我发了一条微信朋友圈，写了四句话："一样是回程，可今已最终；收拾东西了，魂魄却无踪。"我相信，大家驻村回来之际，也会有同样的感受。四年驻村，难舍难分；离开村民，落魄失魂。

更令人感动的是，有两位村民在头一天晚上得知我们要走的消息后，竟然跑到淮北市央求一个小店连夜做了一面锦旗，第二天早上 7 点赶在我们离村前守在村部，送给我们。他们用最传统方式，表达一份最深沉的感情。还有村民抱着我们的队员泪流满面，最后躲到自己的三轮车中，哭着看我们离开村部……

4 年前，我和大家一样，主动报名申请驻村，也曾多次参加这样的培训。4 年后的今天，我仍然以我人生中最重要的这样一次选择而自豪。这里，我也以一个刚刚退役的驻村队员的身份，发自内心地向大家主动报名参加这一国家行动表示崇高的敬意！说真的，如果我能年轻 5 岁，我绝对会继续驻村参与乡村振兴。

脱贫攻坚是乡村振兴的前奏和基础，乡村振兴是脱贫攻坚的延续和发展。从这个意义上说，最终都是为了实现中国共产党人的初心，践行我们的忠诚，我们是为了同一个目标而奋斗。我们都任重道远。因为乡村振兴是干出来的，而不是喊出来的。中国乡村社会已有几千年的历史，几千年都没有振兴，我们今天喊一下就振兴了？那不可能啊！关键是大家干。因此，可以毫不夸张地说，在座的各位，就是乡村振兴国家行动实施后的第一代集体实践者、先驱者，责任重大，使命光荣。预祝大家旗开得胜。

就驻村工作来说，无论是脱贫攻坚，还是乡村振兴，两者有很多是共性的东西。但由于时间关系，我今天就驻村开展脱贫攻坚工作的基本做法，只是与大家作一个简单的交流，供大家参考。肯定会有不妥之处，请大家批评指正。

回到房间后，仍然有一些学员给我打电话，有的找到房间再交流。来自安庆市潜山经开区党群工作部的驻村第一书记项龙找来后，我就和他边散步边交流了近一个小时。他曾经有过驻村经历，有了驻村的感情，所以这次又主动报名，决心好好施展自己的抱负。当他得知我的一个队友是潜山老乡时，他很是兴奋，希望向他多请教。于是我就把队友的联系方式推介给了他，请他们多沟通，为他提供一些有用的材料和工作方法。

散步结束回到房间后，又收到不少短信。有的说：焦书记您好，我是第八批选派干部、宿州市人大办公室选派到萧县白土镇欧盘村的第一书记孟林虎。我也参加了培训，听了您的报告很有感触，十分敬佩，有两个问题想请教。等您得空时，我再给您打电话。您的亲民、为民，真干、实干等等很多做法和精神，感染了我，激发了我，点燃了我，启迪了我。向您学习，您是好老师。还有一句，在您方便的时候，我还会请教一些问题，请不要嫌烦。

省发改委驻阜南县王家坝镇王家坝村第一书记张翼说：听了您的课有两点很深的感悟：一是抓党建很有必要，让老党员有归属感，他们自然可以发挥作用，工作队也能树立威信。二是群众利益无小事，一张身份证，一个水塘，每次敲门，都能让群众感受到党的温暖。后面工作中的感悟再详细向您报告，不明白的问题再向您请教，请处长多点拨。也请处长拨冗来王家坝指导工作。另请焦处长把你们的村联席会议制度文件电子版发我学习一下，谢谢！之后，他又打来电话，我们进行了长时间的交流……

6 月 23 日

再见了！我们的马庄！

下午，工作队扶贫志专干徐春节通过微信发给我一条链接，是《安徽日报》记者今天刚发的一篇关于马庄的报道。

这个报道从第八批工作队驻村的角度写起，通过采访徐春节同志简要反映了第七批驻村工作队的驻村成效。看完报道我才发现，这篇报道出自此前我为徐春节同志修改的一篇“告别”稿。文章写得正合我意，只是做了个别调整，但给他另起了个名字——《再见了！我们的马庄!》

因为此文正合我意，我本来计划写的一个“告别日志”也就作罢了，稍作改动，以此代之——

2021 年 6 月 9 日，在不断升温的不舍和忐忑中，我们迎来了第八批驻村干部。看着村部显示屏滚动着“热烈欢迎第八批工作队进驻马庄村”的标语，在欣慰之余，心中升起了莫名的失落和惆怅。在经过短暂而充实的 1 500 多天后，我们将接力棒交给了下一批驻村工作队，我们的努力和奋斗画上了句号。从这一刻起，我们从马庄的建设者变成了马庄的过客，我们曾经工作的马庄成了第二故乡，在马庄工作、生活的点点滴滴也永远成了美好的回忆。

四年多以前，我们邂逅萧县孙圩子乡马庄村。2017 年 4 月 23 日，单位召开动员大会，传达省委精神，动员干部驻村扶贫。在单位领导、同事和家人的支持下，我们义无反顾地背上行囊奔赴马庄村。那时候，马庄是一种憧憬，是一种期待。进驻马庄村的第一天，我们就感受到马庄干部群众的淳朴和勤劳。现在想来，马庄村给我们的人生留下了太多的难忘！

最难忘的是没日没夜地走访。驻村伊始，我们就决定用双脚丈量马庄村。我们从村部周边走起，由近及远。用了 7 天时间，我们走遍了马庄村，根据印象绘制了马庄地图。用了两个月，走访了全村 380 多户贫困户 830 多人和其他村民。走访的时候，村民们热情高涨，有问政策的，有要求纳入贫困户的，有要求“吃”低保的，有建议马庄发展产业的，也有反映村干部作风的，不一而足。对于村民反映的个性问题，我们都一一记录在案，分批逐一解决。如大郑庄自然村“龙须沟”、村民刘某身份证错讹八九岁享受不了五保和养老保险、村民王某生活困难但不是贫困户等等，最终都得到了妥善解决。村民们普遍反映的缺水问题，我们找到省水利厅，争取了 580 万元“农田水利最后一公里”项目，打了 100 多眼机井，配备了全套设备，疏通了 3 公里河道，架了 2 座桥梁。“你们打的井发挥大作用了！仅每年种植胡萝卜每亩都要增收 1 000 多元！”村民们交口称赞。

最难忘的是在马庄村干的第一件实事。记得到村第一天，我们信步走到马庄街。说是街，其实还不如村里其他地方，道路破烂不堪，最中间路段的积水竟然能没过膝盖。见到村民，我们自我介绍是驻村工作队。“工作队？能修路么？你们看看，这就是马庄街！以往曾是远近闻名的集市，现在成了什么了！”一位中年妇女大嗓门朝我们直嚷嚷，其他村民也围上来七嘴八舌。第二天，我们立即召集村两委开会研究，向帮扶单位汇报争取支持，动员、拆违、修路、修下水道、装路灯，一气呵成。如今的马庄街焕然一新，周边十多公里的商贩、村民都来赶集。消失多年的“马庄古会”也恢复了，每年的农历十一月二十六，马庄街商贩云集、人山人海、热闹非凡。

最难忘的是“三顾茅庐”。发现人才、培养人才，是最持久的帮扶，因此我们在走访中刻意留心本土人才。在走访中得知柳园自然村有位好青年，自掏腰包2万元，发动村民集资5万元，为村民修路。于是，我们决定步行5公里前往柳园自然村，寻访这位好青年。结果，我们去了三次，才见到了他的媳妇。最具戏剧性的是，我们第三次到他家时，他媳妇竟然把我们当作骗子，因为当时传言有几个人在附近行骗。我们拿出笔记本，给她看上面用烫金的字印着单位名称，她才相信。后来，在我们的支持下，这位好青年已经进入村两委，担任村委会副主任。

最难忘的是为马庄谋发展。第七批驻村工作队的主要任务是扶贫，走访贫困户、落实扶贫政策是主业。我们在完成主业的同时，还“不务正业”，积极谋划马庄的发展。我们带领村两委干部、企业家、村民代表，前往山东、浙江、江苏等地考察现代农业、现代企业、农村公共空间治理，解放思想，开阔思路；我们推动成立了全省第一个村级企业联合会——萧县马庄企业联合会，鼓励村民返乡创业，支持马庄100多家企业、商户、经营实体等抱团发展；我们推动成立了村集体企业——萧县马庄生态田园发展有限公司，探索土地流转，发展示范农业，壮大集体经济，2020年村集体经济收入达66万多元。

最难忘的是为马庄助学送教。马庄幼儿园是马庄村唯一的幼儿园，也是一家民营幼儿园。我们找到县教体局，为马庄幼儿园争取普惠政策，获得了 20 多万元的教学设备，教师能够免费培训。我们个人出资 5 000 元购买教玩具送给马庄幼儿园。我们争取有关单位和个人捐赠书籍和文化用品价值 10 多万元，同时邀请合肥行知学校组织全校师生募捐 7 万多元的书籍、教具，捐赠给马庄的两所小学和初中，组织 9 位获得省级以上表彰的名师分别为 1－9 年级师生上各门学科示范课，全英文教学的英语课、魔幻奇妙的科学课、优美动人的音乐课都带给马庄师生难得的视觉盛宴。我们还动员马庄企业为马庄学生捐赠校服、书包。马庄村也因此多次获评全县尊师重教先进单位。

最难忘的是和贫困户交朋友。驻村后，马庄还有 40 多户特殊的贫困户——艾滋病户，他们不同于其他贫困户，对生活非常绝望。唤起他们对生活的希望是我们的使命和责任，我们不停地走访，握手、喝水、吃西瓜本来是很寻常的事，但深深地感动了他们，也扭转了其他村民对艾滋病人的歧视。信心树立起来了，政策一落实，这些特殊的贫困户积极发展产业，最先脱贫，有的还成了脱贫示范户。贫困户刘某由上访户变成了工作队的带路人，他还利用自身特长表演坠子戏成立农民剧团，第一个曲目就是表演《村里来了工作队》。如今，他成功入选宿州市“非遗传承人”，并当选为萧县曲艺家协会副主席。

最难忘的是帮助邻村的“流浪少年”。2019 年 11 月 16 日晚，我们看到村部盥洗室里蜷缩着一个怯生生的少年。经询问得知，少年在孙圩子乡丁楼学校初二年级就读，母亲在其两岁时离家出走，父亲在外打零工且有间歇性精神障碍，把自家房子点着烧了以后再也不见人影，爷爷奶奶近几年相继去世。他上学时还能在学校吃住，双休日和放假只能在外流浪，吃住没有保障，饿着肚子随处露宿。我们心疼不已，立即联系乡党委安排到敬老院暂住，联系学校安排毕业后推荐到徐州某技校，联系乡派出所到四川帮助办理身份证……现在，他的所有问题全部得到解决。

在村四年多，难忘的人和事太多。厚厚的驻村日志记录了驻村工作的点点滴滴。“我们是省直机关的干部，需要补上农村这门必修课。驻村四年多，我们修完了农村这所大学的本科学历，党建学、扶贫学、发展学、服务学、国情学、农业学、农村学、农民学、乡村振兴学、群众学、干群关系学……这些学科门门优秀。”在驻村工作任期考核时，我们如实汇报，“三兄弟”的考核结果全部优秀。

充满生机与活力的新马庄。

后　　记

依然清楚地记得——

2017 年 5 月的马庄，杨絮如雪，甚至如鹅毛大雪。它们在微风吹拂下翻飞，无孔不入。这是这个既是国家级深度贫困县的一个普通的贫困村，又是当地远近有名的因艾滋病致贫村的又一场“大雪”。

那个阳光并不明媚的上午，我坐在办公室兼卧室的办公桌前，正在透过窗子看着“五月雪”发怔，工作队扶贫专干徐春节来到窗外喊我“快走”……

按计划，我们一口气走完了马庄行政村的“四至”，又顺便穿过了几个自然村，查看了光伏发电站建设情况，然后去了几家养殖场和种植园。

当工作队“三兄弟”从贾庄自然村的葡萄园回到村部时，都已经成了“白头翁”。到了房间，拿起放在窗台的小镜子照了照自己的“光辉形象”才发现，本已花白的头发，愈发彰显出少有的沧桑来。不由得心生感慨：唉！怎么这么快就真的老了！连青春的尾巴竟然也说没就没了……

再看那不停翻飞的杨絮，它甚至可以不借助任何通道飞落到我的床上、桌子上！要不，为什么一早起来，仅有的办公桌椅上会覆上一层新的“雪绒花”？据村干部说，这种让人无法呼吸的日子至少一个月！

喝了一口碱味很浓的咸水，坐到我“外办内房”的十几平方米的屋子里，望着窗外，突然感觉到一丝几天来少有的清醒，一时想了很多很多。现在真的在马庄了！我该给马庄留下什么？给自己留下什么？给这三年或者更长的如金光阴留下什么？以怎样的形式来证明我们在马庄到底做了什么？

秒定！认真地记录下在马庄的扶贫行动，记录下三年抑或更长时间的思考。行动立足于思考，思考用以指导行动。记录内心、记录现实，记录工作队带领村两委抓党建促脱贫攻坚工作的各个方面，记录这一望无际的皖北大地。

从行动出发，而不是坐而论道。试图通过记录和思考，发现一些与这个解放几十年依然没有从根本上摆脱贫困的村庄有关的现象。文化的、人性的？或者其他更根本的东西？这或许是对中国农村、中国农民、中国农业更长远发展，并彻底摆脱贫困有一定价值，对这片曾经为新中国建立和发展做出巨大牺牲的革命老区也是一种最好的回报。

从行动出发，行走马庄、调查马庄、思考马庄、研究马庄、扶贫马庄、发展马庄……问题、困难、办法、方向、建议；成功、失败、理想、现实、笑声、眼泪……既然无从取舍，那就“原汁原味”。

截至 2021 年 6 月底，完成与第八批驻村工作队“压茬”一周的任务后，4 年多的时间转眼间过去了。我该做的都做到了。

4 年多来，我和工作队的队友们一道，激情满怀、倾尽全力、亲民爱村，把能够参与到这次国家扶贫行动中来作为自己一生最崇高的荣誉。日志中记录的，就是这一过程中的酸甜苦辣。

4 年多来，不断有到村看望或慰问的朋友、领导问我：为什么要主动报名参加驻村扶贫工作？天天在村里住着都干些什么事？……在他们看来，我这样的“老同志”完全可以不再参与如此艰苦的工作，“老胳膊老腿”也不再需要“锻炼”。

是的，参加脱贫攻坚工作完全是我个人争取的结果。省委、省政府召开动员会之后，我作为单位相当于办公室的秘书行政处及人事处处长，肩负 3 天内完成人员上报的任务。在短时间内报名不足的情况下，唯一的办法只能是找年轻人谈话，动员他们报名。可是，我认真地排了一下可能被谈话的对象，他们每个人的家庭都比我更需要他们对家庭的照顾。他们的孩子有的上幼儿园、小学，有的读初中、高中，而我的孩子已经在读研究生了。这种情况下，由我动员他们离开家庭三年，我真的找不到非常充分的理由，也实在开不了口。另一个重要原因是，我曾经先后在一个市的郊区政府和另一个市的县政府挂职锻炼，对农村工作产生了一定感情，农村一些贫困人群的生活状态也成了我放不下的牵挂，回到单位后还经常与当地那些我曾经服务过的农民朋友保持着联系，很有点“成就感”。于是，我在征得爱人、孩子和分管领导的同意后，毫不犹豫地给当时正在中央党校学习的主要领导发了一封电子邮件，全面阐述了我申请参加驻村扶贫工作的 7 条理由，并最终经党组会议研究同意。我希望的是，曾经先后在国务院机构、县政府、区政府都挂过职，参加过境外培训，又在省政府 4 个机构工作了 30 年的我，再加上这 3 年的乡村工作经历，能够真正成为一个“最了解中国国情的人”。只是没想到这一驻就是 4 年多，到了第 5 个年头。

这就是我给那些朋友和领导的“解释”。这个“解释”得到了大家的高度认可和理解。也许，这正是我的“初心”。

正是基于这样一种“初心”，所以我特别地珍惜驻村的每一天。并且，为了能够集中地表述每一个主题，每一个工作日的晚上坚持以“主题日志”的形式，记录日常驻村经历的每一件有意义的事情，并按要求及时报送上级选派协调机构。这里选编的部分日志就是最好的证明，也很好地回答了大家每次问我，我也“说不清楚”的“在村里都有什么事可干”的疑问。它虽然没有华丽的辞藻、动人的故事、深奥的理论，但它却真实地反映了一个普通的中国村庄 5 年来所发生的变化、所经历的风雨，它的史料价值和个案解剖价值应该是毋庸置疑的。从这个意义上说，我更愿意把它称为一个普通的中国贫困村的“脱贫史”。同时，它也是一个普通村庄“振兴”的“前传”，许多做法在驻村工作队推进乡村振兴工作中同样适用。

马庄的夜晚是宁静的，在这 1 500 多个宁静的夜晚里，我每天静静地续写着这部“中国马庄脱贫史”。一天天地写着，竟然写到了 170 万字，这本书便是其中的一部分。

脱贫攻坚是一场输不起的战役，我以能够参与到这场伟大的国家行动中而感到无比自豪！我决心在习近平新时代中国特色社会主义思想指引下，在实现全面脱贫的基础上，为全面实施乡村振兴战略，为建设美好富裕的新农村，实现中华民族伟大复兴的中国梦继续奋斗！

最后，衷心感谢在 4 年多驻村工作中给予我极大关心和鼓励的领导、同事和家人、朋友！感谢马庄村干部群众和工作队王刚、徐春节同志给予的配合和支持！感谢安徽省司法厅领导和审读人员，以及疏利民、徐春节同志在本书出版过程中的辛苦付出和帮助！同时，期待广大读者提出宝贵意见。

焦凤军

2021 年 12 月 16 日

编后记

既是驻村日志，也是扶贫史诗

那时青荷

一个时代，有一个时代的主旋律；一代人，有一代人的精气神。当一个人把他的初心、使命和追求，融入时代的大江大河，那么他的人生，不仅是朝气蓬勃的，也是波澜壮阔的；他的精神，不仅是令人钦佩的，也是值得点赞的。

众所周知，党的十八大以来，以习近平同志为核心的党中央，站在战略和全局的高度，作出一系列重大决策部署，团结带领全国各族人民，高举中国特色社会主义伟大旗帜，把“脱贫攻坚”与“乡村振兴”两大主题，作为全面建成小康社会、实现中华民族伟大复兴的中国梦。

在中国共产党百年华诞的重要时刻，中国脱贫攻坚战取得全面胜利，完成了消除绝对贫困的艰巨任务，创造了又一个彪炳千秋的人间奇迹。中国的脱贫实践与复兴伟业，不但精彩生动，而且具有史诗般的意义，足以载入人类社会发展的史册。

正如习近平总书记所言：“江山就是人民、人民就是江山，打江山、守江山，守的是人民的心。中国共产党根基在人民、血脉在人民、力量在人民。”“时代是出卷人，我们是答卷人，人民是阅卷人。”“全面建成小康社会，一个也不能少；共同富裕路上，一个也不能掉队。”

这就是新时代的大江大河。一个美好的新时代，属于每一个追梦人。每个人，都是新时代的见证者、开创者、建设者。

从这个意义上来说，焦凤军书记驻村期间所撰写的《第一书记驻村日志选》，既见证了新时代，也描述了新时代；既是驻村日志，也是扶贫史诗。

感谢合肥工业大学出版社资深编辑疏利民老师，诚挚地向我推荐焦书记这部《第一书记驻村日志选》，让我在编校过程中，深切感受到一名共产党员的精神境界和人生追求。四年前，焦书记主动请缨，投身扶贫一线，来到皖北萧县孙圩子乡马庄村，一个因艾滋病而在历史上出了名的贫困村。作为驻村党总支第一书记、扶贫工作队队长，他深刻地领悟到，“贫困之冰，非一日之寒；破冰之功，非一春之暖”。几番寒来暑往，几度春华秋实，他舍小家为大家，深入乡村基层，以强烈的责任感和崇高的使命感，克服重重困难，变压力为动力，勇于担当，真抓实干，用四年多的时间，向村民交上了一份沉甸甸的答卷。

打开《第一书记驻村日志选》，你会发现一篇篇日志，虽然没有什么华丽的辞藻、深奥的理论，但记录了许多感人的故事、可喜的变化，真实反映了一个中国贫困村的脱贫史，让人在阅读过程中，每每热泪盈眶，感慨万千。

焦书记说：“人的一生，总要融入历史，而这就是历史。有历史感人生才能深厚，事业才会有意义。省直单位不缺我一个处长，贫困村很可能缺一个像我这样的扶贫队长。我以我能够有机会参与终结中国的绝对贫困，能够为世界减贫事业提供中国的经验而自豪，也感到自己的人生非常充实。”

——为什么我的眼里常含泪水？因为我对这土地爱得深沉。是的，一个人脚下沾有多少泥土，心中就沉淀多少真情。若非虚怀若谷，岂能心存大爱；若非脚踏大地，岂能仰望星空？这土地上的一切，都与我血脉相连，手足情深；这脚下的土地，这贫瘠的村庄，才是离我最近的星空。

在焦书记心里，马庄的父老乡亲都是他的兄弟姐妹。他认为群众的事情确实无小事，你觉得这是个很小的事情，但是对我们村民来讲，也许这件事在他一生中就是最大的事。他和工作队的两名队员组成“扶贫三兄弟”，日复一日地起早摸晚，走村串户，主动走进病患家庭，融入这个特殊群体，“敲开的是铁门，打开的是心扉；吃下的是西瓜，赢得的是信任。”“你不把村民当亲人，村民就不会把你当亲人。”

为官一任，造福一方；脱贫有期，发展无限。在马庄人的眼里，他比马庄人还马庄人，他被称为新时代的焦裕禄。所谓“扶贫先扶志，治贫先治愚”，扶贫是历史使命，更是文明体现，焦书记带领工作队驻村以来，深入贯彻落实习近平总书记的重要思想，大力推进精准扶贫。从《塘约道路》到《马庄村村民公约》，从贫困家庭到扶贫企业，从百岁老人到流浪少年，从幼儿教育到农家书室，从架桥修路到危房改造，从水灾核查到募捐活动，从调解纠纷到积极抗疫……在马庄的村头巷尾，在村民的田间地头，无处不见焦书记拼命三郎般的身影，无处不有焦书记亲民爱村的关怀。

我们看到，无数个日日夜夜，焦书记以村为家，所有的大事小情，焦书记都放在心坎上。父老乡亲们的疾苦，就是他的疾苦，父老乡亲们的事情，就是他的事情。那一封封用小学生作业纸写的群众来信，那诉不尽的民生问题，那道不完的家长里短，是村民对党和政府最大的期望，也是对焦书记莫大的信任。

我们发现，焦书记不仅有实干的精神与博大的胸襟，还颇有诗情画意的情怀。皖北平原上的马庄，一马平川，风吹麦浪，满眼碧绿，甚是壮观。对初到马庄的焦书记来说，印象最深的就是一望无际的麦子。他在文中以一种赞赏和审美的眼光，向我们如是描绘："马庄的季节本是很分明的，但麦子时常会让你产生错觉。在数九寒冬，如果没有风，你迎着冬日的太阳，看着一望无际绿油油的麦田，就会感觉到了春天。到了夏天，如果在早晨，有些凉风，这时候你单看麦田，一片金黄，恍惚中以为到了秋天。"

焦书记笔下的麦田，既呈现出迷人的色彩美，又蕴含着丰富的意象美，恰似一幅生机勃勃的图画，抑或一首浑然天成的史诗，让人浮想联翩，如临其境。他说马庄的冬天是非常寒冷的，没有阻挡物，风吹着格外刺骨，雪下起来也格外的厚，唯有麦子，是真心喜欢这寒冷的风，厚厚的雪。这马庄的麦子，养育了一代又一代马庄人。在马庄的四年时间里，他四过麦收时节，见证了马庄麦子四次生命的起起落落。他说若干年后，一定还会时时记起马庄的麦子，以及那片土地上的人们。

正如有首歌如此唱道："我和我的祖国，一刻也不能分割，无论我走到哪里，都留下一首赞歌。我歌唱每一座高山，我歌唱每一条河，袅袅炊烟，小小村落，路上一道辙……我的祖国和我，像海和浪花一朵，浪是那海的赤子，海是那浪的依托，每当大海在微笑，我就是笑的旋涡。我分担着海的忧愁，分享海的欢乐。"

是啊，这就是新时代的大江大河，从脱贫攻坚的成就，到乡村振兴的蝶变，从奋斗百年路的艰辛，到启航新征程的号角，我们一路走来，一路见证，一路长风破浪，一路心潮澎湃。

所以说一个时代，有一个时代的奋斗主题；一个国家，有一个国家的梦想未来；一代人，有一代人的责任担当。人生，就是要大干一场，在天地间建功立业。而发展是人类社会永恒的主题，也是解决中国所有问题的关键。

我们知道，在过去5年里，党中央国务院共派出46万名第一书记，义无反顾地奔赴祖国各地的贫困乡村。他们像焦书记一样，以最庄严的承诺和最执着的步伐，躬身走入贫穷深处，做致富的带头人，和勤劳朴实的农民兄弟们一起，齐心协力，团结奋斗，把脱贫攻坚谋发展的重任担负在肩，把建设美丽新农村的梦想逐步实现，在泥泞中趟出一条希望之路，开拓出一条新时代的康庄大道。

他们想干事，能干事，干成事。所有的贫困群众，因为他们的到来，饭吃饱了，衣穿暖了，房亮堂了，路平坦了……他们的事迹，编辑在纪录片里，就是一幕幕鲜活的镜头；他们的热血，挥洒在中华的热土上，就是一张张时代的画卷；他们在祖国各地所打下的基础，所创办的事业，所实施的项目，所弘扬的精神，仍将继续开花结果，造福人民。

沧海横流，方显英雄本色；大浪淘沙，再谱时代风流。每一个有追求的人，自是不忘初心，牢记使命；每一个有信仰的民族，自当时不我待，只争朝夕；每一个有前途的国家，自会以民为本，继往开来。

谨以此文，致敬所有的驻村第一书记！

2022年1月8日